L'ÉLECTRO-FAMILLE

OU

LE BONHEUR CHEZ SOI

RECUEIL

de plus de quinze années d'expérience sur les causes de la décadence progressive de notre race et des moyens pratiques pour y remédier

PAR

J.-E.-A. CARRET

EN VENTE

CHEZ L'AUTEUR, 70, RUE MONTORGUEIL, PARIS
ET DANS TOUTES LES LIBRAIRIES

1895

135
e
311

L'ÉLECTRO-FAMILLE

OU

LE BONHEUR CHEZ SOI

RECUEIL

de plus de quinze années d'expériences sur les causes de la
décadence progressive de notre race
et des moyens pratiques pour y remédier

PAR

J.-E.-A. CARRET

ANGERS
LACHÈSE ET Cⁱᵉ, IMPRIMEURS-LIBRAIRES
4, Chaussée Saint-Pierre, 4

1895

Puisque l'intelligence est donnée à l'homme pour le guider et redresser des erreurs qui, le plus souvent, passent inaperçues au milieu de cet océan fin de siècle, mouvementé par un progrès trop rapide, l'auteur croit faire acte de philanthropie en dédiant à l'humanité cet ouvrage dans lequel elle puisera tout ce qui est indispensable à une existence douce, laborieuse et procréatrice, ainsi que les moyens de remédier à ses souffrances, et de prévenir tous les maux dont elle est affectée, et ce, à la condition de suivre exactement toutes les prescriptions qui sont contenues dans ce livre.

L'accueillir sera notre récompense.

J.-E.-A. CARRET.

Nota. — *Cet ouvrage se recommande aux familles comme aux célibataires, et, malgré son importance, l'auteur s'est attaché à en réduire le volume, pour qu'il puisse être consulté plus commodément par le public et surtout par le voyageur.*

AU PEUPLE

Voici un livre nouveau, et quant à l'objet et quant à l'auteur.

L'objet est des plus intéressants : c'est la santé du pauvre. La vie est dure au travailleur du peuple. Il use ses forces dans un labeur incessant. Il contracte de bonne heure de graves infirmités. Et après une vie de sacrifices et de privations, il se trouve en face de la misère. Il est sans fortune, et sa santé, son unique trésor, est épuisée. Il ne peut pas s'adresser à la société; c'est elle qui a créé cette situation. Il ne s'adresse pas davantage à la science. Pour atteindre ces hautes régions, il faut être riche. Puis, la science est loin d'être infaillible. Elle procure tout au plus un soulagement, en déplaçant le mal; et souvent elle avance la mort.

Voici une médecine qui n'a rien du grandiose de l'enseignement officiel. C'est un système simple, naturel, à la portée du pauvre, de l'ouvrier. Car il n'est personne qui ne puisse se procurer un peu d'eau et quelques granules. Et c'est tout le système électro-homéopathique. Ceux qu'on appelle des savants riront peut-être de cette simplicité. Laissons ces hommes à leurs illusions, et aussi à leur orgueil; et nous, enfants du peuple, demandons à la nature ce que la science ne peut nous donner.

Le vulgarisateur de la médecine homéopathique n'est pas un savant : il est enfant du travail, fils du peuple. Chercheur infatigable, il a passé sa vie à étudier les souffrances humaines, et à les soulager par son inépuisable bonté. Il a usé, pour secourir les pauvres, et sa fortune et sa santé. Philanthrope admirable, le bien-être de l'ouvrier, du travailleur, a été la passion de sa vie. Il n'a pu jouir de son triomphe. Il est mort sans voir le couronnement de sa vie. Il ne voulait pas désarmer sans faire imprimer le fruit d'un travail et d'une expérience de quarante ans. Les souffrances morales et physiques, les privations l'ont conduit au tombeau avant l'heure. Mais un cœur ami a recueilli avec amour ce travail, et le livre aujourd'hui au public, comme le suprême hommage d'un souvenir impérissable.

Adieu, cher Carret, ami du malheureux; adieu, et à nous revoir au delà, où l'on ne souffre plus.

M. RAMBOUILLET.

Paris, le 30 juin 1895.

L'ÉLECTRO-FAMILLE

OU

LE BONHEUR CHEZ SOI

Ce siècle a transformé les esprits ; et les intelligences électrisées par ses lumières ont apporté dans notre existence innovations sur innovations, qui nous conduisent prématurément à la vieillesse, avant d'avoir vécu. Chaque jour voit naître un progrès et rien ne dit quand ce progrès s'arrêtera.

La vie, les usages, les mœurs d'autrefois ont fait place à un nouvel ordre d'idées ; chacun aspire aux honneurs et à la fortune, pour n'avoir à se préoccuper que des jouissances terrestres.

Par indifférence pour la famille, on se marie pour l'argent ; peu importe la génération future, elle vivra comme elle pourra, comme elle l'entendra. Vivre pour le travail et le plaisir sans songer à l'avenir : voilà la devise de ce siècle.

Le choix dans l'union des races humaines est pour la génération des peuples d'une importance capitale ; on devrait s'enquérir des dispositions physiques et intellectuelles des deux futurs époux, et il faudrait que chacun d'eux ressente pour l'autre cet amour qui constitue la plus grande fortune de la famille, et qui permet de traverser l'existence tourmentée de nos jours en assurant une progéniture irréprochable.

Car cette fortune convoitée par-dessus tout, n'est-elle pas éphémère en présence d'une santé douteuse, d'une union imparfaite et irréfléchie ? N'est-elle pas la cause de souffrances perpétuelles poussant au divorce, et léguant aux générations une progéniture défectueuse, et cela parce qu'elle est créée sous l'impression d'une nervosité naturelle dont l'influence reste désastreuse ?

Considérer l'or au-dessus de soi-même est une décadence morale qui avilit la noblesse de tous les sentiments et matérialise l'inclination du cœur.

La chronicité et l'incurabilité de bien des maux, provenant de maladies invétérées dans le sang, le plus souvent héréditaires, conduisent, chez l'enfant, au rachitisme ; chez l'homme, au marasme, à la phtisie, à la tuberculose, à l'épilepsie et à l'aliénation mentale, dont les effets pernicieux poussent le plus souvent au crime, ainsi qu'à la terrible syphilis dont aucun être sur la terre n'est exempt. Tous ces maux ne seraient-ils pas épargnés ou atténués par cette précaution toute naturelle dans le choix de l'union des races humaines ?

Que faut-il pour être heureux ? être sain d'esprit et de corps, pour avoir la santé avec laquelle on peut acquérir la fortune ; à ne pas exiger de l'un plus que de l'autre, puisque tous les deux sont égaux, pour obtenir la paix et la concorde ; à se prêter mutuellement assistance et courage dans les moments difficiles et consolider ainsi l'union et la force.

A l'homme, les charges pour subvenir aux besoins et à l'entretien de la famille ; à la femme la direction de l'intérieur, se réglant sur la situation du mari, les soins qu'elle doit à ses enfants, à son mari, comme à elle-même.

Le bonheur dans le ménage rend le caractère gai. Afin de posséder ce bonheur, n'ayez d'autres préoccupations que les travaux journaliers et l'hygiène ; vous obtiendrez ainsi la santé et serez préservé de toute influence insalubre.

Il prédispose l'un et l'autre à accomplir le devoir sacré de la procréation, sans autre préambule que l'amour.

A la moindre indisposition du chat, du chien, du cheval, des oiseaux et des plantes, etc., on s'empresse d'y remédier ; mais s'il s'agit de soi, on hausse l'épaule en disant : cela passera, et pourquoi ?

Parce qu'il ne se trouve sous la main aucune thérapeutique préventive sans l'intermédiaire du docteur, et que l'on ne veut pas s'exposer à passer pour un malade imaginaire, si, celui-là consulté, ne trouvait rien à constater ; cependant, si une réaction providentielle ne s'opère pas, l'indisposition poursuit son rôle destructeur, parce qu'elle est toujours le précurseur de maladies souvent très graves existant à l'état latent à l'intérieur, et qui ne se déclarent qu'au bout d'un temps plus ou moins long.

Le malade devient impatient, il réclame une médication violente, persuadé qu'en refoulant ou extirpant le mal, il guérira plus *promptement* et *radicalement*, alors que ce moyen compromet son existence, déterminant, le plus souvent, la *chronicité*, l'*incurabilité*, ou la *mort*.

A moins qu'elle ne soit le résultat d'accidents, la maladie est l'introduction malsaine de n'importe quel corps étranger, provoquée par la nature ou ses éléments. Alors le corps infecté cherche naturellement à se débarrasser de ce qui l'obstrue; et ce sont principalement les fibres microscopiques qui agissent; ces fibres si nombreuses, dont la subtilité rend le mal plus sensible et quelquefois périlleux.

Dans ce cas, une médication douce et raisonnée vaut mieux qu'une autre trop violente, puisque pas une *fibre*, pas un *muscle*, pas un *nerf*, aussi microscopique qu'il soit, ne doivent faire défaut pour assurer le bon fonctionnement de l'organisme; et que réséquer, extirper par une opération chirurgicale n'est pas guérir, c'est détruire une partie de l'être au détriment de la vie.

Chacun admire les efforts de la science officielle par ses œuvres sublimes sur la description anatomique et pathologique des infections et imperfections de l'être humain ; c'est précisément en raison de ces œuvres que le déshérité de la santé se place sous sa protection, sans se préoccuper de la pharmacopée à employer, pensant qu'il suffit à la science d'avoir découvert le mal pour savoir le guérir.

C'est une faiblesse regrettable que d'abandonner à autrui sa propre existence, et de n'avoir pas l'énergie de la supporter, ainsi que de s'en préoccuper. Les animaux de toute espèce, même les fauves malades et en liberté, ne recherchent-ils pas sur le sol l'herbe que l'instinct leur indique pour se guérir ?

La nature fournit le moyen d'équilibrer les écarts de notre imprudence ; c'est à nous de le rechercher. Mais il semblerait que plus l'intelligence dévolue à l'homme se développe dans cette matière, plus elle s'éloigne de la nature qui est son guide ; en ce sens qu'à chaque découverte pathologique on croit trouver le siège ou la cause d'une maladie sur un point déterminé, et que pour la combattre on se base sur des hypothèses pharmaceutiques, amoncelées les unes sur les autres, conduisant à la confusion et à des complications inutiles, plutôt qu'à une guérison.

Comme cet état de choses existe depuis bien des siècles, plus d'un millier de découvertes sont dans ce cas ; or, d'après la science officielle, ce serait mille causes qui occasionneraient nos maux, et c'est le contraire qui existe, les mille causes officielles sont mille effets produits par une seule cause qui est le *sang*.

Car celui-ci étant pur ou devenu pur, tout est ou devient pur dans l'organisme de l'être vivant, et le microbe de la phtisie, de la pneumonie, de la tuberculose, de l'influenza et de toute affection épidémique et endémique, de même que la mouche granuleuse et charbonneuse, ne peuvent s'y greffer, l'élément indispensable à leur existence faisant défaut, et se trouvent évincés sans avoir la moindre conséquence.

La création de l'homéopathie simple par une des gloires scientifiques de la première moitié du siècle, *Hahnemann*, ému de l'impuissance de la thérapeutique officielle, confirme cette vérité. Chaque granule de cette méthode représente une substance médicamenteuse ayant une action semblable au mal à traiter et pouvant l'augmenter ou le diminuer suivant la dose administrée.

De cette science, il forma une thérapeutique surprenante dans ses cures, guérissant bon nombre de maladies, mais restée incomplète pour celles déclarées chroniques et incurables, en ce sens que chaque maladie produit plusieurs effets, et que, pour combattre ces effets avec l'homéopathie simple, il faut autant de remèdes qu'il existe d'effets à traiter. Or, il se trouve que, parmi ce nombre de remèdes, quelques-uns sont antidotes des autres et neutralisent leur action.

C'est ce qui a provoqué, de la part de personnes intéressées, une critique indélicate, faisant croire au public que ces spécifiques sont composés de poisons lents, détruisant peu à peu l'organisme, ou bien d'un peu de suc d'amidon ou d'eau, sans aucun effet sur le malade.

Aujourd'hui, étant plus clairvoyant, on ne se méprend pas sur l'avenir de l'homéopathie, et *Hahnemann* s'immortalise depuis que des hommes de mérite ont accompli le perfectionnement de son œuvre, par la création de la science *Électro-homéopathique* ou *homéopathique complexe*, c'est-à-dire par la réunion en une seule petite granule ou alcaloïde, du groupe de substances médicamenteuses nécessaires à combattre non seulement les effets d'une maladie, mais à en détruire aussi la cause sans qu'aucune d'elles soit l'antidote de l'autre, ni vienne en neutraliser l'action.

La valeur pathogénique bien connue des substances qu'elle renferme, et leur préparation à doses infinitésimales ont une action instantanée sur une maladie déclarée ou à l'état latent, mais restent sans effet là où il n'existe aucun mal. Elles reconstituent progressivement l'organisme le plus délabré et guérissent les maladies invétérées déclarées incurables.

Quelle que soit la diversité des substances médicamenteuses (voir la *Nomenclature*) qui entrent dans la composition des divers systèmes électro-homéopathiques ou homéopathiques complexes, et quel que soit leur mode de préparation pour chacune des catégories existant à ce jour, leur emploi s'applique indifféremment et de la même manière, parce qu'elles sont classées sous un même ordre d'idées qui consiste à opérer la suppression de la cause d'une même maladie, et parce qu'elles sont plus en rapport avec les bizarreries de notre constitution qui, parfois, résiste à l'application de l'un de ces systèmes, alors qu'elles fléchissent sous l'impression de l'autre.

Le nom *Électro-homéopathie* ou *homéopathie complexe* (a dit M. P. Ponzio dans son Traité) peut faire croire qu'il s'agit de traiter les maladies avec les remèdes homéopathiques associés aux ressources que l'électrothérapie offre avec les différents appareils électriques en usage jusqu'à ce jour. Cette interprétation est inexacte, le nom *Électro-homéopathie* ou *homéopathie complexe* qui a été donné à ce système médical, se fonde sur l'action électrique que les remèdes électro-homéopathiques ou homéopathiques complexes peuvent exercer lorsqu'ils sont mis en contact avec une partie quelconque de notre organisme, soit par une action qui leur est propre, soit en régularisant celle que possèdent déjà tous les corps vivants.

L'électro-homéopathie ou homéopathie complexe reconnue véritable et plus en rapport avec notre constitution, fait son chemin sans bruit ni réclame autre que les traités complets et les bulletins mensuels ou bimensuels :

En Europe, la *Suisse* l'admet au menu du repas ; l'*Angleterre* a deux établissements spéciaux créés à *Londres* ; la *Russie*, l'*Allemagne*, possèdent un consortium ; ces puissances ont été les premières à s'en servir ; viennent ensuite l'*Autriche*, la *Hongrie*, l'*Espagne*, la *Roumanie* et la *Bulgarie*, où des comités ont été formés ; l'*Italie* possède deux établissements ; la *Suède*, la *Norwège* et le *Danemark* sont demeurés les derniers.

En *Amérique*, cette science est connue partout ; en *Chine*, elle est appliquée par les missionnaires catholiques ; elle pénètre en *Afrique* et aux *colonies* ; elle offre la sécurité dans les familles : l'empoisonnement étant impossible, quand bien même un enfant en ferait un usage immodéré, bien qu'il soit toujours bon d'être circonspect dans son emploi.

Et la *France*, comme si elle était exempte des maux dont l'humanité est affligée, et à l'abri de l'impuissance et de la triste spéculation pharmacopéenne, reste indifférente aux bienfaits répandus autour d'elle par cette nouvelle science thérapeutique.

Pas le moindre sanatorium pour soulager le travailleur qui en a le plus grand besoin, ni pour démontrer la supériorité de cette science. Cependant, depuis près de quinze années, elle donne le jour aux revues et aux traités qui en décrivent l'application. N'est-ce pas à regretter de voir cette *France intelligente* se renfermer dans un scepticisme ridicule qui la conduit à la décadence ?

Avant de se résigner à rester infirme sa vie durant, ou à laisser un dénouement fatal se produire, après avoir vainement épuisé les ressources de la science officielle, il est du devoir de chacun de recourir à tout ce qui peut sauver son prochain ; agir autrement, c'est devenir son propre bourreau et celui d'autrui. Car s'il est vrai que la nature, dans sa sagesse, a mis le remède à côté du mal, pourquoi, lorsqu'on voit et connaît le mal, ne chercherait-on pas à découvrir le remède, fort de cette maxime : *cherchez* et vous *trouverez ?*

La femme est le pivot du ménage, le point d'appui physique et moral des générations; elle sait écarter les nuages apparaissant quelquefois au sein de la famille, éviter la tempête et ramener au bercail l'agneau égaré, comme elle sait aussi guider les premiers pas de l'enfant, le modeler et en faire un être digne de son pays.

Les instructions qui suivent sont tracées pour elle, et serviront à l'aider dans sa noble tâche.

Une description anatomique de l'être humain devient ici inutile, parce que son existence repose simplement sur trois principes qui sont : *l'air*, *l'alimentation* et le *sang*.

Il suffit d'une simple comparaison pour en comprendre le mécanisme, la vitalité des organes s'obtenant par l'alimentation, qui est le combustible de la machine humaine, comme le feu est celui de la machine industrielle. Cette alimentation donne au sang, qu'elle a déjà formé, une ébullition égale à celle de l'eau bouillante des chaudières et, concurremment, au calorique qui s'en échappe, elle vient s'adjoindre à l'air comprimé dans les poumons, pour se répandre dans les vaso-moteurs qui, à leur tour, mettent en action les organes s'y rattachant. Ainsi la vapeur d'une chaudière, concentrée dans un moteur, actionne l'arbre conducteur qui met en mouvement les accessoires nécessaires à la fabrication des objets destinés à une industrie quelconque.

Dans une chaudière à vapeur, l'eau bouillante, après quelque temps d'usage, dépose sur ses parois une croute ou tartre, qu'il faut enlever au moyen du piquage, si l'on ne veut voir éclater la chaudière ; de même l'huile minérale et non l'huile simple et épurée, est employée pour le graissage, si l'on veut éviter l'encrassement des machines, que produiraient inévitablement la poussière et l'humidité, et qui entraverait le bon fonctionnement du mécanisme. Une simple serrure graissée avec de l'huile pure ne fonctionne plus au bout de quelques jours. Eh bien, le rouage de l'être humain est identique, l'arrêt de son fonctionnement est la conséquence de l'encrassement qui engorge graduellement les artères et les veines, tubes conducteurs de la circulation du *sang*. Il en est de même des vasolymphatiques, dont l'engorgement est occasionné par une nourriture mal choisie ou mauvaise et par des excès que l'homme devrait modérer. Car l'ivrognerie dégrade l'homme et il ferait bien de se rappeler cet axiôme populaire : *homme de vin, homme de rien*.

Le sang est formé de *globules blancs* composant la lymphe ou scrofule, ainsi que du produit de la distillation du chyle, appelé *globule rouge*, et qui caractérise le *sang*. C'est ce qui fait reconnaître le sujet lymphatique du sanguin, suivant que l'action de l'un ou de l'autre de ces globules prédomine dans la constitution ; donc, *le liquide blanc, la lymphe, et le liquide rouge, le sang, ne sont qu'un seul et même sang* et la *cause* d'une maladie, quelle qu'elle soit, a *sa souche dans le sang*. Elle est héréditaire si l'infection provient de famille, mais elle est aiguë ou spontanée si elle est produite par l'ingérence d'une alimentation malsaine, par des excès ou par un empoisonnement, de même l'altération du sang provient des poumons à la suite de l'absorption d'un air malsain.

Le sang, en cet état insalubre, si l'on n'y porte immédiatement remède, affecte assez souvent l'organisme entier ; il se liquifie comme de l'eau ; il se produit des sécrétions bilieuses qui conduisent à l'*hydropisie* ; souvent ces sécrétions s'accumulent aux articulations et les *ankylosent*, ou bien elles se greffent sur un organe, ou bien encore elles sont un obstacle à la circulation du sang, provoquant l'*apoplexie* suivie de *paralysie* totale ou partielle du corps, suivant que le système nerveux est plus ou moins altéré.

En général, le mal prend racine sur la partie du corps dont la conformation est naturellement défectueuse ; et pour l'éliminer comme pour en détruire la cause, il faut nécessairement administrer le traitement sur l'ensemble de l'organisme, puisqu'il y a communauté d'action entre les organes ; car diviser les maladies par catégories et les traiter partiellement, c'est méconnaître les lois de la nature et anéantir nos facultés.

Le spécialiste des maladies du *larynx, du cœur, du*

foie, des intestins, des voies respiratoires et urinaires, de la matrice, de la névrose, des yeux, de la surdité, de la syphilis, etc., aussi célèbre qu'il soit, n'entrevoit le mal qu'au siège où il est déclaré ; et, lorsqu'il obtient un soulagement ou une guérison plutôt apparente que réelle, c'est qu'il en a vaincu les effets, et non la cause qui se reproduit toujours sous un autre aspect ; et si peu que cette opération soit répétée, on marche rapidement à la destruction complète de l'être.

Le malade est son médecin observateur, il donne les détails sur les effets de la pharmacopée, comme il éclaire le médecin-traitant sur le point où se développent ses souffrances, pour que celui-ci en établisse le diagnostic qui se trouve être assez souvent erroné par suite des bizarreries de la nature qui le présente sous des formes différentes suivant la constitution, dispositions dont le médecin ne tient compte à cause de l'habitude qu'il a de se représenter le mal sous une même forme et de lui appliquer la pharmacopée tracée à l'avance par la règle de la thérapeutique officielle, règle dont il ne peut se départir.

La science électro-homéopathique ou homéopathique complexe, plus positive et rationnelle, alors même que le diagnostic serait erroné, conduit le malade à se servir du remède qui lui est propre, sous quelque forme constitutionnelle que la maladie se présente ; car les spécifiques provoquent des symptômes différents qui font varier le diagnostic pendant le cours d'un traitement au fur et à mesure qu'ils atteignent la profondeur de l'organisme de façon à rendre illusoire tout préliminaire d'auscultation, de percussion et autre mis officiellement en pratique.

Pour plus de certitude dans les maladies graves, chroniques et incurables, il est facile de rechercher le point de départ du germe impur inoculé dans le sang, chez les parents de l'un comme de l'autre époux, puisque le mal se communique par le contact, depuis l'aïeul et le bisaïeul jusqu'à la troisième génération.

Chacun par la simplicité de l'application de ce système, peut établir le diagnostic d'une maladie en s'appuyant sur les quatre points constitutionnels qui sont, ou lymphatiques, ou sanguins, ou bilieux, ou nerveux, faciles à reconnaître par les symptômes suivants :

Le lymphatique par :

Glandes scrofuleuses — anthrax — panaris — herpétisme — eczéma — impétigo — humeur froide — phtisie tuberculeuse — ozène — fistules — écoulement — cancers — carie des os — névrose — rachitisme — croup, etc.

Le sanguin par :

Maladie du cœur — palpitations — hémorrhoïdes — varices — phlébite — angines — asthme — emphysème pulmonaire — hémorrhagie — apoplexie — goutte — rhumatismes — arthrite — myélite — ophtalmie aiguë — adonite, furoncles, etc.

Le bilieux par :

Maladie du foie, du pancréas — diarrhée — constipation — coliques hépatiques — diabète — vessie

— choléra — jaunisse — vomissements — dégénérescence graisseuse — mélancolie — humeur noire — hypocondrie — hernie, etc.

Le nerveux par :
Bégaiement — catalepsie — faim canine ou boulimie — gastralgie — toux convulsive — dyspepsie — névralgie — migraine — céphalalgie — sciatique — convulsions — tremblements — tic — névrose — sensibilité du système nerveux occasionnée souvent par les vers — insomnie — aliénation mentale, etc.

THÉRAPEUTIQUE

Préparation et Mode d'emploi

La thérapeutique officielle prend pour base l'intensité du mal et lui oppose, dans la même mesure, la médication destinée à le combattre.

En électro-homéopathie ou homéopathie complexe, c'est tout à fait le contraire, et c'est à retenir ; plus le mal est violent, plus faible est la dose du remède à administrer. C'est ce qui fait dire, en parlant du petit grain microscopique en apparence à employer, de le préparer à la première ou à la deuxième ou à la troisième dilution.

Pour préparer la première dilution, on met dans une petite bouteille d'eau de 200 gr. un seul petit grain du remède indiqué, une heure après agiter fortement la bouteille, bien en dissoudre et délayer le grain ; pour former la deuxième dilution, on prend une cuillerée à café de la première dilution qui est mise dans un verre d'eau de 200 gr. et l'on remue ; pour la troisième dilution, on prend une cuillerée à café de la dernière dilution (deuxième) qui est mise dans un autre verre d'eau d'une contenance égale de 200 gr., ce qui diminue la force du remède une fois de plus ; avoir soin de bien remuer le mélange. Dans ce cas, la deuxième dilution devenue inutile est jetée, et la première dilution est conservée pour renouveler ces préparations une fois consommées.

On aura soin de mettre sur chacune de ces bouteilles et sur chacun des verres, une étiquette indiquant le nom du remède pour servir de guide pendant le traitement.

La palpitation, l'anévrisme, la dilatation d'une artère et les maladies du *cœur* exigent des dilutions plus faibles, en portant successivement la troisième dilution à la quatrième ou à la cinquième et jusqu'à la sixième dilution ; mais, c'est la cinquième dilution qui a généralement arrêté la plus grande inflammation sanguine de la circulation. Il en est de même pour les maladies du système nerveux, comme par exemple, l'*hystérie*.

Les mêmes dilutions sont employées pour certains cas de fièvre intermittente ; la première dilution a été administrée également, mais à dose beaucoup plus forte, en augmentant successivement le nombre des petits grains, de un jusqu'à trente à la fois de fébrifuges n° 1 dans 200 gr. d'eau, ce qui a activé l'intensité de la fièvre et établi une réaction qui a été vaincue d'ailleurs instantanément, sans jamais plus reparaître, par l'emploi du même remède : un grain mis à la troisième dilution et pris toutes les cinq minutes. Ce cas est fort rare et ce moyen n'est employé qu'en présence d'une résistance opiniâtre.

Pour certaines maladies chroniques et invétérées on a quelquefois mélangé plusieurs remèdes nécessaires au traitement interne dans le même verre d'eau qui est administré au malade à la dilution qui lui convient le mieux.

On peut aussi mettre le petit grain dans un litre d'eau, comme dose intermédiaire de la première à la deuxième dilution.

Pour écarter toute conjecture sur la valeur du petit grain dilué, a dit M. G. Genty de Bonqueval dans son Traité, il suffira de se rappeler qu'un centigramme de sel mis dans cent grammes d'eau contiendra un dix-millionième de ce sel, et prenant un gramme de cette solution mêlée à cent autres grammes d'eau en continuant plusieurs fois cette opération, on obtiendra des atténuations de plus en plus faibles de cette substance, dont on pourrait fixer la quantité exacte pour un chiffre, soit par exemple un trois-millionième de milligramme de sodium et un cinq-billionième de milligramme de léthium, quantités équivalentes aux cinquièmes et sixièmes dilutions.

Le malade, pour sa commodité, peut se servir de grains déjà dosés à la deuxième ou à la troisième dilution. (Marque PP.)

Le remède est bu par petites cuillerées à café ou

gorgées à 15 ou 30 minutes d'intervalle, et le verre préparé, s'il n'y a qu'un remède à prendre, durera de cette manière vingt-quatre heures; mais s'il faut prendre deux remèdes en dilution, le verre de chacun des remèdes est bu par moitié dans les vingt-quatre heures, et chaque verre dure deux jours. Il en est de même s'il y a trois remèdes à prendre, chaque remède est pris par tiers de verre et chaque verre dure ainsi trois jours; s'il y a quatre remèdes, le verre est divisé par quart et chaque verre dure quatre jours, de manière à ne jamais prendre plus d'un verre médicamenté dans les vingt-quatre heures, quel que soit le nombre des remèdes à prendre en dilution.

L'expérience a démontré la nécessité de boire le verre médicamenté par cuillerées à café ou par gorgées, attendu que chaque verre de 200 gr. d'eau représente la quantité de quarante cuillerées à café ou gorgées, et qu'à chaque fois qu'elle est prise à l'heure prescrite, la cuillerée à café ou la gorgée a une action sur le mal, de sorte que cette action se produit quarante fois dans les vingt-quatre heures, alors que le verre médicamenté bu entièrement et d'un trait n'atteint le mal qu'une seule fois, et a l'inconvénient de troubler le fonctionnement de l'estomac par l'absorption d'eau inutile. *La goutte d'eau tombant d'une gouttière, avec le temps, fait son trou dans le pavé, de même la cuillerée ou la gorgée s'empare du mal et le contraint à fuir.*

Pour certaines maladies chroniques et incurables,

la cuillerée à bouche par remède prise chaque heure est quelquefois préférable.

Le malade à l'agonie a l'organisme dans un état constant d'inflammation provenant des sécrétions morbides de la maladie qui en est la cause, et qui lui occasionne parfois des souffrances plus ou moins intolérables, suivant l'âge et la vitalité de sa constitution; il peut aussi se trouver dans un état de prostration générale.

Dans l'un comme dans l'autre cas, le remède constitutionnel réparateur par excellence est le scrofuleux n° 1, administré à la troisième dilution, qu'on fait prendre au malade goutte par goutte et toutes les *cinq minutes*, au moyen d'un morceau de toile trempé dans cette dilution. On peut employer tous les autres remèdes, selon les symptômes de la maladie; mais, dans tous les cas, on commence toujours par le scrofuleux n° 1.

La dilution se prend jusqu'au moment du repas, mais il est bon de laisser écouler une heure après, pour la reprendre ensuite, afin de ne pas entraver le travail de la digestion.

L'usage du grain pris à sec est admis dans la nourriture et la boisson; il est efficace dans certaines maladies graves de l'estomac et préventif contre toute maladie épidémique. On le prend aussi après le repas pour faciliter la digestion.

Ces petits grains sont aussi administrés à sec sur la

langue par dix ou vingt grains dans les vingt-quatre heures pris par quantité de un, deux, trois, cinq ou dix grains à la fois à des intervalles plus ou moins grands, selon l'importance du mal et l'âge du malade. Il est recommandé de bien laisser dissoudre le grain sur la langue avant de l'avaler.

L'électricité végétale s'emploie aussi bien à l'intérieur qu'à l'extérieur ; il en existe cinq : *la rouge et la bleue positives ; la jaune et la verte négatives et la blanche neutre.*

A l'usage interne, elle se prend par gouttes, de une à dix à la fois dans une cuillerée à café d'eau, et de dix à quarante gouttes dans un verre d'eau de 200 gr.

A l'usage externe, elle s'applique en ventouse, c'est-à-dire le goulot de la bouteille appuyé sur le point à toucher ; on l'applique encore à l'aide d'un petit pinceau trempé dans ce liquide que l'on pose sur les points tracés sur la planche fixée à la fin de ce livre, en s'arrêtant dix, quinze ou vingt secondes sur chaque point, selon l'intensité du mal ; ce système est employé par exemple dans les *névralgies, douleurs rhumatismales et arthrétiques, et les maladies du système nerveux.* Elle s'applique en frictions sur les mêmes points et le long de l'épine dorsale.

Contre la constipation font merveille le *laxatif ou le purgatif* qui produisent l'effet sans irritation. (Voir *Constipation*.)

Le suppositoire à l'angioïtique n° 2 est efficace contre les *hémorrhoïdes et les maladies de la vessie ;* au besoin, on emploie celui préparé aux cancéreux n° 5.

Le suppositoire aux cancéreux est précieux pour les maladies de *l'abdomen, la chute du rectum, contre la fistule, le polype* et *les abcès purulents du rectum*. Dans tous ces cas on introduit tous les soirs un suppositoire dans l'anus.

Le suppositoire aux scrofuleux est contre *la constipation* et *l'inflammation de l'anus ou du bas ventre* ; ceux préparés pour les *enfants*, de formes plus petites, servent de *purgatif*, introduits chaque soir dans l'anus.

La boule vaginale contre les affections de la *matrice* et contre les *maladies des femmes* en général, est aussi recommandée pour la *stérilité* causée par des écoulements; elle remplace avantageusement l'*injection* si celle-ci a des inconvénients, et peut aussi servir pour la *toilette intime*, en introduisant une boule chaque soir.

Au moment des grandes douleurs, on peut porter jusqu'à trois le nombre des boules introduites, une par une, à une heure d'intervalle.

Le suppositoire *auriculaire* est efficace dans les maladies des oreilles ; on peut l'introduire, une, deux ou trois fois dans les vingt-quatre heures, le matin, à midi et le soir, en ayant le soin de le maintenir avec un tampon de coton placé à l'orifice du conduit auditif.

Les bougies cylindriques au beurre de cacao, dix centimètres de longueur, sont préparées aux *scrofuleux, couleur rouge ; angioïtiques, couleur blanche ; cancéreux, couleur verte ;* et aux *vénériens ou syphilitiques, couleur jaune ;* pour être employées dans les cas où l'application des pommades est difficile ou impossible, par exemple dans le *rétrécissement du canal de l'urèthre*, les *maladies catarrhales du nez et des oreilles* et *contre le polype ;* leur introduction doit être faite une ou deux fois par jour, en employant une bougie entière ou une partie, suivant le cas à traiter. Avant d'employer les bougies, il faut les enduire d'un peu d'huile.

La cigarette *antiasthmatique* et le *tube fumigatoire* sont précieux dans les maladies des voies respiratoires et contre les accès d'asthme.

Les *injections hypodermiques* sont au nombre de sept ; elles ne doivent être administrées à l'intérieur que par une main expérimentée, car l'aiguille pourrait être maladroitement introduite dans une veine. Elles sont également prises à l'intérieur en mettant de une à cinq gouttes dans un verre d'eau de 200 gr. qu'on boit par gorgées en vingt fois dans les vingt-quatre heures.

Les *pommades* pour onctions sont faites avec l'axonge, la vaseline, la glycérine ou avec l'huile fine, ce qui vaut mieux ; on fait dissoudre le remède dans quelques gouttes d'électricité végétale lui correspondant, comme il est indiqué d'autre part dans ce livre : ces onctions sont appliquées très légèrement sur la partie malade, de manière que la quantité étendue sur ce point n'obstrue jamais les pores de la peau, afin que l'air puisse pénétrer à l'intérieur et pour éviter toute trace sur le linge ; car c'est la répétition de ces onctions, le matin et le soir, qui en active l'effet. Ne jamais faire d'onction où il y a plaie vive.

La *compresse*, suivant l'intensité du mal, est composée d'une solution de cinq, dix, quinze ou vingt grains du remède indiqué dissous dans un verre d'eau contenant 200 gr.; elle se fait au moyen d'un linge de toile fine, assez grand pour couvrir le mal. Une fois imbibé de cette eau, il devra être étendu sur la partie malade, en *simple* et non double, pour que son concours soit rendu plus efficace dans l'absorption des sécrétions morbides qui découlent des plaies et pour détruire toute inflammation douloureuse ; elle sera renouvelée aussitôt sèche en ayant soin d'humecter le linge pour l'enlever, s'il est attaché à la plaie, et de le remplacer par un propre. On continuera ainsi jusqu'à la guérison.

L'expérience a prouvé que le morceau de toile mis en double, au lieu de l'aspirer, refoule le mal à l'intérieur et maintient une humidité préjudiciable au malade; et bien que simple, s'il n'est pas changé à chaque fois, la compresse reste sans effets, parce qu'elle est imprégnée de matières sécrétées alors même que celles-ci ne se remarqueraient pas sur le linge.

On évitera, autant que possible, sous prétexte de garantir de l'air la partie malade, ou de la maintenir, de recouvrir la compresse avec un autre linge, parce que l'action de l'air est précisément un adventif précieux à l'élimination des sécrétions opérée par les pores, et qu'elle en active la guérison sans aucune altération pour le malade. Calfeutrer la partie malade avec un épais mouchoir ou avec de l'ouate, c'est entretenir la douleur ou l'inflammation du mal.

La solution pour les *aspirations, gargarismes, injections, clystères*, se fait avec la même quantité de grains et d'eau que pour la compresse ; l'eau pour les injections et les clystères sera tiède.

Les frictions sont également faites avec la même quantité de grains et d'eau ; seulement on réduit l'eau à 100 ou 150 grammes quand elles se font avec une addition de 50 à 100 grammes d'alcool.

Le grand bain varie en raison de la gravité du mal et de la situation du malade, avec 40, 60, 75, 100 ou 150 grains par remède ; les grains sont dissous à l'avance dans un verre d'eau ; l'eau doit être chauffée uniformément à 30 degrés ; y séjourner de 20 à 30 minutes. La chambre de bain, de même que le linge à sécher le corps, devront être chauds pour éviter toute transition ; à la sortie du bain, prendre les précautions d'usage.

Le bain de siège varie également avec 15 ou 40 grains par remède, dissous à l'avance ; comme pour le grand bain, l'eau chauffée uniformément à 30 degrés ; y séjourner dix minutes et observer pour le reste la même règle que pour le grand bain.

Le bain de l'œil, dans les maladies des yeux et des paupières, se fait au moyen d'un godet de forme ovale, fabriqué à cet usage, en verre ou en porcelaine ; on le remplit d'eau et on y met, suivant l'intensité du mal, 1, 2 ou 3 grains du remède indiqué, ou bien on le remplit avec de l'eau préparée à la première dilution.

Les yeux étant liés l'un à l'autre, chacun recevra

son bain particulier, quand bien même l'un des yeux ne serait pas atteint, afin d'éviter que l'œil resté sain ne contracte le même mal.

On s'attachera à multiplier les grands bains, ainsi que les bains de siège médicamentés avec ces spécifiques, pour tout malade dont la situation l'exige, et quelle que soit la nature du mal, ce malade serait-il atteint de *consomption, marasme, phtisie, etc., etc.*

Ces bains sont bienfaisants en toute saison, puisqu'ils activent la guérison ; mais en hiver, ils sont d'une incontestable utilité : non seulement ils maintiennent ouverts les pores de la peau, par lesquels la transpiration élimine une partie des sécrétions de la maladie, mais ils fortifient l'épiderme et le rendent insensible aux intempéries de la saison la plus rigoureuse.

Le grand bain ainsi administré est supérieur au bain de vapeur en usage chez les Orientaux, à cause de la médication qu'il renferme. Mais l'un comme l'autre peuvent s'employer parce qu'ils sont plus naturels et applicables à toutes les constitutions, alors que l'hydrothérapie, prise en toutes ses formes, souvent impuissante, est parfois nuisible.

La nature, chez le malade, cherche à se débarrasser de ce qui la gêne, elle demande à être simplement aidée et non violentée ; c'est ce qui fait que le traitement électro-homéopathique ou homéopathique complexe appliqué contre quelque maladie que ce soit, élimine les impuretés du corps par *les éruptions de toute nature, les expectorations, les sécrétions nasales, la transpi-*

ration, les urines et les évacuations alvines C'est aussi pour cette raison que les dilutions à l'usage interne sont divisées comme les dilutions à l'usage externe, proportionnellement à l'intensité du mal, afin de mieux coordonner l'action simultanée des unes et des autres ; car les unes ne sauraient agir sans les autres ; agir autrement, c'est rendre la guérison difficile. En effet, le remède pris à l'intérieur a la mission de chasser le mal, et celui placé à l'extérieur, celle de l'extirper.

Quand il y a surabondance dans les effets d'élimination, il faut bien se garder de l'arrêter ; il suffit de diminuer la quantité du remède à prendre à l'intérieur et d'activer celui destiné à l'extérieur, pour faire disparaître cette surabondance qui rétrocède au fur et à mesure que cesse la cause qui l'a provoquée.

Le malade n'est astreint à aucun régime spécial, le simple bon sens suffit pour régler les besoins réclamés par l'estomac, et trouver ce qui peut le mieux faciliter la guérison concurremment avec le traitement. Il ne devra faire aucun excès ni user de choses irritantes et trop acidulées.

Pour certains cas, la diète est nécessaire, mais il ne faut pas s'arrêter à cette idée, parce que les spécifiques de cette science, par leur principe curatif, demandent une nourriture substantielle et légère en même temps, qui devra plutôt être renouvelée dans la journée. Le régime lacté est toujours très bon pour les personnes d'un sang échauffé.

L'usage d'eaux thermales est laissé à l'appréciation

du malade qui, mieux que personne, peut en reconnaître l'utilité pour cette raison que telle eau ayant donné un effet favorable sur un malade, a produit un effet contraire sur un autre atteint de la même maladie, et que les personnes n'ayant pas la faculté de se les procurer, ont été parfaitement guéries sans leur concours.

Il faut user modérément du vinaigre qui est un antidote des remèdes, et exclure l'usage du citron, autre antidote par excellence et astringent compromettant pour la guérison des maladies chroniques et incurables.

On se croit en présence d'une étude compliquée et impossible à retenir, en parcourant la description sur la préparation des remèdes de cette science, alors qu'elle est aussi simple à faire que le café ou un rafraîchissement quelconque. Pour s'y habituer, il suffit de préparer un remède le premier jour, un autre le lendemain, et ainsi de suite jusqu'à préparation complète de tous les remèdes exigés par le traitement ; peu à peu on finit par observer l'ensemble des prescriptions sans s'en apercevoir.

Les quelques gorgées d'eau médicamentée par un aussi petit grain, qui doivent suffire pour ramener l'équilibre de la santé compromise depuis longtemps, jettent au début le doute sur son efficacité. La crainte, pour ne pas dire la honte s'empare de vous, quand les parents, les amis et connaissances, le plus souvent ignares, critiquent ce mode de traitement. Mais le ridicule retombe sur eux-mêmes, par le seul fait de leur infirmité qui, à un moment donné, les réduit à l'impuissance, alors que vous avez retrouvé une activité et une santé relativement bonnes. *N'est-il pas mieux de mourir pur que de vivre impur ?*

Rien de plus simple pour se soigner durant les heures du travail. On met dans dans une petite bouteille plate la quantité de l'un des remèdes à prendre, qu'on emporte avec soi en prenant la gorgée aux intervalles voulus ; le peu qui est pris pendant le travail produit son effet, et on arrive au même résultat. C'est un peu plus long, voilà tout. Mais rester sans rien prendre pendant ce temps, équivaudrait à ne pas se traiter.

De cette manière, on fera passer à tour de rôle chaque remède en dilution, s'il y en a plusieurs, en alternant un jour l'un et le lendemain l'autre ; on peut également prendre sur soi le tube contenant le remède qui doit être pris à sec sur la langue. Le traitement externe se fait chez soi ; il doit être appliqué le matin et le soir.

La durée d'un traitement, chez l'enfant et jusqu'à l'âge de 20 ans, est très courte. A l'âge plus avancé et jusqu'à 50 ans, elle est subordonnée au plus ou moins d'altération du sang et de l'organisme. Elle varie de deux à six mois et quelquefois une année ; au delà de 50 ans, où les souffrances sont presque toujours à l'état chronique ou incurable, une période de deux à trois années est nécessaire pour régénérer le sang, afin d'être *radicalement guéri*.

Si après ce temps, le mal résiste, ce qui est très rare, il faut le poursuivre durant toute la vie, afin d'obtenir une santé relative et s'éteindre sans souffrances. Dans l'un comme dans l'autre cas, le soulagement s'effectue rapidement et le malade chronique ou incurable qui en conserverait le doute ne peut qu'y perdre.

Les ramifications multiples de la machine humaine mettent trente ans pour former complètement son organisme. Il est donc naturel qu'il faille une durée plus ou moins longue, pour réparer et parfois reconstituer ses fonctions. Durée relativement très courte, si l'on tient compte de l'insouciance de certains malades qui, le plus souvent, négligent le traitement.

Le bien et le mal se succèdent alternativement pendant le traitement, mais chaque fois que le mieux arrive, il se prolonge de plus en plus, restituant au malade la force pour supporter ses souffrances. Cela lui donne la confiance et l'y fait persister jusqu'à sa parfaite guérison.

Il faut aussi tenir compte de la température du méridien sous lequel on se trouve, parce que les spécifiques de cette nouvelle science sont plus actifs dans les pays chauds que dans les pays tempérés ; ils deviennent très lents en atteignant les contrées froides, mais la persévérance dans le traitement fait obtenir, sous tous les climats, la guérison désirée.

La maladie rétrocède en prenant la même voie suivie pour venir, le mal peut être produit à chaque obstacle qu'il faut vaincre et franchir patiemment, sans s'effrayer des symptômes passagers qui en résultent ; cela démontre au contraire l'approche de la guérison.

C'est ainsi qu'une dame de 56 ans atteinte d'une maladie de matrice, a vu revivre une douleur fixée au bas-ventre, qu'elle n'avait plus ressenti depuis l'âge de 16 ans, mais quelque temps après, la guérison était complète. Le germe de cette maladie est donc resté en état latent à l'intérieur pendant 40 ans.

L'usage des spécifiques *vermineux et vénériens* ou *syphilitiques*, est très important dans le traitement de la plupart des maladies invétérées reconnues chroniques et incurables. L'expérience a prouvé qu'une maladie résistant au spécifique qui lui est propre, cédait immanquablement à l'application du *vermifuge* ou du *vénérien* ou *syphilitique*, ainsi qu'à tous les deux à la fois en les alternant.

La *névrose* ou maladie du *système nerveux*, sous quelque forme qu'elle se présente, la maladie du *cœur* et de la *circulation*, l'*asthme nerveux*, la *nécrose* ou *carie des os*, la *syphilis*, sont les maladies les plus longues à guérir ; l'*anémie*, la *scrofule*, la *phtisie*, la *tuberculose*, le *cancer*, l'*albuminurie*, l'*ophtalmie*, l'*épilepsie*, la *blennorrhée*, comme les maladies des *voies urinaires et respiratoires*, la maladie des *femmes* et le *rachitisme chez l'enfant*, sont les maladies qui se guérissent assez rapidement.

Ainsi, l'os *carié d'une périostite* a été éliminé après cinq mois de traitement chez une femme de quarante ans, sans opération chirurgicale, par le seul assainissement et la reconstitution de l'os lui-même.

Une fluxion de poitrine avec engorgement des poumons a été guérie en quatorze jours chez une dame de soixante-neuf ans, après être restée alitée quatre mois.

La danse de Saint-Guy ou chorée, chez un enfant de douze ans, a été guérie en deux mois et demi. Un autre enfant de quatorze ans, *anémique, commencement de tuberculose* constatée au poumon droit, fut guéri dernièrement en deux mois.

La *spina ventosa* au pied droit, attaqué par *la gangrène*, et qu'on devait opérer chez un jeune homme de dix-neuf ans, a été radicalement guérie en cinq mois.

Un autre enfant de trois mois ayant une *céphalalgie aqueuse*, guérit en quatre mois. Dernièrement, un autre enfant de deux mois, atteint de *diarrhée verte*, fut guéri en quarante-huit heures.

Une contractilité nerveuse qui se produisait par intervalle depuis quinze années, au bras droit, chez un monsieur de vingt-cinq ans, a été enlevée en deux heures, sans jamais reparaître.

Un vieillard de soixante-douze ans, depuis nombre d'années, avait à la tempe gauche une *végétation syphilitique*, traitée sans résultat par la science officielle. Au début, c'était une tache jaunâtre, puis elle devint comme une lentille, jusqu'à dépasser la grosseur d'une noix ; augmentant de volume chaque année, de même que les taches qui l'entouraient, elle promettait pour l'avenir une monstruosité.

C'est à ce moment, 15 décembre 1889, que le traitement électro-homéopathique ou homéopathique complexe fut commencé ; six mois après, 14 juin 1890, les taches avaient disparu de toutes parts, et une première croûte de cette végétation tomba, sans modifier les racines ; seize mois après, 12 novembre 1891, la croûte tomba de nouveau, laissant encore les racines adhérentes à la peau ; mais le 16 juillet 1893, la végétation tomba une dernière fois avec les racines, laissant la peau intacte comme si elle n'eût été jamais malade. Il a donc fallu trois années et demie de traitement pour compléter la dépuration du sang, la seule cause qui avait créé et alimenté cette infirmité.

Voilà comment guérissent, avec la nouvelle science, toutes les maladies, même celles invétérées et déclarées incurables.

Récemment, l'outil qu'avait en main un ouvrier graveur sur boutons se brisa pendant qu'il opérait ; le choc fit glisser la main droite sur la courroie d'engrenage du tour et détermina une *luxation de l'index* qui fut *retroussé* sur la main, comme s'il eût été désarticulé. L'ouvrier, malgré la douleur, replaça lui-même le doigt dans sa position naturelle et fit immédiatement des frictions avec l'électricité bleue qu'il avait à l'atelier, calmant instantanément la douleur et empêchant l'inflammation, ce qui lui permit de terminer sa journée ; on lui fit des frictions avec l'électricité rouge alternées avec l'électricité verte et de légères onctions avec la pommade aux cancéreux n° 5, et, trois jours après, sans interruption de travail, il n'y avait plus de trace de cet accident.

On pourrait citer une infinité de maladies de diverses gravités dont la liste serait trop longue pour l'énumérer ici.

Sous l'influence de cette médication aussi douce que rationnelle, contrairement aux autres, à moins d'infirmités exceptionnelles, on n'est pas tenu de rester au lit ni à la chambre, on peut aller à ses travaux comme à l'ordinaire, ce qui est incalculable *pour le travailleur*, car la médication par elle-même exige plutôt *l'activité* que l'immobilité.

Le malade impatient fera bien de ne jamais cesser l'application de cette méthode une fois entreprise, et surtout pour les cas incurables ; car ces spécifiques, par leur nature de curatifs, déblayent l'organisme de ce qui l'infecte, et ramènent à l'état de sensibilité les tubes artériels et veineux conducteurs de la circulation du sang ; de même les muscles, les nerfs et les fibres qui s'y rattachent ; ceux-ci, habitués à cette nouvelle et douce médication, restent plus sensibles à la violence de l'ancienne, compromettant gravement la situation du malade. L'infirmité, le plus souvent, devient irrémédiable, quand il fait retour à la médication qui lui fait tant de bien.

Il faut donc, au début d'un traitement avec cette méthode, être pénétré de ces trois mots :

Confiance — Espérance — Persévérance.

CONCLUSION : Le jour n'est pas éloigné où cette méthode sera universellement accueillie dans les familles, comme un élément indispensable à la vie plutôt qu'une médication, puisque mélangée aux *aliments*, elle les *purifie*, elle détruit les *impuretés héréditaires* recueillies par *l'enfant* à sa naissance, elle concourt à sa *croissance*, elle le *fortifie* et lui *reconstitue les défectuosités de l'organisme*; chez l'*adulte*, elle maintient l'équilibre de son existence si éprouvée de nos jours; elle retarde la *décrépitude de ses facultés* qui le conduit à la vieillesse, et lui assure un longévité exemplaire.

Quelle n'est pas la joie d'une mère quand elle voit son mari comme elle-même toujours dispos au travail comme au plaisir; se réjouissant au milieu des siens, exempts désormais des souffrances corporelles que le moral affaibli jetait dans la désolation !

Hésitera-t-elle, quand elle sait qu'avec *un ou quelques francs* de cette pharmacopée, elle préservera et guérira les maux chroniques et déclarés incurables, et que ces spécifiques abandonnés par mégarde à l'enfant, *l'empoisonnement est impossible par leur innocuité ?*

Elle pourra dire à ses *enfants* : persévérez dans l'usage de ces spécifiques; exigez que *vos enfants, vos petits-enfants, comme vos arrière-petits-enfants* l'appliquent comme vous, et alors, à la troisième ou quatrième génération, il ne sera plus question de ces maux terribles chroniques et incurables, comme ceux restés inconnus, ni du petit grain syphilitique que nous possédons tous.

Mais si cette science, par son usage, maintient l'équilibre de la santé, il ne faut pas conclure qu'elle soit capable de refaire un organe détruit et nécessaire à la vie, ou exempter de la mort.

La mort, du reste, est une nécessité pour l'être devenu impotent par la vieillesse ; mais il est certain qu'arrivé au terme de la vie, il s'éteint par la seule prostration des forces et sans souffrances, ce qui est la loi naturelle de tout ce qui existe sur la terre.

L'HYGIÈNE

On entend par hygiène, la manière de se servir des objets nécessaires à la vie. Mais, comme tout individu croit l'observer dans sa totalité, omettant le plus souvent la partie essentielle, soit par ignorance, soit par négligence, il est utile d'en rappeler les règles aussi brièvement que possible.

L'AIR

L'air se renouvelle toutes les vingt-quatre heures, vers trois heures du matin, et reste pur jusqu'aux premiers rayons ardents du soleil. C'est le moment de faire la promenade matinale, avant six heures, dans les jardins ou à la campagne pour le respirer; car, associé aux parfums des plantes vivifiées par la rosée, il infiltre dans les poumons leurs essences qui produisent sur l'organisme un effet prodigieux; c'est favorable au renouvellement de l'air de l'appartement. Il est utile de se reposer une demi-heure dans la journée.

Il faut éviter les courants d'air, ainsi que les fissures des fenêtres près desquelles on travaille, tout cela engendre sans doute *les névralgies, rhumatismes, fluxions dentaires et de poitrine*, etc., etc.; pour s'en garantir, il faut y placer des bourrelets jusqu'à la hauteur du corps.

Ne dormez jamais avec une fenêtre ouverte afin d'éviter les *ophtalmies* souvent dangereuses.

L'ALIMENTATION

L'alimentation sera l'objet d'une attention particulière, aujourd'hui surtout, où tout est altéré; c'est de là que dépend la formation du sang qui devient pur ou impur, selon la nourriture prise.

Un bon ordinaire mixte, de viande et de légumes, est ce qui convient le mieux, étant laxatif; l'usage de la viande seule échauffe le sang et porte à la constipation, comme le légume mangé seul rafraîchit trop et conduit à la diarrhée.

L'homme est herbivore et non carnivore, il fera bien de manger des légumes sur une fois de viande par semaine.

Le pot-au-feu de temps à autre avec une garniture suffisante de légumes fournit un bouillon substantiel et rafraîchissant.

Le choix des condiments s'impose, les animaux en donnent l'exemple, répudiant tout ce qui est impropre et malsain. Agir autrement, est méconnaître notre supériorité et concourir à notre décadence déjà trop avancée par l'altération de ce liquide qui nous donne la vie et qui est le *sang*.

Si l'on était plus sévère pour l'achat des denrées, en rappelant que le bon marché est toujours trop cher, la production artificielle et malsaine qui se vend à bas prix, disparaîtrait bien vite des magasins; car, par cette insouciance, l'acheteur favorise ce commerce illicite et se rend coupable des maux dont il souffre. Manger peu et bon est hygiénique ; le contraire est nuisible.

La viande, ainsi que les légumes, doivent toujours être bien cuits, afin de détruire les impuretés qu'ils contiennent.

Le bœuf et le mouton sont les meilleures viandes et les plus nutritives.

Le veau manque de substance et passe rapidement.

La viande de porc est saine, mais son usage doit être fait modérément, ignorant souvent les procédés employés pour l'engraisser.

Faire bien cuire le lapin comme le porc, parce que ces viandes étant mal cuites, peuvent produire la trichinose, sortes de petits vers microscopiques qui sont logés dans les muscles de certains animaux, comme le rat, la souris, le chat, etc.

La volaille est saine et rafraîchissante.

Le gibier, au contraire, est échauffant.

L'usage hebdomadaire du poisson d'eau douce et de celui de mer, est excellent.

Il faut être modéré pour le coquillage.

Les farineux, les légumes secs et les pâtes sont bien faisants, ainsi que le laitage.

Restez au moins *une heure* à table et mastiquez bien chaque bouchée; ce travail est indispensable pour assimiler la salivation au suc alimentaire qui s'infiltre dans le laboratoire digestif qui sert à la formation des *globules du sang*, cela fortifie l'organisme.

Avaler le morceau sans le mâcher, c'est donner à l'estomac un travail qui n'est pas le sien et l'encombrer d'aliments sans profit pour le corps, parce que la décomposition passe rapidement du pancréas aux intestins inférieurs, et ne réserve que peu de chyle pour la formation des globules du sang; si l'usage du vin pur a été immodéré, une indigestion est souvent inévitable.

On évitera l'usage de l'eau de seltz aux repas, elle produit le même effet.

Le vin absorbé pendant le repas est profitable au corps, quand il est additionné d'eau pure, parce qu'il s'assimile mieux aux aliments, facilite la digestion et donne des sécrétions plus substantielles; alors que le vin pur surexcite le système nerveux, augmente la fermentation alimentaire, en réduit la propriété nutritive et rend la digestion difficile.

Un petit verre de vin pris pur et vieux, si c'est possible, à la fin du repas, fait du bien.

L'usage de la bière prise en mangeant produit le même effet que le vin, si elle n'est pas additionnée d'eau; elle a l'inconvénient d'altérer les parties organiques du foie quand son usage est immodéré.

Aucune boisson n'est hygiénique comme l'usage constant de bonne eau pure; elle a la propriété de fortifier l'organisme et principalement le système nerveux, et non pas de l'affaiblir, comme on est tenté de le croire.

Il ne faut jamais lire en mangeant, ni une fois le repas terminé; l'attention portée à la lecture et la position demi courbée prise sur le moment, compriment les fibres nerveuses et musculeuses du parcours digestif de l'estomac, empêchent leur fonctionnement et entravent le travail de la digestion, occasionnent les maux d'estomac, connus sous le nom de *dyspepsie, gastrite, gastralgie, etc.*

Il en est de même pour les personnes qui ont la mauvaise habitude de dormir après le repas; les conséquences en sont parfois funestes. Sortir de table à la fin du repas et faire quelques pas dans la chambre est de bonne hygiène.

Il est utile de rechercher à sa saison, la consommation du fruit bien mûr, ainsi que du légume ; sa production à cette époque, coïncide à certains besoins de notre être que la nature a prévus; après avoir mangé *des asperges, des épinards, de l'oseille, des haricots verts, des tomates, des choux, des carottes, etc.,* le corps s'en trouve satisfait; ainsi que *des fraises et des raisins* que l'on mange avec plaisir.

Les principes réparateurs et réconfortants de ces végétaux, comme l'azote, le fer, etc., qu'ils contiennent assimilés au suc alimentaire, régénèrent le sang proportionnellement à sa dégénérescence, et, chaque organe de l'organisme s'approprie naturellement ce qui lui convient pour se reconstituer. Leur consommation se recommande surtout aux anémiques, névrotiques, phtisiques, etc., et aux constipés.

Les produits d'assimilation de la pharmacopée officielle, quelle qu'en soit la provenance, sont des remèdes inefficaces à cause de la diversité des constitutions, réfractaires aux quantités assimilables de ces produits, qui ne correspondent qu'imparfaitement au degré de dégénérescence du sujet.

La production artificielle dont on est parfois enthousiasmé, n'a d'autre vertu que celle de frapper l'imagination ; elle est sans profit pour le corps aux dépens de la bourse.

Le chou pommé blanc, bien cuit, comme la carotte accommodée en toutes sauces, sont deux légumes très nutritifs et digestifs, recommandés spécialement aux personnes nerveuses, comme à celles d'un tempérament sanguin. Pour le chou, n'employer que le blanc, afin d'éviter les gaz.

On doit faire cuire la pomme de terre à l'eau pour la dépouiller de son enveloppe ; cette opération est naturelle et doit, une fois cuite, s'opérer naturellement et remplacer l'usage du couteau pour la peler, parce que, aussi mince que soit l'extrait de la pelure faite par cet instrument à la pomme crue, on enlève la presque totalité de sa nutrition qui se distingue par une sorte d'auréole farineuse entourant ce tubercule sous la peau; le centre n'a aucune propriété nutritive et la quantité d'eau qu'il produit à l'estomac, rend long et difficile la digestion de ce légume dont l'usage se recommande à être plutôt restreint.

La personne passionnée pour la grenouille fera bien de se modifier, parce que une grande consommation de cet animal a une influence curieuse sur les voies urinaires, à mettre en doute une vertu exemplaire.

Le pain est le premier élément de l'alimentation; la formation des globules du sang et la robustesse de notre organisme dépendent des principes nutritifs qu'il renferme.

Autrefois, les boulangers, dans les grandes villes, comme dans les campagnes, fabriquaient un pain bis rond appelé *miche dite de ménage;* il était fait avec de la farine de froment grossièrement moulu et presque sans blutage, conservant la quintescence des principes minéraux et autres, si précieux à notre économie; cela le rendait digestif, toujours frais et facile à une conservation prolongée. En ce temps-là l'anémie était pour ainsi dire inconnnue.

Aujourd'hui, sous le couvert du progrès, les boulangers, pour flatter l'œil du client, le caprice des tables somptueuses et afin de réaliser un profit supérieur avec beaucoup moins de peine, font subir à la farine une transformation défectueuse par un blutage gradué en la privant de la majeure partie des éléments nutritifs du froment, destinés à un autre usage, pour ne laisser, comme noyaux farineux, que l'amidon, qui ne contient que la blancheur du pain ; cette substance est reconnue non nutritive et échauffante, aussi bien pour le pain de famille que pour celui dit pain de fantaisie.

Le travailleur est le principal consommateur du pain. Souvent, trop souvent même, c'est la seule substance qu'il ait à s'offrir pour vivre. Il compte sur ses propriétés nutritives pour maintenir ses forces, car il connait la valeur de ce grain appelé *froment.*

Malheureusement, il est le premier à subir les funestes conséquences de cette mauvaise fabrication, qui détruit progressivement l'organisme, occasionne les dyspepsies, les gastrites, gastralgies, etc., qui le prédisposent à l'anémie, au marasme et à la phtisie trop fréquemment répandue de nos jours.

Bien coupables sont les boulangers des villes et ceux de la campagne qui ont cessé la fabrication du pain bis, dit de ménage, indispensable pour consolider notre existence ; mais les plus coupables sont les municipalités chargées de veiller au bien-être de leurs administrés et du travailleur en particulier ; elles devraient engager, obliger même les boulangers à mettre chaque jour de ce pain à la disposition du client. Les boulangers y trouveraient largement leur compte, tout en contribuant à une œuvre humanitaire de la plus haute importance.

Un boulanger de la rue Saint-Denis (boulangerie de la ville de Paris) en donne l'exemple, par la spécialité du pain dit de Graham qu'il fabrique ; le froment est moulu aussi fin qu'une pointe d'épingle arrondie et dépouillé de son enveloppe. Cela contribue à lui conserver toutes ses propriétés nutritives en l'assimilant aisément aux estomacs les plus délicats; il est brun et sans taches blanchâtres et d'une saveur douce.

Ce pain se recommande aux anémiques, diabétiques, névrotiques, phtisiques et aux constipés, ainsi qu'à tous ceux ayant un estomac défectueux; employé aux principaux repas, il est bienfaisant pour tout le monde, si l'on tient à se préserver des maladies citées.

On devra vaincre tout préjugé contre cette sorte de pain et subir les effets de cette substitution ; car cette prévention n'est qu'imaginaire. On ne peut obtenir une transformation sérieuse qu'après une application soutenue de quelque temps.

Le pain bis ne forme-t-il pas la base alimentaire des troupes, et, malgré le maigre ordinaire, elles résistent aux fatigues du dur métier. Le condamné lui-même trouve, dans ce pain, un soutien suffisant avec la seule soupe composant son repas.

Il faut aussi savoir choisir son pain et éviter de prendre un pain brun ordinaire qui, souvent, est un mélange de son grossier et de farine appauvrie.

Pour le conserver toujours frais, il suffit, comme il se pratique dans les campagnes, de l'envelopper dans un linge de toile et le renfermer dans le meuble destiné à cet usage.

Le pain chaud ou frais du jour est insalubre, il pèse sur l'estomac; celui de la veille, bien cuit, se digère mieux, et est plus nutritif.

Il ne faut jamais manger bouillant pour ne pas échauder la muqueuse de la bouche, de l'estomac et de l'œsophage, ou faire éclater l'émail de ses dents. L'ingérence précipitée de la glace ou de boissons frappées, produit la même irritation.

Le café mêlé au lait, pris plus d'une fois dans les 24 heures, est débilitant, principalement chez la femme, ou il occasionne des pertes en affaiblissant l'estomac.

Le café pris pur ou avec un œuf frais, vaut mieux; on peut dire de même du lait pur ou du chocolat ou mieux encore du cacao en poudre.

Les personnes nerveuses serons sobres de café noir et de toute sorte d'alcool; il est préférable de se retirer de table avec un reste d'appétit que d'être repu par excès.

Le café est généralement défendu aux personnes atteintes de maladies du cœur, du système nerveux, du larynx, du pharynx, des affections bronchiales, etc., ainsi qu'à celles prédisposées aux congestions sanguines. On peut remplacer avantageusement le grain du moka en s'habituant à l'usage du malt brûlé (orge torrifié) qui n'est ni surexcitant ni échauffant; cette faculté le rend précieux contre la constipation.

On ne doit jamais sortir de chez soi à jeun. Il est bien, en se levant, de prendre une soupe ou un léger repas, afin de combler le vide fait pendant le sommeil et de réparer les forces chez le travailleur; car, du repas de la veille au soir, de 8 heures jusqu'au lendemain matin 11 heures, il s'est écoulé 15 heures. Rester sans prendre de nourriture et dépenser 4 heures de travail, constitue un abus de ses propres forces.

Le café ou l'eau-de-vie, pris le matin par habitude, surexcite le système nerveux au lieu de le nourrir, comme la soupe ou le plus léger repas. Le travailleur croit au maintien de ses forces, alors que le contraire s'opère au détriment de l'organisme.

La grande lutte des marcheurs de Paris-Belfort, du 6 juin 1892, confirme la vérité de cette hygiène alimentaire ; M. Ramogé, le vainqueur, fit le trajet de 496 kil. en 100 heures ; son ami, M. Gonnet, le suivit de quelques heures ; et M. le professeur Duval, fait unique à ce jour, fit 159 kil. en 24 heures ; c'est grâce à la sobriété, à la tempérance de chacun de ces champions, qu'ils sont arrivés à ce résultat, puisque ni l'un ni l'autre n'a pris de vin ni d'alcool, si ce n'est qu'un peu de thé et très peu d'aliments.

Ce n'est donc pas la masse des aliments qui fortifie le corps, mais bien son application, par un principe raisonné et limité proportionnellement à sa constitution et à ses travaux journaliers.

Les deux grandes épreuves préparatoires faites par M. Ramogé, de Chantilly à Paris et de Chantilly à Beauvais, aller et retour, sont irréfutables sur ce point, puisqu'il fit le premier trajet, buvant et mangeant beaucoup, alors que le second fut accompli en s'abstenant de tout aliment, c'est ce qui le rendit infiniment plus dispos.

Pour donner une idée plus complète de la valeur des aliments féculents et de la viande, il n'y a qu'à parcourir le tableau comparatif ci-après, tiré des Annales de l'Électro-Homéopathie de Genève (Suisse) :

TABLEAU COMPARATIF

Des aliments féculents et de la viande dans leur rapport avec le développement des forces chez les enfants et chez les adultes, et de la réparation des forces chez les personnes qui ont atteint leur complet développement.

Temps nécessaire à la digestion.

Aliment	Heures
VIANDE	3
FROMENT NON BLUTÉ	2 1/2
PAIN BLANC	3
POIS CASSÉS	3
HARICOTS	3 1/2
LENTILLES	3
FARINE D'AVOINE	1 1/2
FARINE DE MAÏS	3
RIZ	1
SAGOU	1 3/4
POMMES DE TERRE	3 1/2
ORGE PERLÉE	2
MACARONI	2

PRODUCTEUR d'os et de chair.   PRODUCTEUR de force et de chaleur.   EAU

Les femmes, autrefois, à quelque rang social qu'elles appartenaient, dirigeaient et ordonnaient leur cordon bleu (cuisinier ou cuisinière). Au besoin, elles préparaient elles-mêmes les aliments qu'elles jugeaient de conformité à l'état présent de santé des leurs ; elles étaient soucieuses de leur famille et elles faisaient abnégation des plaisirs afin d'offrir à la patrie de robustes gars, bien constitués et dont elles étaient fières ; cela constituait un avantage précieux pour une grande nation.

Émancipées par les innovations, les femmes, aujourd'hui, s'inquiètent fort peu des leurs. Elles s'affranchissent volontiers de leur devoir social, et, si c'était possible, elles s'accommoderaient fort bien d'être remplacées par l'homme, dans leur fonction naturelle, pour n'avoir d'autres soucis que ceux de la toilette, du plaisir et de la vanité.

Et, sans se préoccuper des conséquences fâcheuses de cet état de choses qui se rencontre journellement, et dont elles sont les auteurs, les femmes délaissent aujourd'hui ce qu'elles considéraient autrefois comme essentiel à l'existence, *la bonne cuisine de famille dite bourgeoise*. Sous le prétexte de faire vite et d'être à la hauteur du progrès, elles se fient à des gens qui font un trafic honteux de la pitance humaine, où tout n'est qu'apparence et altération, sans effets nutritifs, à des gens qui contribuent à rendre tout un peuple anémique, afin d'augmenter leur fortune. Il en résulte que le peuple est poussé à la fréquentation des cafés et des cabarets, où il va remplir, par une surexcitation alcoolique le *vide* qu'une nourriture substantielle aurait comblé, s'il l'eût trouvée chez lui.

Bon nombre de grandes maisons ne sont pas non plus à l'abri de ces conséquences. La préoccupation de leur chef culinaire est de satisfaire l'œil et le goût du maître, sans se départir des principes de l'art, dont l'apparat et la transformation des condiments en amoindrit, sinon exclut tout l'élément bienfaisant qu'on rencontre dans l'apprêt plus naturel d'une *bonne cuisine de ménage*.

L'internat des lycées, collèges, pensions, institutions est malheureusement le plus frappé de ces conséquences. Non seulement l'élève interne ne trouve pas le confortable d'une bonne cuisine de famille, mais il est appelé à prendre ses repas à des heures distancées qui ne répondent pas à la dépense de ses facultés.

Il est bien de développer l'esprit, l'intelligence de l'enfant ; qu'un peuple cherche à faire de l'instruction une des gloires de son pays, mais cette transformation ne devrait jamais se faire au péril de l'être soumis aux études. Car, pour obtenir un esprit fort, une intelligence supérieure, il faut suffisamment nourrir l'organisme, afin d'en développer les facultés intellectuelles, et ne pas enrayer la croissance par un vide prolongé entre les principaux repas, sans le moindre intermède, pour ranimer les sens fatigués par une étude soutenue.

Le matin, après son lever, l'élève devrait faire une collation suffisante pour combler le vide produit pendant le sommeil, cela lui permet d'attendre le *copieux déjeuner de famille* qui serait le plus confortable des repas, qui doit être pris sans précipitation. Vers les 4 heures, il faut lui donner une seconde collation, le soir un repas plus léger, pour faciliter le développement de l'organisme qui s'opère généralement au repos.

Cette attention ferait le bonheur des parents et diminuerait sensiblement l'état de nervosité des générations actuelles, dont on exagère le développement intellectuel par un surcroît d'étude, au détriment du développement physique, par une insuffisance nutritive qui détruit l'équilibre de ces deux éléments indispensables à la perfection de l'homme.

L'abondance de nourriture peut un instant appesantir l'esprit et l'intelligence, mais elle ne détruit jamais les facultés qui se développent avec la modération, alors que l'insuffisance, parfois, les détruit pour toujours.

Quelques industriels, commerçants, confectionneurs (mode, lingerie, vêtements, etc.), n'accordent à leurs ouvriers (ouvrières principalement), de 8 heures du matin à 8 heures du soir, qu'une demi-heure pour le repas de midi, sans autre répit ni collation. C'est donc un travail consécutif de 11 heures à 11 h. 1/2, où certaines catégories d'ouvrières restent courbées sur une chaise, sans prendre haleine. Dans quelques ateliers, le repas de midi n'est pas toléré, il se fait en travaillant. C'est vraiment un délit monstrueux, et les parents en sont les premiers coupables, car ils ne devraient placer leurs enfants dans ces ateliers qu'à la condition *formelle* d'observer, durant ces 12 heures de travail, les règles de nourriture et de repos que le bon sens indique. L'autorité ferait bien de réprimer et surveiller ces ateliers (grands et petits) où s'étiole la fleur d'une belle jeunesse, une des causes de la dégénération de notre race.

C'est donc à la femme soucieuse de la famille qu'il appartient de rétablir, au milieu des siens, le bien-être du temps passé. La valeur des choses nécessaires à la vie lui étant mieux connue, et son expérience lui permettant de reconstituer *cette bonne cuisine dite bourgeoise*, par une nourriture saine et bien comprise des aliments de chaque jour, non seulement elle ramènerait dans son intérieur l'aisance et la concorde si peu en harmonie de nos jours, mais elle contribuerait à la transformation des générations qui faisaient la gloire de nos ancêtres et le vrai bonheur de la famille.

LA TOILETTE

La toilette est indispensable, elle dispose le corps aux fatigues journalières et équilibre la santé, par l'habitude du nettoyage de sa personne en se lavant avec de l'eau et du savon.

Il est recommandable de faire des ablutions le matin et le soir, aux parties pudiques chez la femme, et une fois par jour chez l'homme, principalement entre la peau qui recouvre la glande; plus de deux fois, chez la femme, dans les 24 heures, sans nécessité, lui serait nuisible. Négliger ces ablutions, c'est provoquer un cloaque d'infections, conduisant parfois à de funestes conséquences.

Chaque jour, ou quelquefois pendant la semaine, il faut penser au lavage des pieds, sans transpiration, à l'eau tiède; ne jamais se servir d'eau froide, pour éviter les congestions à la tête, comme des perturbations fort graves dans la régularité des époques chez la femme.

Il est besoin de prendre un grand bain par semaine, par quinzaine ou au moins par mois.

On peut faire usage du *savon hygiénique* préparé au scrofuleux n° 5.

LE LINGE

Le linge du corps doit être changé aussi souvent que la situation le permet, au moins une fois par semaine chez l'homme et deux fois chez la femme.

Il en est de même du linge du lit : une fois par quinzaine ou trois semaines au plus.

LA CHEVELURE

La chevelure, le plus bel ornement des sexes, demande un entretien journalier au démêloir comme au peigne fin et avec la brosse pour éliminer les pellicules formées par l'épiderme.

On ferait bien de se servir de la pommade hygiénique préparée au scrofuleux n° 5 pour fortifier l'épiderme, afin d'éviter la formation des pellicules; de faire croître la chevelure, de rendre la lucidité de sa couleur naturelle et de préserver la chute des cheveux; ainsi que d'assainir la tête des dispositions malsaines auxquelles elle est prédisposée.

On peut se servir de l'eau *capillaire* préparée à cet usage.

Teindre les cheveux, la barbe et les cils, c'est se préparer pour le restant de ses jours aux *maux de tête, migraines, rhumatismes, névralgies dentaires, maux de dents, etc.*, parce que la teinture préparée à cet usage ne peut fixer sa couleur aux cheveux qu'avec des astringents actifs et pénétrants, dont la proportion, aussi minime qu'elle soit, laisse toujours trace de leur insalubrité, par la répétition de son application. C'est payer assez cher un moment de coquetterie que de détruire le naturel que rien ne peut remplacer.

Faire disparaître, au moyen de pâtes épilatoires, les poils follets existant à la face, aux bras, aux jambes, etc., sous le fallacieux prétexte de rendre la peau plus douce, plus lisse; c'est méconnaître le privilège légué par la nature à toute constitution robuste, et concourir à la décrépitude de ses facultés, qui ne se maintiennent que par l'existence de ce privilège.

LES DENTS

Les dents, ou plutôt les 32 perles qui forment le plus précieux ornement de la bouche, seront l'objet de soins tout particuliers; non seulement on évitera de manger trop chaud ou trop froid, mais on exclura l'emploi du cure-dent qui les déchausse, procurant un vide entre la gencive et la dent, comblé par les résidus alimentaires. Cela forme une espèce de tartre ou incrustation, qui ronge peu à peu la racine et provoque une inflammation si le cure-dent est de métal, comme par exemple l'aiguille, l'épingle, ou de matière autre que le bois, la plume, l'ivoire et l'os.

Le gargarisme fait après chaque repas, avec l'eau préparée, comme il est dit à la fin de ce livre, remplace avantageusement le cure-dent, il raffermit la gencive et évite la formation du tartre, ainsi que le plombage des dents. Cependant un nettoyage complet de la mâchoire, fait de temps à autre, par le dentiste, est de bonne hygiène.

Le meilleur dentifrice pour nettoyer les dents, les dénoircir sans procurer la moindre altération, est de les brosser légèrement avec de la poudre de charbon de bois (poudre de braise ou de fusain), qui a la propriété d'aspirer les gaz délétères; les ramoneurs et les charbonniers de profession ont toujours les plus belles dents du monde.

On peut employer l'eau dentifrice préparée pour cet usage.

L'HABILLEMENT

L'*habillement*, ou plutôt la manière de s'habiller fait partie de l'hygiène; l'homme aime le vêtement juste au corps et suffisamment ample sans gêner ses mouvements.

La *bretelle*, pour soutenir le pantalon, est préférable à la ceinture mobile, parce qu'elle le maintient d'aplomb et lui donne une allure plus gracieuse ; elle est hygiénique en ce sens que la ceinture fixée au pantalon ne peut être serrée et desserrée à volonté, au moment de la digestion, sans voir le pantalon s'abattre sur les jambes, ni être incommodé si on le maintient boutonné ; on peut dire de même de la ceinture mobile qui difforme l'homme en remontant le ventre dans l'estomac.

Chez la femme, la question est plus ardue, le caprice de la mode lui fait souvent oublier l'hygiène la plus élémentaire ; pour se faire une taille fine ou allongée, elle serre et resserre cette cuirasse féminine qu'on appelle le corset, une des causes de la décadence de la race humaine.

Les confectionneurs de mode feraient œuvre humanitaire et de perfection, si l'innovation de leurs modèles s'appuyait sur les formes gracieuses de la Vénus de Milo ; ils éviteraient d'exposer leurs clientes à la ridicule ressemblance de ce qui leur sert de mannequin et à compromettre leur existence par cet abus de la taille, que l'autorité, non seulement du père de famille, mais encore du gouvernement, ferait bien de réprimer.

Dès son enfance, on martyrise la jeune fille avec cette armure, sous prétexte de la modeler et de donner aux formes la grâce de son sexe ; c'est le contraire qui se produit.

Un *justaucorps* bien fait, *avec baleines* fines et non

d'acier, suffirait pour maintenir le corps de la jeune enfant et guider proportionnellement la formation de la croissance des formes, suivant sa constitution. Cette confection rendrait libre le développement des poumons, des voies digestives et respiratoires, des reins, des hanches, ainsi que de la partie inférieure du corps, jusqu'au bassin de la fécondation, réservé aux soins de la nature, qui lui assurera un accouchement heureux et non laborieux, comme il arrive trop fréquemment de nos jours. Il en sera de même de la poitrine, qui fait le plus bel ornement de la femme.

Le *corset*, cet engin homicide, non seulement compromet la circulation du sang en entravant l'action organique du cœur, mais comprime aussi les fibres musculeuses et nerveuses adhérentes à l'estomac, dont le fonctionnement devient difficile ; il rend laborieux le travail de la digestion et celui de la respiration, provoquant les *crampes*, la *dilatation de l'estomac*, la *palpitation*, les *étouffements*, les *pertes blanches*, l'*irrégularité des époques* et conduisant ainsi au *marasme*, à la *phtisie*, aux *tumeurs* et au *cancer*.

En mettant le corset, on n'a pas toujours la précaution d'unir la chemise, qui touche l'estomac, en la tirant à droite et à gauche sur la hanche, pour éviter l'épaisseur du linge au point d'appui où s'agrafe l'appareil ; on peut s'en rendre compte, une fois le corset enlevé, par la formation des marques, semblables à des cordes à violon, ce qui constitue une des causes des indispositions précédentes.

Le pantalon se recommande fermé, ouvert seulement sur les côtés et porté attaché comme le jupon par-dessus le corset, en toutes saisons ; en hiver parce qu'il tient chaud, et en été parce qu'il garantit cette partie délicate du corps des perturbations atmosphériques ; on lui évitera ainsi certaines incommodités dont on ne peut se rendre compte à cause précisément de sa sensibilité.

Il est très bon de suivre la mode, mais le vêtement ne doit pas être rendu incommode ni empêcher les mouvements du corps notamment chez la jeune fille où la croissance demande l'ampleur, principalement de la poitrine jusqu'aux épaules. Il faut faciliter à l'épine dorsale la faculté de se dresser librement et habituer l'enfant à porter haut et droit cette partie du corps, sans toutefois la pousser à la raideur ; car un vêtement étroit fait courber cette partie du corps, voûte le cou et le dos au détriment de l'estomac, qui est refoulé à l'intérieur, et peut conduire à la déviation de la colonne vertébrale.

La chaussure, quand elle n'est ni large ni étroite, maintient le pied d'aplomb et ne fatigue pas la marche, pourvu que la semelle ne sente pas le pavé ni l'eau pendant les intempéries ; le talon ne doit être ni trop haut ni trop bas, et assez long du pied, de manière que l'orteil soit à un bon centimètre de la pointe du soulier.

Une chaussure *étroite comprime le pied*, empêche la *circulation du sang*, provoque les *congestions* et les *défaillances de l'estomac ;* une chaussure trop large donne des *durillons,* des *cors,* des *œils de perdrix* et autres incommodités de ce genre ; le talon trop haut fatigue le pied par le haut du corps porté en avant et fait apparaître aux *aînes,* en forme de glandes, la tension du *nerf crural,* ce qui deviendrait dangereux si on y persistait ; le talon trop bas produit le même effet sur le *nerf sciatique,* par le poids du corps porté en arrière.

Le bas doit être bien tendu sur le pied, pour éviter toute blessure par les plis qu'il peut former en mettant la chaussure.

Il est recommandable que la jarretière soit accrochée au corset ou à la ceinture du pantalon ou du jupon afin de maintenir le bas tendu ; il ne faut jamais comprimer la jambe au-dessus comme au-dessous du genou, avec la jarretière usuelle, ou un lacet, ou mieux encore, avec une corde qu'on serre outre mesure, jusqu'à former une plaie ; cela empêche la circulation du sang et provoque parfois des sueurs et des suffocations.

La main comprimée par le gant dont la peau n'est pas suffisamment souple, occasionne les mêmes effets que la chaussure étroite.

LE LOGEMENT

Le logement entre dans l'hygiène pour plus du tiers de l'existence. La chambre à coucher est celle que l'on occupe le plus, son choix doit donc être l'objet d'un soin tout particulier. Il faut qu'elle soit exposée au levant ou au couchant, claire, spacieuse, bien aérée et sans humidité ; elle ne peut être habitée par plus de deux personnes en même temps. Il est indispensable qu'elle ne soit meublée que du strict nécessaire, sans tentures, ni tableaux, ni ornements inutiles, afin d'en faciliter tous les jours le nettoyage complet, et éviter que l'amas de la poussière, si légère, vienne, au moindre mouvement de l'air, s'infiltrer, pendant le sommeil, dans les poumons du dormeur, dont le souffle la fait aspirer sans s'en douter, en altérant ainsi les voies respiratoires et digestives.

Les autres pièces de l'appartement sont des annexes pour la commodité ; elles doivent néanmoins être l'objet d'une attention de propreté et d'hygiène en concordance avec la chambre à coucher ; il faut qu'elles soient à l'abri de l'odeur insalubre de l'évier, du water-closet, comme des chiffons ou du linge sale. Le nettoyage des murs, des plafonds, des tentures, des tableaux, des ornements, des encognures ainsi que du parquet doit être fait tous les mois, afin de détruire les araignées ainsi que toutes sortes d'insectes qui y ont établi leur domicile inutile.

LE REPOS ET LE TRAVAIL

Le repos et le travail sont le balancier de l'existence, comme la nuit et le jour sont celui de la nature, puisque la nuit est destinée au repos et le jour au travail : on peut diviser les 24 heures en quatre parties ;

7 heures pour le sommeil, 10 heures pour le travail, 3 heures pour l'alimentation du corps, et 4 heures pour le recueillement de la pensée.

En conséquence, dans les établissements industriels, commerciaux et administratifs, le travail pourrait se régler ainsi : *l'homme* de 7 heures du matin jusqu'à midi, avec un repos d'une 1/2 heure, de 9 h. 1/2 à 10 heures, puis de 1 heure jusqu'à 6 heures du soir, avec un repos d'une 1/2 heure, de 3 heures 1/2 à 4 heures.

La femme, en raison des soins à donner à la famille, ne ferait que 8 heures, de 8 heures du matin jusqu'à midi et de 2 heures jusqu'à six heures du soir, sans avoir de repos ; les enfants des deux sexes jouiraient du même privilège, avec un repos d'une 1/2 heure.

Les établissements en seraient quittes pour doubler ou tripler les équipes où une seule ne suffirait pas.

Dans la campagne, en hiver où les travaux sont insignifiants, le travail est de 8 heures par 24 heures ; au printemps comme à l'automne, c'est 10 heures, et en été, à cause des récoltes, c'est 12 heures qui se font comme suit :

Le *travailleur* en se levant casse une croûte et est au champ à 4 heures du matin, jusqu'à 8 heures où il fait un repas ; il reprend le travail à 9 heures jusqu'à midi où il fait un deuxième repas, et se repose jusqu'à 2 heures, où il reprend le travail jusqu'à 4 heures quand il fait le goûter, retourne au travail à 5 heures et y reste jusqu'à 8 heures du soir. Après son dîner, il prend 6 heures de sommeil.

HIVER ET ÉTÉ

L'*Hiver* et l'*Été*, sont deux saisons aussi perfides l'une que l'autre, et contre lesquelles il faut toujours être en garde.

Un bon vêtement en hiver, avec de bonnes chaussures, une flanelle quelconque, des caleçons et des bas de laine, sont suffisants pour tous les âges, car le sang pour se vivifier aime à ressentir quelque peu les rigueurs de la saison.

Le calfeutrage du cou, l'hiver, au moyen du cache-nez et autres objets, attire le sang sur ce point et prédispose aux *angines*, *laryngites* et autres maladies de la gorge, tandis qu'un simple foulard autour du cou suffit pour maintenir une chaleur relativement douce, et n'empêche pas la circulation du sang, ce qui est très essentiel en cette saison.

On recommande aux dames la sortie de théâtre ou de bal, quand elles se retirent, pour éviter toutes transitions.

Tamponner l'oreille avec de la ouate ou du coton pour se garantir du courant d'air, c'est méconnaître la conformation délicate de cet organe et le priver précisément de l'élément qui le fait agir, car la nature a tout prévu pour que rien ne vienne entraver son fonctionnement, puisque l'insecte même microscopique ne peut y pénétrer.

Non seulement ce tamponnage est malpropre, mais on expose cet organe à des complications inflammatoires et inévitables, dans certaines maladies, et qui conduisent le plus souvent à la *surdité*.

L'oreille à l'air libre, nettoyée de temps à autre avec un linge de toile fine, très doux, pour enlever les gommes séreuses qui se forment à l'intérieur, suffit pour être préservée de toutes ces incommodités.

La saison d'été, si agréable en apparence, est la plus perfide par ses orages et ses variations atmosphériques. Aussi ne faut-il jamais oublier de se prémunir par un vêtement quelconque, un pardessus, un petit paletot ou un fichu. Les dames au bord d'une plage ou dans un jardin, devraient y penser, car la brise, en un doux zéphir, laisse des traces de leur complaisance qui se manifestent plus tard par des douleurs *rhumatismales* qu'on ressent un beau jour sans savoir d'où elles proviennent.

Au printemps, pour prévenir les conséquences d'une transition parfois subite du froid au chaud, on aura le soin de ne pas se découvrir précipitamment, il faut plutôt supporter la chaleur, et mettre en pratique ce proverbe :

> En avril, ne quitte pas un fil,
> En mai, quitte ce que tu peux,
> En juin, quitte ce que tu veux.

En automne, au contraire, on se couvrira progressivement, en se basant sur les rigueurs de la saison.

LE CHAUFFAGE

Le *chauffage* est subordonné au degré de la température. A l'intérieur de l'appartement, il ne sera pas supérieur à 16 ou 18 degrés, même dans la saison la plus rigoureuse, afin de ne pas s'exposer à une transition désagréable.

Le calorifère est le meilleur système de chauffage, parce qu'au moyen des bouches la température se règle à volonté ; mais peu de maisons ont l'emplacement nécessaire pour sa construction.

La cheminée, le poêle en faïence, chauffés au bois, sont plus hygiéniques, mais plus coûteux.

Le gaz, le charbon fossile, le coke, rendent plus de chaleur que le bois et sont moins chers, mais moins hygiéniques par les émanations de l'acide carbonique qui s'en dégage et qui a une influence malveillante sur le *sang*.

Le poêle mobile est le système qui donne une chaleur plus uniforme dans l'appartement, en même temps que le plus économique ; il exige du soin et beaucoup d'attention. Il faut que la cheminée soit très propre, de bonne construction, ayant un bon tirage ; l'air de l'appartement doit être renouvelé plusieurs fois dans la journée, il faut isoler le poêle de la chambre à coucher, pour que les émanations carboniques n'y arrivent pas, une fois la porte fermée. Une fois le poêle chargé de combustible pour la nuit, il est utile de ne jamais fermer la clef, pour lui réserver le plein tirage ; car la consommation du charbon est insignifiante et fait éviter par ce moyen les accidents.

LE TABAC

Le *tabac* se recommande d'un usage modéré, si l'adulte ne veut s'exposer à ce mal terrible appelé le *chancre des fumeurs*, qui attaque la *gorge*, le *palais*, les *bronches*, le *larynx*, les *lèvres*, etc.

Il est préférable de le prohiber totalement à l'adolescent, tout au plus le lui permettre à sa majorité, parce que le narcotique qui s'en dégage enraye la croissance, compromettant l'organisme entier ; il occasionne bien des maux, dont on ne peut se rendre compte, et qui seraient ainsi évités ; la nécessité de son emploi n'est pas reconnue indispensable à l'existence.

LA GYMNASTIQUE

La *gymnastique*, pour les deux sexes, est un exercice à suivre sans interruption et à tous les âges, car non seulement elle dilate les fibres musculeuses et nerveuses se rattachant aux organes, elle les fortifie et rectifie les lignes du corps, elle établit la circulation sanguine normale, rendant plus actives les voies digestives et respiratoires, en même temps qu'elle assouplit l'organisme aux exigences physiques et morales de notre existence.

LES RAPPORTS SOCIAUX

Les *rapports sociaux* sont guidés par la nature qui ne les autorise qu'à la puberté, et après la complète conformation de l'organisme, c'est-à-dire pas avant l'âge de 18 ans chez la femme et de 20 ans chez l'homme.

Les signes de puberté subissent l'influence du climat sous lequel on habite ; ils se font remarquer chez la femme, dans les pays chauds, comme chez les Orientaux, dès l'âge de 11 ans, bien qu'elle ne soit formée qu'à l'âge de 15 ans ; et dans les pays tempérés, ils varient de 12 à 16 ans, et la conformation n'est complète qu'à 18 ans. Chez l'homme, dans tous les pays, la puberté s'accentue de 15 à 20 ans.

Le développement de l'espèce humaine, pendant cette période, traverse le moment le plus critique pour sa conformation ; on ne saurait trop observer l'hygiène et l'abstinence de tout contact pour ne pas entraver cette période de transformation de l'homme, d'où dépend le salut de son existence et celui de sa progéniture.

Dix-huit et vingt ans sont donc les deux âges mûrs de l'espèce humaine, où elle devient maîtresse d'elle-même ; c'est le moment où l'imagination et les sens sont le plus frappés de ce qu'elle voit et de ce qu'elle ressent ; c'est aussi l'instant de l'inclination du cœur, vers qui sait le comprendre pour déchirer le voile mystérieux de la nature, et se pénétrer de ce secret universel qui immortalise tous les peuples par la perpétuation des races.

L'inclination du cœur est le point important de la réunion des sexes. Au lieu de s'inquiéter, d'abord, de la situation de fortune de l'un et de l'autre, comme il se fait de nos jours, il faudrait plutôt s'intéresser de l'état physique et moral de la personne, afin de constituer le bonheur, et ensuite discuter la question d'intérêt, sans jamais la faire prévaloir pour la conclusion d'une union, car, penser autrement, c'est courir le risque de ne posséder ni l'un ni l'autre.

Il faut s'apprécier, se comprendre et se prodiguer réciproquement les soins, les caresses et les mille petites attentions qui constituent le ménage, réfléchir sur les observations de son conjoint, sans emportement ; souvent la réflexion conseille la sagesse, la prudence fortifie l'action de ses entreprises ; se confier mutuellement ses inquiétudes, ses ennuis, ses petits chagrins si on en avait. Cela soulage le cœur. On ne doit pas avoir de secrets à se réserver. En un mot, il faut être toujours les amoureux du cœur comme au moment du mariage, car, si la femme vieillit, l'homme ne rajeunit pas.

La brutalité n'existe pas, même chez les fauves, puisque, journellement, ils donnent des preuves de douceur et de prévenance pour leur compagne, comme par exemple le lion.

L'acte de la procréation doit être accompli sous l'impression du plus pur amour, dans le moment le mieux dispos de l'un comme de l'autre, et sur le désir *formel des deux*, et n'avoir sur l'instant d'autre pensée que celle de donner l'existence à un être, à sa ressemblance, car les défectuosités organiques de l'enfant proviennent de ce que les procréateurs, l'un ou l'autre, ne se trouvent pas dans les conditions normales. On évitera, surtout, les moments de surexcitations nerveuses, produites par la boisson ou par toute autre cause.

La femme, par sa conformation organique et son rôle passif, est toujours prête à accomplir l'acte procréateur ; d'autre part, sauf de rares exceptions, elle ne souffre nullement de l'abstinence et n'est pas sujette aux indispositions de cette nature, à cause des époques dont elle est précisément et mensuellement réglée.

L'homme, par son rôle actif, se trouve dans des conditions différentes ; car, chaque fois qu'il accomplit ce devoir, une partie de son existence s'échappe convulsivement de façon à le laisser sans vie pendant quelques secondes, et à le jeter selon son état organique, dans une prostration plus ou moins prolongée. Il lui faut donc attendre de nouvelles forces, pour soutenir un nouveau choc, et être assez sage pour ne répéter cet acte qu'à une distance suffisante, c'est-à-dire, quand la nature le lui conseille, naturellement, sans surexcitations calculées ni recherchées.

Ces dispositions devraient se régler au début du mariage, puisque la femme concède tout par amour, ignorant si ce désir souvent répété nuit à son mari. Elle s'habitue à cet acte quotidien, quand le mari sous prétexte de lui prouver son ardent amour, a l'imprévoyance d'agir ainsi, ne se doutant pas lui-même qu'il s'épuise progressivement, et finit par ne plus rien pouvoir, quand un beau jour, cette répétition quotidienne disparaît, parfois d'un seul coup, sans espoir de retour de la vigueur si brutalement frappée d'impuissance.

Cette situation compromet le plus souvent la bonne harmonie du ménage, parce que l'épouse, ignorante de ces conséquences, se croit délaissée, supposant à son mari des frivolités, plutôt imaginaires.

En conséquence, si on tient à une santé robuste et à la longévité de son existence, afin de maintenir la concorde et la joie dans son intérieur, l'homme fera bien de se rappeler que la nature ne lui concède l'acte procréateur que deux fois par mois, à un intervalle de 15 jours, de l'âge de 20 jusqu'à 30 ans, dernière période de transformation, où s'imposent encore des ménagements, pour consolider la constitution humaine. Après cet âge, où l'organisme est dans toute sa vigueur et jusqu'à 45 ans, elle lui tolère cet acte une ou deux fois la semaine, au plus. Arrivé à 50 ans, il s'inclinera peu à peu suivant la loi dictée par la nature.

Il est nécessaire de ne pas oublier, comme il est dit plus haut, quelles que soient les circonstances, qu'il ne faut jamais anticiper sur les droits de la nature par des moyens de surexcitations factices.

Le moment le plus propice à la conception est aux approches des époques : on peut agir au moment même de leur apparition pour vaincre la stérilité, le sang est aussi pur que l'autre, et en cas de résistance il faut s'adresser au traitement contre la stérilité ou l'impuissance.

Un célibat trop prolongé porte aux funestes habitudes de l'onanisme, et conduit l'homme à l'hypocondrie comme la femme à l'hystérie.

Il y a quelques vingt ans, les rapports sociaux étaient mathématiques et réglementés à ne craindre aucune perturbation durant une vie longue et patriarcale.

La femme de ce temps-là, se mariait pour avoir un soutien et une famille, et ne vivait que pour élever ses enfants, aimer et adorer l'homme qui partageait son amour.

Aujourd'hui, c'est bien autre chose, la vapeur, l'électricité ont amené le progrès qui a transformé le monde, et l'existence n'est plus qu'un énervement continuel et sans trêve, compromettant les principes physiques et moraux des générations.

La femme émancipée par une instruction supérieure pour collaborer aux travaux de l'homme, devrait justement comprendre que l'amélioration intellectuelle dont elle dispose ne lui a été accordée que pour être transmise à sa progéniture. Elle ne devrait pas oublier qu'elle en est la plante productive, et que son devoir social est la famille. Elle ne doit pas se renfermer dans le cercle de cette émancipation qui l'abrite en effet contre le besoin. Mais cette façon d'envisager l'émancipation lui fait rechercher tardivement l'hyménée qu'elle ne convoite du reste que pour passer une existence à deux plus agréable, évitant avec soin la procréation, ou sachant la limiter, à moins que l'un et l'autre possèdent la fortune, et encore !...

L'homme, contrairement aux autres êtres vivants limités par l'instinct pour s'accoupler à époque fixe, peut reproduire à son gré.

Cette faculté lui est donnée pour qu'il sache apprécier cette supériorité et considérer le don de la reproduction comme un devoir sacré, et faire tous ses efforts pour modeler un être digne de la procréation comme étant une œuvre sublime de notre existence. Malheureusement, de nos jours, on avilit cette œuvre, en l'assimilant à un besoin de jouissance matérielle qui conduit au dégoût et souvent à l'abandon de l'être à qui on donne la vie ; on oublie trop facilement les souffrances endurées par celle qui a été choisie pour l'accomplir, et on jette dans la fange sociale, au mépris de la nature qui a créé, ce qu'on admire de plus beau dans l'univers.

La femme n'a pas à rougir de l'inclination de son cœur. Si elle commet une faute en s'abandonnant, c'est qu'elle est sincère dans son amour, elle doit donc l'avouer noblement sans rechercher à étouffer son enfant dans ses entrailles par des breuvages empoisonnés (inconnus par cette nouvelle science), ou par tout autre moyen, pour provoquer un avortement (crime très sévèrement puni) ; elle compromet pour le restant de ses jours son existence par de nombreuses indispositions et souvent par le remords. Les soins maternels qu'elle prodiguera à son enfant, la feront pardonner et respecter ; par contre le séducteur sera privé du plaisir d'embrasser le fruit du plus pur amour, qu'il a ravi, souvent par le mensonge ; mais la juste loi ne tardera pas à venir lui en imposer la paternité.

C'est de là que viennent les plaintes de la dépopulation de certains pays, ce sont les conséquences des innovations vertigineuses du progrès jetées dans l'ordre social qui se croit dans la nécessité de les observer ; on se flatte de faire partie d'un monde nouveau tout en marchant à la décadence si on ne sait y remédier à temps.

NOMENCLATURE

Pour n'avoir aucun doute sur la valeur des spécifiques de la nouvelle science Électro-homéopathique ou homéopathie complexe, il suffit de savoir que chaque petit grain renferme en lui-même de 4 à 12 substances végétales et médicamenteuses de la nomenclature ci-dessous groupées et dynamisées proportionnellement au mal à combattre, et qu'elles sont susceptibles d'inoculer. La préparation en est faite de manière à ce que la vitalité de chacune d'elles coopère à l'action commune de la guérison, sans que cet ensemble vienne en neutraliser l'effet.

Le liquide de cette préparation, qui en est la quintessence, contenu dans des petites bouteilles, est destiné indifféremment aux traitements interne et externe ; l'effet instantané et miraculeux qu'il produit, lui a fait donner le nom de *Électro* (Électricité végétale ou fluide vital).

Les trois systèmes connus à ce jour se décomposent comme suit :

1° *Électro-homéopathie*, système Mattei (marque Châteaux), innové en 1867, est le plus ancien ; mais sa merveilleuse composition demeure secrète, l'auteur se refusant obstinément à la dévoiler ; c'est regrettable parce que rien ne devrait rester secret pour soulager et guérir l'humanité souffrante (*Traité* de M. le comte Mattei, 1883).

2° *Électro-homéopathie*, système Santo (marque Étoile), innové en 1878, est composé de (*Traité* de M. J. Genty de Bonqueval, 1891, 2° édition) :

Acidum phosphoricum — Aconit napellus — Arenaria rubra — Arnica montana — Arsenicum album — Asarum canadense — Asclepias tuberosa — Aspidosperma quebracho — Baptisia tinet — Belladona — Berberis aquifol. — Bryonia tayuya — Buxus sempervirens — Cactus grandiflorus — Calcarea carbonica — Cælcium chlorat. — Calcium iodatum — Camphora — Chamomilla — China — Cicuta virosa — Cina — Coffea — Colchicum — Colocynthis — Condurango — Conium maculatum — Convalleria majolis — Croton tiglium — Cuprum — Digitalis purpurea — Drosera rotundifolia — Dulcamara — Eucalyptus — Euphorbia pilulifera — Euphrasia — Ferrum — Filix mas. — Franciscea uniflora — Frankenia grandiflora — Fucus vesiculosus — Gelscominum sempervirens — Gratiola

— Grindelia robusta — Hamamelis virginica — Helminthocorton — Hepar sulfur — Hydrastis canadensis — Hyosciamus — Iodum — Ipecacuanha — Juglans regia — Juniper — Kalium iodatum — Kousso — Lappa — Ledum palustre — Leptandra virginica — Lithium carbonicum — Lobelia cardinalis — Lobelia inflata — Lycopodium — Mercur. subl. corros. — Mercur. cyanat. — Mercur. solub. hanem — Mikania guaco — Myrtus chekan — Natricum muriaticum — Natrum salicylic. — Nux vomica — Panna — Petroleum — Petroselinum — Peumus Boldo — Phellandrium — Phosphorus — Phytolacca decandra — Piscidia Erythrina — Podophyllum pellatum — Pulsatilla — Punica granatum — Rhododendron — Rhus aromaticus — Rhus toxicodendron — Rubia tinctorum — Sanguinaria canadensis — Saponaria — Spiraca ulmaria — Stricta pulmonaria — Straphantus — Sulfur — Scrofulasia nodosa — Secale cornutum — Serpentaria — Silicea — Smilax salsaparilla — Spigela anthelminthica — Syzygium jambolanum — Terebinthina chia — Thiaspi Bursa Pastoris — Thuya du Canada — Furnera aphrodisiaca — Ustilago maïdis — Vaccinium — Valeriana officinalis — Veratrum album.

Ce système possède les injections hypodermiques toutes préparées et des remèdes auxiliaires fort appréciables dans les maladies chroniques et incurables.

3° *Homéopathie complexe*, système P. Ponzio (marque

5.

initiales PP.), innové en 1886, est composé de (*Traité de M. P. Ponzio, 1839*) :

Aconitum napellus — Allium sativum — Anacardium orientalis — Apis — Argentum nitricum — Arnica — Arsenicum — Asa fœtida — Asterias rubens — Aurum foliatum — Aurum muriaticum — Baryta carbonica — Belladona — Bryonia alba — Calcarea carbonica — Camomilla — Canabis sativa — Carbo animalis — Carbo vegetabilis — China — Clematis erecta — Coculus — Coffea cruda — Conium maculatum — Digitalis purpurea — Drosera rotundifolia — Dulcamara — Ferrum metallicum — Gentiana — Granatum — Graphite — Hamelis virginica — Helleborus niger — Hepar sulfuris — Hydrasis canadensis — Hyoscyamus niger — Ignatia amara — Iodium — Ipécacuanha — Kali carbonicum — Kali chloricum — Kreosotum — Lachesis — Leptandra virginica — Lycopodium clavatum — Mercurius corrosivus — Mercurius solubilis — Natrum muriaticum — Nitri acidum — Nux vomica — Opium — Oxalis acidum — Petroleum — Phosphorus — Phytolacca — Pulsatilla nigricans — Rumex patientia — Ruta graveolens — Sabina — Salsaparcilla — Secale — Sepia — Silicea — Spigelia Spongia testa — Stannum — Staphysagria — Sulfur — Tartarus emesticus — Tenerium marum verum — Thuïa occidentalis — Valeriana officinalis — Veratrum album — Podophylline.

L'innovation de ce dernier système est à considérer

par l'existence des 2ᵉ et 3ᵉ dilutions, toutes préparées de chacun des remèdes, ce qui est précieux pour les maladies chroniques et incurables où la guérison dépend exactement de la précision dans les doses, soit à sec sur la langue comme en dilution ; il possède aussi des remèdes auxiliaires incontestablement efficaces pour vaincre ces maladies.

Il faut éviter tout tâtonnement, toute hésitation au début d'une maladie. Pendant qu'on recherche à quel genre appartient le mal, on le laisse inutilement empirer et prendre la prépondérance sur le malade.

On appliquera immédiatement le *scrofuleux n° 1 remède constitutionnel*, pour rectifier le principe morbide qui est dans le liquide blanc (lymphe ou scrofule), appelé à confectionner le globule rouge qui caractérise le sang ; et, à celui-ci, on administrera l'*angioïtique n° 1, autre remède constitutionnel* qui, lui, est direct.

Le liquide blanc et le liquide rouge sont un seul et même sang, et toute maladie sur quelque point du corps qu'elle se greffe, en est la conséquence, et ne disparaît que quand elle cesse de recevoir les impuretés du sang qui l'alimente.

Le remède *nerveux constitutionnel* comme le *bilieux constitutionnel*, ne sont adjoints aux premiers remèdes constitutionnels, que si la constitution du malade le réclame.

On ne peut considérer le cancéreux comme un remède constitutionnel, parce que la diathèse cancéreuse est une complication qui se greffe indifféremment suivant le degré d'impureté, aussi bien chez le scrofuleux, le bilieux, que chez le sanguin ; ce qui le fait rentrer dans la catégorie des remèdes auxiliaires.

Les homonymes désignés dans la nomenclature des remèdes, sont des auxiliaires indispensables aux remèdes constitutionnels, pour combattre la conséquence du mal.

Ils correspondent aux diverses constitutions de l'organisme comme aux divers genres de maladies, pour vaincre précisément celles invétérées ; et tout le monde se persuadera de leur efficacité après s'être rendu compte de la sphère d'action de chacun d'eux, ainsi qu'il suit :

Angioitique n° 2, *cardiaque* (indifféremment les trois marques). — Spécifique des affections du cœur — des veines — des artères — du système circulatoire — anévrismes — varices — enflure des veines — affections hystériques — âge critique — hémorroïdes — utérus — mélancolie — épilepsie — ictère (associé aux fébrifuges) — métrite — météorrhagie — pneumonie — pleurésie.

Angioitique n° 3, *musculaire* (indifféremment les trois marques). — Dartres — éruptions urticaires (associé aux scrofuleux n° 5) — apoplexie sanguine — paralysie — gastrite — entérite — constipation chez les personnes sanguines — cancers et ulcérations (associé au cancéreux) — asthme — amygdalite — laryngite aiguë et chronique — bronchite aiguë (associé aux pectoraux) — exaltation du système nerveux — affection musculaire, etc.

Asthmatique (spécial marque Étoile). — Spécifique des affections de ce nom, comme la dyspepsie asthmatique (associé aux nerveux et aux scrofuleux) contre les différents genres d'asthmes et d'emphysèmes dont les accès affaiblissent le nerf pneumogastrique — catarrhe asthmatique

CANCÉREUX N° 1 (indifféremment les trois marques). — Est le remède constitutionnel de la diathèse cancéreuse, c'est-à-dire à ce qui résiste aux remèdes constitutionnels scrofuleux n° 1 — angioitique n° 1 — bilieux et nerveux ; sa sphère d'action s'étend à toutes les maladies ; aux affections squineuses et cancéreuses — douleurs goutteuses aux orteils — tumeurs blanches — spasmes des personnes hystériques — des femmes enceintes — crampes de matrice — dysménorrhée — fleurs blanches — accouchements laborieux — avortement — hydropisie — ascite — carreau des enfants — inflammation du rectum — induration et kyste du foie (associé aux fébrifuges) — symptômes phtisiques — laryngites granuleuse et ulcéreuse — tubercules pulmonaires — angine gangréneuse — dyphtérie — catarrhe — bronchite — teigne — gale — lupus facial — scorbut — inflammation de la langue — des gencives — amygdalite ulcéreuse — parotite — spinite — moëlle épinière — congestions cérébrales avec vertiges (associés aux angioitiques) — ramollissement du cerveau — cataracte — marasme dorsal — colique entérite — ulcères aux jambes — charbon — varioloïdes — petite vérole — gastrique aiguë et chronique — fièvre typhoïde — manie surtout chez la femme — fièvres hectiques — diabète — tumeurs et induration des ovaires — métrite séreuse, granuleuse, muqueuse — polypes à l'utérus — hypertrophie du col de l'utérus — vaginite aiguë et chronique — fistule du vagin — tumeur goutteuse.

Le premier effet des anticancéreux dans le traitement des maladies cancéreuses, est souvent de paraître aggraver le mal ; la raison en est l'action même du remède qui va remuer les profondeurs de l'organisme pour en expulser les principes cancéreux et séparer en quelque sorte les parties vivantes de celles qui, déjà, se trouvent à l'état d'éléments morts.

Souvent aussi, le bon effet paraît être stationnaire pendant le temps nécessaire, afin que le remède pénètre et sature pour ainsi dire l'organisme. Mais ce point de saturation arrivé, la guérison commence et marche de plus en plus rapidement. Il peut se présenter des difficultés toutes particulières, des stationnements et même des rechutes passagères; mais il ne faut pas se décourager; la persistance finit bien certainement par triompher du mal.

Cancéreux n° 2 (indifféremment les trois marques). — Contre les affections hydropiques — anasarques — ascite hépatite chronique (associé au fébrifuge) — phtisie hépatique — maux de reins — prodrome, suite d'avortement — catarrhe de la vessie — péritonite — péritonite perpuérale — chute de la matrice et du vagin — cancer à la matrice — squirrhe — néphrite — loupes à la tête — rhumatismes — arthrite — épilepsie — danse de Saint-Guy — angine scarlatine ou catarrhale — gonorrhée — ophtalmie — ozène et phlegmon du nez des enfants scrofuleux — carreau.

Cancéreux n° 3 (indifféremment les trois marques). — Tumeur blanche au genou — gonflement — inflammation du genou — hydastre — paralysie des articulations des mains et des pieds soit par affection rhumatismale ou de luxation — ulcères carcinomateux — cancer aux lèvres et aux seins — arthrites invétérées — bubons scrofuleux — phtisie abdominale — teigne — catarrhe chronique — pneumonie chronique avec suppuration.

Cancéreux n° 4 (indifféremment les trois marques). — Contre les maladies des os — ostéite aiguë et chronique — inflammation des articulations — coxalgie — carie des os — nécrose — douleurs ostéoscopes non syphilitiques — périostite — panaris osseux — inflammation — ramollissement — déviation et suppuration des os — douleurs lancinantes du cancer rebelles à l'emploi du cancéreux n° 1.

Cancéreux n° 5 (indifféremment les trois marques). — Sa sphère d'action s'étend contre toutes les affections, c'est un dépuratif puissant et sa puissance s'exerce surtout à l'extérieur.

Cancéreux n° 6 (indifféremment les trois marques). — Action profonde contre les reins — gastrite bilieuse (alterné au fébrifuge) — diarrhée cholériforme des enfants — cholérine — métrorrhagie des femmes faibles et cachectiques — prodromes de l'avortement surtout dans le troisième mois — cystite — néphrite et autres affections des voies urinaires — tumeur à l'utérus — cancer aux lèvres — otorrrée purulente — fièvre typhoïde.

Cancéreux n° 7 (spécial marque PP). — Spécial pour le cancer de l'estomac et ceux développés sur d'anciennes cicatrices ou à la suite de plusieurs abcès — hydrocèle — cancer de la matrice — coliques flatulentes — jaunisse — emphysème — vomissements des femmes enceintes — toux muqueuse — marasme dorsal — dartres syphilitiques et chancre opiniâtre — ozène — érésipèle flegmoneux et vésiculeux, etc.

Cancéreux n° 10 (marques Château et Étoile). — Spécifique merveilleux contre les affections cancéreuses, quelles qu'elles soient, des organes génitaux de la femme ; il a sur elles une action dépurative et laxative.

T. Cancéreux B. (spécial marque Château). — Spécial

contre les rétentions d'urine et les affections des voies urinaires — cancers, etc.

Cholérique (spécial marque Étoile). — Spécial contre le choléra uni aux spécifiques du traitement.

Diabétique (spécial marque Étoile). — Spécial contre la maladie du diabète, uni aux spécifiques du traitement.

Diarrhéique (spécial marque Étoile). — Spécial contre la diarrhée, uni au remède du traitement.

Diphtéritique (spécial marque Étoile). — Spécial contre la diphtérie, angine, croup, etc., uni aux spécifiques du traitement.

Dom-fin (spécial marque Château). — Cancéreux spécial contre la diphtérie uni aux spécifiques du traitement.

Fébrifuge n° 1 (indifféremment les trois marques). — Spécifique contre le foie, la rate et toutes les fièvres, uni aux remèdes traitant l'affection, comme névralgie — céphalalgie intermittente — névrose cardiaque avec palpitations — engorgement chronique du foie — ictère — splénite aiguë et chronique — hypocondrie — certains cas de diabète — dans certains désordres de l'appareil digestif — le choléra — la cholérine — diarrhée, etc. (associé aux scrofuleux n°s 1, 4 et giaposse, etc.).

Fébrifuge n° 2 (indifféremment les trois marques). — Spécial pour le traitement interne, en compresses — onctions — injections, lavements — cataplasmes, etc.; il s'administre aussi à l'intérieur dans les fièvres putrides — le typhus — la malaria — la scarlatine et les affections résistant au fébrifuge n° 1.

Giapone scrofuleux (spécial marque Château). — Spécial en temps et contre toute épidémie — choléra — grippe — influenza, etc. (uni aux remèdes de chaque traitement, etc.).

Goutteux (spécial marque Étoile). — Spécial contre la goutte arthrite, etc. (uni aux remèdes traitant l'affection).

Laxatif (marque PP). — Granules contre la constipation — effets sans irritations.

Lord cancéreux (spécial marque Château). — Spécial contre la hernie ombilicale et certaines affections cancéreuses.

Lymphatique (marques Château et Étoile). — A une action très étendue sur les affections des voies digestives — faiblesse de l'estomac avec vertige et nausée — faiblesse de mémoire — fistules dentaires — maux de dents — céphalalgie tractive — hémorroïdes sèches et fluentes — sueurs des pieds — engorgement des glandes — fièvre gastrique — rhumatismales et intercostales (associé aux fébrifuges) — maux de reins — faiblesse musculaire — inflammation des testicules — écoulement de la liqueur prostatique pendant les selles — lymphatisme chez les enfants en bas âge — hypertrophie des amygdales avec dureté de l'ouïe — coliques avant et après les époques. Ce remède s'emploie avantageusement en bain, en onction, en frictions ou compresses, etc.

Mal de mer (spécial marque Château). — Spécial contre les indispositions des voies digestives et respiratoires en mer.

Marine (spécial marque Château). — Spécial contre les affections des yeux, uni aux spécifiques du traitement.

Ophtalmique (spécial marque Étoile). — contre les maladies des yeux et affections inflammatoires, uni aux remèdes du traitement.

Pectoral N° 1 (indifféremment les trois marques). — Agit sur l'ensemble des voies respiratoires — sur les bronches — les poumons — toux convulsive — coqueluche

— irritation au larynx — pesanteur et compression à la poitrine en respirant — grippe — toux catarrhale — toux nerveuse — bronchite aiguë et chronique — pneumonie — pleurésie — souffrances asthmatiques — inflammation de la gorge — déglutition difficile.

Pectoral n° 2 (indifféremment les trois marques). — A une action plus profonde contre aphonie — endolorissement du larynx — toux avec haleine fétide — expectoration verdâtre — croup — laryngite chronique même avec ulcération — pneumonie chronique — phtisie avec aphonie et vomissement des aliments — asthme spasmodique — angine de poitrine — phtisie tuberculeuse — bronchite capillaire — emphysème pulmonaire.

Pectoral n° 3 (indifféremment les trois marques). — Spécial contre catarrhe invétéré — blénorrhée des poumons chez les vieillards — toux et enrouement avec expectoration jaunâtre — douleurs crampoïdes contractées dans toute la poitrine.

Pectoral n° 4 (indifféremment les trois marques). — Contre catarrhe pulmonaire et des bronches à l'état chronique — dilatation des bronches — phtisie — asthme — phtisie laryngée — croup — abondance de mucosités dans le larynx — élancement dans la poitrine.

Purgatif (marque Étoile). — Spécifique contre la constipation et sans irritation.

Scrofuleux n° 2 (indifféremment les trois marques). — Contre la lèpre — verrues — éruptions urticaires chroniques — fièvre gastrique et rhumatismale (associé aux fébrifuges) — chute de cheveux — migraine — céphalalgie hystérique et nerveuse — ulcère de la cornée — blépharite — odontalgie — dyspepsie nerveuse — goître — engorgement des glandes du cou — hernies des enfants — excoriation des seins — suppression du lait — toux catarrhale

— croup — enrouement — gonorrhée chronique (associé aux vénériens ou syphilitiques) — hydrocèle — nymphomanie des femmes en couche — surexcitation nerveuse — catarrhe de la vessie — paralysie des mains — sciatique — crampes aux mollets.

Scrofuleux n° 3 (indifféremment les trois marques). — Spécial contre dartres fasciales — herpès du scrotum et du pubis — maux de tête — induration de la langue — angine tonsilaire avec suppuration, gastralgie — rétrécissement du cardia — hernies — engorgement des testicules et autres affections des voies urinaires et génitales — atrophie des enfants scrofuleux — nodosités arthritiques — pertes séminales — faiblesse musculaire et difficulté à marcher chez les enfants — accès de convulsions d'épilepsie et de tétanos (associé avec El. jaune).

Scrofuleux n° 4 (marques Étoile et PP). — A une action tonique sur le dépérissement du système nerveux, par suite d'excès sexuels et contre la diarrhée — la dysenterie — les vomissements — la cholérine et le choléra.

Scrofuleux n° 5 (indifféremment les trois marques). — La sphère d'action de ce remède est aussi étendue que le scrofuleux n° 1, il est spécial pour les maladies de la peau sous toutes ses formes — contre les glandes — les tumeurs — humeurs froides — les douleurs — affections de la gorge et de l'appareil digestif — de la moëlle épinière — les affections de l'abdomen — constipation chronique — phtisie abdominale — hémorroïdes non fluentes — rhumatisme chronique — dyaménorrhée très douloureuse chez les femmes manifestement stériles — sciatique avec douleur aux côtés extérieurs de la cuisse (associé avec El. rouge) — vomissements — diarrhée — coliques — indigestion suite d'ivresse — charbon — furoncles — engelures — piqûres d'insectes — fièvre typhoïde (associé aux fébrifuges) — coryza chronique — calculs rénaux — gravelle

— incontinence d'urine — est excellent appliqué en bain, — en compresse — onctions — frictions, etc.

SCROFULEUX N° 6 (indifféremment les trois marques). — Spécial dans les maladies des reins — le diabète — rhumatismes aux articulations des mains et des pieds — souffrances provenant de contusions et de chute — refroidissement de l'estomac par des boissons trop froides ou des acides — marasme chez les adultes — faiblesse musculaire avec tremblement des membres — mélancolie — inflammation érésipélateuse et spécial pour les désordres de la vessie et rétention d'urine.

SCROFULEUX N° 7 (spécial marque PP). — Possède la même sphère d'action que le lymphatique et est spécifique contre les glandes, etc.

SYPHILITIQUE N° 1 (marque Étoile). — Spécifique contre les affections syphilitiques et vénériennes sous toutes leurs formes ; il est joint à quelque traitement que ce soit et à chaque fois que le mal résiste à l'action du remède qui lui est propre.

VÉNÉRIEN N° 2 (marques Château et PP). — N'est employé que quand le n° 1 est insuffisant pour vaincre la résistance.

VERMIFUGE N° 1 (indifféremment les trois marques). — Spécial dans les affections vermineuses jusques et y compris le ténia ; on administre ce remède chaque fois qu'il y a résistance d'une maladie chronique au spécifique qui lui est propre, parce que la présence des vers intestinaux peut paralyser l'action des remèdes ; on peut prendre de 40 à 50 globules par verre d'eau.

VERMIFUGE N° 2 (indifféremment les trois marques). — Est employé quand l'action du vermifuge n° 1 est impuissante.

REMÈDES CONSTITUTIONNELS

SCROFULEUX N° 1 (indifféremment les trois marques). Spécial dans les affections des individus à tempérament lymphatique — furoncles — charbon — dartres — gale — érésipèle — ulcères — ulcères fistuleux — panaris — toutes fièvres éruptives — aliénation mentale — migraine — teigne — céphalalgie — névralgie de la tête — ophtalmie — cataracte — amaurose — staphylôme — œdème du globe de l'œil — fistule lacrymale — otorrhée — dureté de l'ouïe — chatouillements et douleurs vives dans les oreilles — ozène — coryza chronique — phlegmon du nez chez les enfants scrofuleux — glandes — dentition difficile — maux de dents — scorbut glossite — angine catarrhale — diphtérie — granulation à la gorge — amygdalite chronique — gastrite — œsophagite — mal de mer — indigestion — vomissements — choléra — boulémie — inappétence — ascite — diarrhée — constipation — asthme — affection de la vessie — des voies urinaires et génitales — engorgement des glandes — uréthrite — blenorrhagie — rétrécissement de l'urèthre — onanisme — orchite — cystite — spermatorrhée — paralysie de la vessie — prostatite chronique — maux de reins — néphrite — diabète — coxalgie — luxation spontanée chez les enfants — rhumatismes — arthrite — goutte — gonflement du genou — engelures — souffrances hystériques — danse de Saint-Guy — épilepsie — éclampsie.

ANGIOITIQUE N° 1 (indifféremment les trois marques). — Spécial dans les congestions sanguines actives — apoplexie sanguine — battements violents du cœur — éruptions miliaires — petite vérole dans la période d'éruption — rougeurs fugaces et inflammatoires de la peau — érésipèle — squirrhes — cancer — fièvres inflammatoires catarrhales — typhoïdes (associée aux fébrifuges) — névralgies chez les sanguins — aliénation mentale — vertiges — congestions cérébrales — céphalalgies congestives — encéphalalgie — méningite — perte de la vue — inflammation des paupières — rétinite — blépharite — angine aiguë — angine phlegmoneuse — amygdalite — asthme nerveux — pleurésie — toux convulsive — hémoptysie — épitaxis — inflammation des organes génitaux et urinaires — métrorrhagies — suppression des règles — métrite — cystite — dysurie — hématurie — gonorrhée — coliques menstruelles — rhumatismes — arthritisme — tumeur blanche — paralysie — œdème des pieds par suite de pertes débilitantes, à doses très faibles — convulsions — trismes — hémorrhagies nasales — hoquet — suffocation de la respiration. — A une très grande action dans les prodromes de presque toutes les maladies, principalement dans les maladies aiguës, et il correspond parfaitement à toutes les gradations des affections mobiles au moment où l'organisme est opprimé sous le poids de la maladie.

Bilieux (spécial marque PP). — Spécial pour engorgement du foie — hyperchorrhée - rétention douloureuse des urines — irrascibilité — colère — vomissements avec douleurs crampoïdes de l'estomac — gastrite — constipation opiniâtre — typhus — douleur de la région hépatique — gonflement du foie et de la rate — pyrosis — diarrhée — hémorrhoïdes sèches — tumeur de la vessie — calculs rénaux — coloration jaunâtre de la peau — dépravation du goût — plénitude d'estomac avec renvois — diarrhée et dysenterie — fièvres bilieuses et gastriques — ballonnements de l'estomac — mélancolie — soif inextinguible et régurgitation — crampes d'estomac — ballonnements du ventre — coliques flatulentes — calculs biliaires — coliques hépatiques — développement exagéré des gaz dans les intestins — digestion difficile — gravelle hépatite — ictère — soif et aversion pour toutes les boissons — pression, tension et ballonnement du ventre.

Nerveux (marque Étoile et PP.). — Spécial contre les insomnies avec agitation — angoisse — découragement — pleurs — appréhension et crainte de la mort — délire — aliénation mentale — fièvres nerveuses — surexcitation et impressionnabilité de tout le système nerveux — convulsions — spasmes — accès d'hystérie — épilepsie — catalepsie — névralgie douloureuse — clou hystérique — asthme hystérique — contraction xampoïde des mains et des doigts — rigidité — faiblesse et paralysie des membres — tremblement des membres — convulsion avec renversement de la tête en arrière — somnolence — étirement — mouvements convulsifs dans les bras et les jambes — convulsions léthargiques — extase — catalepsie — trismus — épilepsie — tétanos — paralysie — céphalalgie nerveuse — état de clairvoyance — envie fréquente d'uriner avec émission abondante des urines décolorées — prosopolgies nerveuses et intermittentes — paralysie des paupières — amaurose — fièvres algides — angoisses mortelles — découragement — vertiges — absence d'idées — faiblesse excessive et chronique — perte de la parole — perte complète de la parole — délire — aliénation mentale.

ÉLECTRICITÉS

Électricité rouge positive (indifféremment les trois marques). — Convient aux sujets lymphatiques, en frictions au grand sympathique — plexus solaire de l'estomac — occiput — aux côtés de l'épine dorsale et sous la plante des pieds, on obtient de la vigueur et de la force dans tout l'organisme ; utile pour les anémiques ; elle hâte la guérison de l'hystérie, appliquée au grand sympathique — plexus solaire comme dans l'asthme nerveux — on l'applique à la pointe du fémur dans les coxalgies spontanées ou traumatiques — au périnée, pubis, et aux reins dans le traitement de la paralysie de la vessie — néphrite chronique et albuminurie — atrophie des reins — aux tempes — aux sus et sous orbitaux dans le traitement de la cataracte — l'amaurose — l'ophtalmie granuleuse et pour la fatigue de la vue ou affaiblie — aux grands et petits hypogloses dans l'aphonie — affections de la langue — du larynx — sur les points où se manifeste la névralgie fasciale — elle calme les douleurs de l'estomac — fait disparaître rapidement l'inflammation dans le cas d'érésipèle — autour des tumeurs et des glandes comme des nerfs correspondants — elle provoque l'écoulement du pus, etc.

Électricité bleue (indifféremment les trois marques). — Est pour le sujet sanguin ce que l'électricité rouge est pour le sujet lymphatique — elle est employée pour les mêmes affections — elle est spéciale dans les apoplexies sanguines appliquée sur le crâne et en faisant boire au patient de dix à vingt gouttes de ce liquide à la fois — dans les métrorrhagies de femmes faibles, en faire boire deux à trois gouttes par jour — dans les ophtalmies aiguës — dans les épistaxis — dans les dyspepsies — affections du cœur — varices et veines variqueuses — dans les laryngites et dans les inflammations des muqueuses de la bouche, en gargarisme, 20 gouttes dans un verre d'eau. — dans les blessures — les hémorrhagies — dans les points de côté — les fluxions de poitrine — les pleurésies — appliquée au grand sympathique et au plenus solaire, elle fait disparaître l'oppression et tous les symptômes graves.

Électricité blanche neutre (indifféremment les trois marques). — Convient à tous les tempéraments, aux personnes nerveuses et bilieuses — appliquée sur le crâne, guérit les céphalalgies et les névralgies — elle est efficace en compresse dans les affections du bas-ventre — inflammation intestinale des ovaires et aussi sur les plaies — dans les migraines on l'applique à la nuque, à la racine du nez et sur le sommet de la tête, etc.

ÉLECTRICITÉ JAUNE NÉGATIVE (indifféremment les trois marques). — Spéciale pour les affections nerveuses — crampes, convulsions — tic douloureux — tétanos — spasmes hystériques — éclampsie — épilepsie — danse de Saint-Guy — et autres affections spasmodiques - dans les affections vermineuses à raison de 5 à 10 gouttes dans la cuillerée à café d'eau, etc.

ÉLECTRICITÉ VERTE NÉGATIVE (indifféremment les trois marques). — Spéciale pour enlever la douleur des plaies anciennes, celle du cancer ulcéré ou non et en activer la guérison — les douleurs des articulations dans la goutte et dans le rhumatisme — en gargarisme dans les cas d'ulcère à la bouche et à la gorge, unie aux cancéreux à dose de 10 à 20 gouttes dans le verre d'eau — aspirée par le nez à la même dose donne d'excellents effets en divers cas de coryza et d'ozène — dans les excroissances — végétations de caractère syphilitique, etc.

La description sur la valeur du remède est suffisamment établie pour comprendre, si parfois il y avait résistance au traitement tracé à la partie curative, qu'on peut, sans hésitation, employer simultanément, à tour de rôle et par numéros, *les scrofuleux, les cancéreux, les angioitiques, les pectoraux, etc.*, etc., en concordance avec le mal à traiter ; on est certain de rencontrer le remède qui amènera la guérison parfaite du malade.

L'innocuité des substances médicamenteuses de cette science, facilite leur emploi à toute personne pouvant indifféremment et intelligemment recourir à chacune de ses séries dans la composition des dilutions ou des solutions soit internes soit externes, afin d'atteindre le but de la guérison.

Elle contraint le malade à s'occuper forcément de son mal, comme étant le seul juge pour apprécier la valeur envers et contre toutes les théories des plus hautes célébrités médicales, en raison, précisément, de la différence de l'état constitutionnel qui existe chez lui, et qui fait varier chaque fois l'application de cette méthode pour le traitement d'une même maladie.

Car tel remède à telle dose qui aura guéri un malade atteint d'une maladie quelconque, n'en guérira pas un autre atteint également du même mal, s'il est employé à la même dose ou s'il n'appartient pas à une série différente.

Pour établir ces diverses combinaisons, quand la situation du malade l'exige, on prendra pour base les différentes indications données dans ce livre.

La dénomination *scrofuleux et cancéreux*, donnée aux remèdes, donne lieu, au début, à une répulsion facile à comprendre. Car chacun prétend n'être ni l'un ni l'autre. Mais ce préjugé s'efface rapidement, sachant cette dénomination être correcte à la partie technique qui forme la diathèse de notre organisme, et que les homonymes sont répétés pour correspondre aux variétés multiples de notre constitution.

Cette médication est inaltérable et se conserve indéfiniment, pourvu qu'elle soit mise dans un endroit qui n'est ni trop froid ni trop chaud, ni exposé à l'humidité.

Tout le mode peut donc, sans inconvénient, posséder chez lui les tubes et flacons composant cette nouvelle science pour avoir sous la main, à la moindre indisposition, le moyen d'y remédier : ce qui est précieux pour le voyageur.

Dans les pays du tropique de l'Afrique, on emploie de préférence les alcaloïdes liquides dont la goutte représente exactement la valeur du petit grain ; hormis ce cas, les spécifiques en grains sont plus commodes, moins faciles à se rompre et moins volumineux au transport.

Les spécifiques les plus importants sont en tubes et demi-tubes pour les grains, et en petits flacons pour les électricités liquides et les injections hypodermiques ; le prix est accessible à toutes les bourses et d'une économie extraordinaire par la quantité des grains contenus dans le tube et par sa durée. Ainsi :

Le tube entier se vend *deux francs* et contient environ 400 grains ; le demi-tube se vend *un franc* et contient environ 200 grains, ce qui met le grain à *un demi-centime* et sa durée en dilution est presque à l'infini, en raison de l'absorption à doses infinitésimales.

Le flacon d'électricité liquide se vend *deux francs*, le laxatif ou purgatif également *deux francs*, et l'injection hypodermique *trois francs. etc., etc.*

Ces remèdes se trouvent chez les pharmaciens et les dépôts désignés plus loin dans ce livre ; il suffit d'indiquer le remède désiré pour être servi.

L'expérience a démontré que l'un et l'autre des trois systèmes électro-homéopathiques ou homéopathiques complexes, bien que la composition des remèdes contienne quelques substances médicamenteuses différentes et soit d'une préparation déclarée spéciale par chacun des innovateurs qui en prônent la supériorité, s'appliquent, indifféremment, à un même sujet malade et au même moment et donnent un résultat identique ; c'est pourquoi les substances employées sont préparées de manière à ce qu'elles ne peuvent entr'elles neutraliser leur effet, et sont forcées de concourir ensemble au même but, celui de guérir non seulement les effets d'un mal quelconque, mais aussi d'enlever la cause ; sans cette partie essentielle, l'une comme l'autre ne donnerait qu'un résultat très négatif.

L'électro-homéopathie ou homéopathie complexe est créée dans le but de rectifier les erreurs humaines dans la conservation de son être, et principalement pour le déshérité de la santé et de la fortune.

Il est donc utile de placer cette science sur son vrai chemin et de dire que la supériorité réclamée par ses innovateurs sur l'un comme sur l'autre des trois systèmes, est laissée aux soins du malade qui, mieux que tout autre, reconnaîtra si sa constitution exige de spécialiser les remèdes de l'un plutôt que de l'autre système, pendant le cours d'un traitement.

C'est ce qui a fait généraliser la nomenclature ci-dessus, sur l'ensemble des remèdes de cette méthode, pour faciliter à toutes les personnes la manière de s'en servir et indiquer au pharmacien la façon d'agir, quel que soit le système en sa possession ; de même pour mettre en garde le malade contre toute objection ou critique qu'il rencontrerait en les demandant. Au cas extrême, on peut s'adresser directement aux innovateurs.

L'auteur devenu plagiaire dans le cours de cet ouvrage, en retraçant quelques passages des traités éminents des innovateurs, en sera bien certainement absous, puisque cette légère infraction a le but louable d'assurer au public ignare de cette nouvelle science la sécurité de son emploi, et de lui faire connaître ses merveilles qui font tant d'heureux parmi les travailleurs.

Car, *l'union fait la force* : grouper les trois systèmes qui font autorité, c'est donner une impulsion incontestable à leur propagation et délivrer le public du souci sur la valeur des remèdes, en prenant une marque différente à celle qu'il emploie quand le pharmacien est au dépourvu. Le pharmacien lui-même sera moins sceptique pour s'approvisionner des spécifiques électro-homéopathiques ou homéopatiques complexes, n'ayant plus à rencontrer d'obstacles.

Liste nominative des remèdes composant la thérapeutique de cette science, avec les abréviations, correspondantes à celles indiquées aux instructions curatives :

A^1 Angioitique n° 1. Constitutionnel.	AS.	Asthmatique.
	B.	Bilieux. Constitutionnel
A^2 — n° 2.	C^1	Cancéreux n° 1.
A^3 — n° 3.	C^2	— n° 2.

C^3	Cancéreux	n° 3.	S^4 Scrofuleux n° 4.	
C^4	—	n° 4.	S^5 —	n° 5.
C^5	—	n° 5.	S^6 —	n° 6.
C^6	—	n° 6.	S^7 —	n° 7.
C^7	—	n° 7.	Sy^1 Syphilitique	n° 1.
C^{10}	—	n° 10.	Sy^2 —	n° 2.
T.B.	T Cancéreux B.		$Verm^1$ Vermifuge	n° 1.
Chol.	Cholérique.		$Verm^2$ —	n° 2.
Diab.	Diabétique.		$Vén^1$. Vénérien	n° 1.
D.	Diarrhéique.		$Vén^2$. —	n° 2.
Dipht.	Diphtéritique.		El.A. Électricité	bleue.
Dom.	Dom-fin.		El.B. —	blanche.
F^1	Fébrifuge n° 1.		El.J. —	jaune.
F^2	— n° 2.		El.R. —	rouge.
Giap.	Giapone scrofuleux.		El.V. —	verte.
G.	Goutteux.		Asp. Aspiration.	
Lax.	Laxatif.		Ch. Chaque.	
Lord.	Lord cancéreux.		Comp. Compresse.	
L.	Lymphatique.		Dil. Dilution.	
Mal de.	Mal de Mer.		Ext. Externe.	
Mar.	Marine.		Gar. Gargarisme.	
N.	Nerveux. Constitu- tionnel		H^e. Heure. Inj. Injection.	
Opht.	Ophtalmique.		Inj.hy. Injection hypod^{ermique}.	
P^1	Pectoral n° 1.		Int. Interne.	
P^2	— n° 2.		M^e. Minute.	
P^3	— n° 3.		Onct. Onctions.	
P^4	— n° 4		Supp. Suppositoires A ou C^5 ou autres.	
Purg.	Purgatif.			
S^1	Scrofuleux n° 1. Constitu- tionnel.		Supp. — auriculaire. Supp.Vag. Suppositoires ou boules vagi^{nales}.	
S^2	— n° 2.			
S^3	— n° 3.		Bg. Bougie.	

Signe conventionnel
† alterné

INTRUCTIONS THÉRAPEUTIQUES

L'application thérapeutique de cette pharmacopée désormais *alimentaire*, est divisée en *deux parties* : la *partie préventive* qui constitue l'âme de cette science, et la *partie curative* qui détermine le principe.

PARTIE PRÉVENTIVE

La partie *préventive* étant admise au menu de chaque repas, devient le baromètre de l'existence. Le sujet lymphatique sous l'influence du spécifique *scrofuleux* n° *1 ;* le sanguin, sous celui du spécifique *angioïtique* n° *1 ;* le bilieux sous celui du *bilieux* et le nerveux sous celui du *nerveux* (voir *Diagnostic*), pris au milieu du repas par quantité de 2, 3 ou 5 grains, selon l'âge et la situation du sujet, à sec sur la langue, en les laissant se fondre d'eux-mêmes, *verra et sentira une transformation progressive de lui-même* dans une période relativement assez courte. Car, ces spécifiques pris en *mangeant*, s'assimilent au suc alimentaire et se propagent dans les fibres de l'organisme aussi minuscules qu'ils soient, les décrassent et les fortifient en même temps. Saturés par eux et principalement par le spécifique *scrofuleux n° 1*, ils préviennent toute attaque, notamment en temps d'épidémie, et ramènent la *neutralité* dans le fonctionnement de l'organisme qui est l'équilibre de la santé.

Le bon sens saura vaincre le préjugé sur l'emploi au repas de cette nouvelle thérapeutique alimentaire. Elle n'offre aucun danger et on en peut disposer à son gré, pour enrayer, comme il est dit, le plus petit malaise qui disparaît immédiatement. Car, attendre le développement de ce malaise pour en connaître la nature, c'est prolonger inutilement la durée du mal. Il faut, pour le traiter, lui administrer au début le même remède, et éviter ainsi d'entretenir sa prépondérance sur le malade.

Quel est le prix de ce luxe bienfaisant?

Puisque, comme il est dit d'autre part, un grain de ce spécifique coûte un demi-centime (1/2 cent.), les 5 grains maximum pris par l'adulte coûteront deux centimes et demi (2 cent. 1/2); et les 3 grains maximum donnés à l'enfant coûteront un centime et demi (1 cent. 1/2).

Supposons une famille composée du père, de la mère et de deux enfants; la consommation sera donc de dix (10) grains pour le père et la mère et six grains pour les deux enfants, en tout 16 grains à 1/2 centime, soit huit centimes (8 cent.) pour les quatre personnes et par repas.

Ces spécifiques s'alternent entre eux comme tous ceux composant la pharmacopée de cette science appelée à traiter un maladie quelconque, en prenant à chaque repas un des remèdes indiqués ; mais il ne faut pas oublier que l'usage quotidien du *scrofuleux n° 1*, alors même qu'on ne ressentirait rien, est le spécifique par excellence pour maintenir cet équilibre. On administre à l'enfant, depuis un grain et successivement jusqu'à cinq grains à la fois et selon l'âge.

Pour obtenir un pareil résultat, il est indispensable de se pénétrer de cette maxime que *l'alimentation joue le premier rôle dans cette transformation*, et que les spécifiques qui déblayent et corrigent si bien les vices de notre constitution, purifient en même temps toute altération qui existerait dans les denrées.

Il faut choisir la nourriture en conformité avec sa constitution ou avec celle de la famille (voir *Hygiène, Alimentation*, page 44), et au besoin prendre chaque jour une nourrriture spéciale suivant l'état présent de sa santé, sans s'arrêter au plus comme au moins de saveur qui en résulterait, et ne pas craindre de se servir des produits indigènes, quel que soit le pays qu'on habite, parce que le sol placé sous un méridien différent donne une production différente afin de préserver l'organisme de l'influence climatérique du pays.

Aucune médecine ne nourrit sans le secours de l'alimentation, c'est une erreur que d'obliger le malade à la diète. Seul le cas de force majeure peut l'imposer, ou bien quand le malade en ressent la nécessité.

La médecine est faite pour dégager, déblayer et éliminer de l'organisme les impuretés qui empêchent son fonctionnement. Il est donc naturel qu'il faille combler simultanément le vide produit par cette élimination, et qu'une nourriture relativement substantielle s'impose au malade, afin de maintenir sa prépondérance sur le mal, et afin de renouveler progressivement les globules du sang et reconstituer la partie organique compromise.

Voilà pourquoi la convalescence est presque inconnue en électro-homéopathie ou homéopathie complexe. Les forces s'y acquièrent dès le début du traitement alors que tout traitement de la science officielle rend le malade inerte par un épuisement inutile, donne la prépondérance au mal en obligeant le plus souvent le malade à une longue convalescence, selon le temps plus ou moins long qu'ont mis les remèdes allopathiques dans leur opération d'élimination. Une alimentation spéciale, souvent onéreuse pour beaucoup de malades qui ne peuvent se l'offrir, aide à compléter la guérison.

En conséquence, puisque l'alimentation complète la guérison de toutes les maladies, il a paru logique de faire entrer simultanément avec les aliments journaliers les spécifiques de l'électro-homéopathie ou homéopathie complexe, comme il est dit à la partie primitive de cet ouvrage, de conclure que le principe médical se traduit par *dépuration* et *alimentation*.

Chacun possède en lui-même son petit laboratoire de chimie et les appareils nécessaires à la distillation des aliments, composé de : *l'estomac*, le *foie* et les *intestins*, qui servent de serpentin pour écouler la matière décomposée et divisée en deux parties, l'une solide et l'autre liquide. Avec cet appareil si bien organisé et aussi peu que l'on veuille bien être observateur, on a, chaque jour, le contrôle sur la qualité des aliments absorbés dans les 24 ou 48 heures, sur l'hygiène suivie pendant ce temps, ainsi que sur l'état de santé dans lequel on se trouve, pourvu qu'on ait le soin, chaque fois, de vérifier le coloris des matières solides et liquides de cette distillation.

Ainsi le solide dont le coloris est doré avec un liquide jaune chrôme, peu prononcé et légèrement odorifié de benjoin, dénote une bonne santé et l'usage d'une alimentation saine, la température et l'hygiène bien compris ; le solide d'une couleur grisâtre avec un liquide foncé et quelquefois chargé, annoncent un trouble dans les voies digestives ; le solide verdâtre d'une couleur très foncée avec le liquide très chargé laissant trace de dépôt filamenteux ou blanchâtre, décèle une affection de la vessie ou des reins et quelquefois des deux à la fois ; et le liquide clair comme de l'eau provient de l'altération du système nerveux.

Avec un régulateur aussi précis, il devient facile de prévenir ces indispositions, non seulement par l'emploi des remèdes électro-homéopathiques ou homéopathiques complexes, mais aussi par une préparation culinaire très saine et en harmonie avec la situation présente, qui consiste à ne pas exagérer l'usage des aromatiques comme le sel, le poivre, et autres drogues.

Si l'on avait constamment sur soi le spécifique *scrofuleux n° 1*, ce qui serait essentiel, quiconque pourrait non seulement se garantir personnellement des incommodités qu'il ressentirait hors de chez lui, en prenant immédiatement à sec sur la langue 10, 20 ou 30 grains de ce spécifique, au besoin répétés une ou deux fois ; mais il pourrait aussi secourir son semblable qui serait sous le coup d'un *évanouissement*, de *vertiges*, de *convulsions épileptiques ou autres attaques de cette nature*, en lui administrant la même quantité de grains ; de même à tout individu en état d'*ivresse* que l'on dégrise immédiatement en lui rendant la *lucidité* d'esprit qui lui faisait défaut ; combien de crimes incertains seraient évités par ce moyen !

Le clergé et toutes les corporations religieuses, souvent isolés des centres, ont là un agent bienfaisant facile à prodiguer aux pauvres.

Les collèges, ainsi que les institutions des deux sexes, trouveront un aide précieux pour préserver les élèves de toute affection morbide inhérente à l'agglomération dans les établissements, bien qu'ils soient d'une tenue irréprochable ; on les rendrait ainsi capables d'assurer le développement organique en conformité de l'âge de leurs pensionnaires.

Les grandes administrations gouvernementales et

particulières y puiseront les mêmes avantages pour leurs nombreux employés.

Les industriels, dont bon nombre d'ouvriers sont journellement exposés aux accidents de toute nature, ont sous la main le moyen d'en atténuer instantanément la gravité jusqu'à l'arrivée du médecin, s'il devenait nécessaire. Ils préviendraient de cette façon toute complication qu'ils pourraient assez souvent guérir.

Ils maintiendront chez le travailleur, pendant une épidémie, l'équilibre, d'une santé relative et ils éviteront de ce fait tout chômage.

Cette médication, appréciée par le monde qui souffre, espère rencontrer la faveur des pouvoirs publics, afin d'intervenir auprès du gouvernement qui n'hésitera pas à l'adopter pour la marine et l'armée de terre, quand l'expérience lui aura prouvé sa supériorité sur tous les procédés curatifs en usage ; par la simplicité de son application et la facilité de son transport qui exige un matériel insignifiant comparé à celui d'aujourd'hui. Elle permettrait de réaliser une grande économie sur les journées de présence dans les hôpitaux et réduirait de beaucoup les non-valeurs dans le rang. L'élément dans l'une comme dans l'autre troupe est composé d'hommes dans toute la vitalité de l'âge, et la moindre indisposition dégénère presque toujours en maladie. Cet inconvénient serait évité si le soldat avait la possibilité de s'administrer immédiatement le remède qui lui est propre, tandis que la lenteur des démarches pour la visite ou son entrée à l'hôpital la fait aggraver. Cet avantage serait également précieux pour les troupes en marche et en campagne, et s'étendrait à celles stationnées loin des centres, comme cela arrive aux colonies.

Si la pharmacopée, utile par ses nombreuses découvertes, échoue devant la majeure partie des maladies, c'est qu'elle ne peut traiter que les effets et non la cause qui est dans le sang, est impuissante à *métamorphoser l'organisme*, non seulement chez l'adulte mais plus encore chez l'enfant à qui elle ne donne rien.

A cet âge tendre, comme la plante, la nature demande à être aidée pour la débarrasser des impuretés dont les *éruptions* de toutes sortes, comme *glandes*, *écoulements*, etc., justifient la présence et entravent ainsi la croissance. C'est à ce moment-là que les spécifiques électro-homéopathiques ou homéopathiques complexes, administrés à l'enfant dans la nouriture et jusqu'à la majorité, coopèrent avec elle à la purification de la sève qui se renouvelle et se fortifie chaque jour. Ils déblayent cette masse de mucosités qui autrefois *s'ankylosait* en vieillissant sur la partie la plus faible de l'enfant, compromettant plutôt la partie haute du corps, *la tête*, en la déformant.

Que d'*aveugles* le sont devenus faute de ce soin ; que de *sourds et muets* auraient *retrouvé l'ouïe et la parole* ; que de *gibbosités* redressées ; enfin que de criminels auraient été évités si cette médication avait été employée dès le bas âge !

L'appréhension de la mère de famille pour l'emploi

de cette nouvelle science, se comprend ; mais elle s'effacera vite de son esprit quand elle verra le résultat bienfaisant de l'application préventive de cette méthode ; elle n'hésitera pas alors, au cas où le moyen préventif serait insuffisant, à administrer la partie curative tracée ci-après, car tous les maux de famille qui, sans inconvénients, peuvent se traiter par soi-même, pouvant être réduits, permettent d'attendre le secours du médecin, si son recours est nécessaire.

Il est indispensable de faire choix d'un médecin traitant avec cette méthode, c'est-à-dire qu'il soit électro-homéopathe et non simplement homéopathe, si l'on ne veut retomber dans l'erreur de l'ancienne école.

Les dispositions préventives et curatives de cette science, sont de puissants auxiliaires aux opérations chirurgicales ; elles coopèrent communément à la disparition et à l'assainissement des maux qui obligent à *l'ovariotomie*, la *trachéotomie*, la *trépanation*, la *pneumotomie*, *l'hystérectomie*, la *néphrectomie*, la *craniotomie*, etc., etc ; elle procure aussi l'avantage de déblayer, de décrasser et de reconstituer l'ensemble de l'organisme compromis jusqu'à la fibre microscopique, sans rien râcler ou retrancher avec le bistouri ou le scalpel du plus habile et célèbre chirurgien, dont le résultat a pour effet de faire dégénérer la procréation et de préparer une vieillesse insupportable par la souffrance.

Les injections de sucs organiques tirés de diverses races animales, nouvellement expérimentées contre certaines maladies, seront de bons auxiliaires à la science officielle, si leur application donne le résultat déclaré par leur auteur.

Mais pour la science électro-homéopathique ou homéopathique complexe, ces injections sont de minime importance, car depuis longtemps cette nouvelle science enregistre la régénération des forces nerveuses et musculaires, la guérison de l'ataxie locomotrice, de la terrible maladie de la moëlle épinière, du diabète, ainsi que de la maladie bronzée (pyélite) occasionnée par l'inflammation des capsules rénales ou bassinets des reins, etc., etc.

Nota. — En présence d'une légère constipation, comme moyen préventif, on peut faire usage de pruneaux bien cuits dans une infusion de feuilles de séné et préparés comme suit :

Faire bouillir 10 à 15 grammes de feuilles de séné dans un litre d'eau; une fois infusées, retirer les feuilles en passant l'infusion au moyen d'une passoire, pour n'avoir pas le désagrément de les retrouver en mangeant le pruneau ; jeter dans cette infusion, ainsi passée, 500 grammes de bons pruneaux qu'on laissera bien cuire, en y ajoutant un peu de sucre, au goût du malade.

Ces pruneaux, une fois bien cuits, seront pris de préférence le matin à jeun par quantité de 6 à 12 pour l'adulte et de 2 à 6 pour l'enfant, suivant l'âge ; on peut en donner 4 après chaque repas à l'adulte, et, seulement 2 à l'enfant. L'effet obtenu, on s'arrêtera d'en prendre après les 500 grammes épuisés, pour habituer le corps à opérer de lui-même. Si la constipation persiste. (Voir cet article à la *Partie curative.*)

PARTIE CURATIVE

Pour la préparation et le mode d'emploi des remèdes.

Nota. — On s'attachera à administrer au début de toute maladie invétérée, la deuxième dilution au lieu de la première, afin de vaincre plus facilement l'inflammation interne qui existe chez le malade. La première dilution ne s'emploie immédiatement que pour des cas spéciaux et à la convalescence du malade pour en assurer la parfaite guérison qui se reconnaît par l'absence de tout effet du remède.

Pour les maladies d'une certaine gravité, si les symptômes se présentent violents, il ne faut pas oublier d'administrer le remède à doses faibles et souvent très faibles, proportionnées à l'inflammation interne; il est besoin d'observer, *attentivement et strictement*, les indications données à chaque traitement dans cette partie curative.

Si on tient à *guérir radicalement*, il faut, sans abandonner le traitement, savoir surmonter toutes les difficultés ou réactions produites par les remèdes.

Car une fois l'emploi de ces remèdes commencé suivant cette méthode, contre n'importe quelle maladie, tout ce qui est défectueux, tout ce qui est impur comme tout ce qui n'a pas été guéri radicalement durant l'existence, depuis la plus tendre enfance, *reparaît malgré soi*, sous des symptômes différents, à la maladie en traitement. Cela fait croire à des combinaisons interminables, effrayant souvent le malade sur son état d'incurabilité, alors que ces symptômes lui sont salutaires puisqu'ils le débarrassent de tout ce qui obstruait le retour de la santé, celle-ci apparaît progressivement selon la persistance mise dans le traitement.

Se reporter à la page 21 sur le mode d'emploi de cette méthode, relative au calfeutrage des compresses, frictions, onctions, etc., qui empêche la circulation indispensable de l'air de coopérer à l'action des éliminations morbides du mal.

Les six grands points à toucher avec les électricités végétales, indiquées aux divers traitements de cette partie curative, sont : *Grain symptomatique, creux de l'estomac, plexus solaire, occiput, aux deux points; grand sympathique au-dessus de l'attante et de chaque côté de l'épine dorsale* (voir la Planche à la fin de ce livre).

ABCÈS, *formation de pus dans les aréoles du tissu cellulaire, en forme de glandes, de clous ou de furoncles ou bien d'anthrax si le siège est plus profond et de volume plus considérable.* Int., commencer par S^1, 1re ou 2e dil ; s'il persiste, $A^3 \times S^3$ ou 2e dil., chaque 15 minutes ; mêmes remèdes aux repas, en mangeant de 3 ou 5 grains à tour de rôle ; ext., comp. de 10 grains, C^5 dans le verre d'eau, renouvelée souvent ; le linge doit être changé chaque fois ; application Él. R. autour de l'abcès et onct. C^5 matin et soir. Si l'abcès est *chaud congestif*, remplacer Él. R. par Él. A.; s'il y a douleur, appliquer Él. V.; afin de le faire mûrir, comp. de 10 grains $A^2 \times$ comp. Él. V., répétées souvent; bains locaux avec 5, 10, 15 ou 20 grains, C^5 ou S^5, ou bien grands bains avec 60, 75 ou 100 grains des mêmes remèdes. S'il est de *nature syphilitique*, Int., $A^1 \times $ Vén^1 ou Sy^1, 1re ou 2e dil. chaque demi-heure; les mêmes remèdes aux repas en mangeant, 2, 3, ou 5 grains à tour de rôle; Ext., bains locaux avec 5, 10, 15 ou 20 grains de $C^5 \times$ Vén^2 ou Sy^2 et grand bain, un par semaine avec 60, 75 ou 100 grains de C^5 pour le premier, Vén^2 ou Sy^2 pour le second, et A^2 pour le suivant. *Au sein (engorgement)*. Int., $C^1 \times A^2$, 1re ou 2e dil. chaque demi-heure; les mêmes remèdes aux repas, de 3 à 5 grains à tour de rôle; Ext., application de Él. B., aux 5 grands points, 15 secondes par point, comp. 10 grains C^5, renouvelée souvent ainsi que le linge; bains de C^1 ou C^5 ou S^5, avec 50 ou 75 grains.

La compresse sera répétée aussitôt sèche et jusqu'à ce que peu à peu la douleur et l'inflammation aient disparu; elle fait mûrir et percer l'abcès sans recourir au bistouri; de même les onctions, unies au traitement interne, le fondent rapidement.

ABEILLES (piqûres d'). Au moment *ôtez l'aiguillon*, et donnez, Int., 10 grains à sec sur langue de S^1; Ext., appliquer sur la piqûre Él. V. ou Él. B. (voir PIQURES D'INSECTES).

ACCOUCHEMENTS (voir article spécial : GROSSESSE).

ACNÉ, *tubercules inflammatoires rouges, pointus, remplis de pus, occupant le nez, les joues ou le dos et la poitrine; taches violacées, paraissant ou disparaissant rapidement; traitement assez long*. Int., $S^1 \times C^1$, 1re ou 2e dil. chaque demi-heure; aux repas, de 3 à 5 grains de S^7 ou L., à sec, en mangeant, et à tour de rôle; exiger quelquefois

$A^1 \times S^1$, 1re ou 2e dil. chaque demi-heure; ext., comp. de 10 grains de S^5 ou C^5, renouvelés souvent en changeant le linge, onct. de S^5 ou C^5 matin et soir; grands bains, le premier avec C^5, le second A^2 et le suivant S^5 et à tour de rôle avec 60, 75 ou 100 grains. S'il est de nature *syphilitique* ou s'il y a résistance, ajouter au traitement int. Vén¹ ou Sy¹, à la 1re ou 2e dil. et ext. aux bains Vén⁵ ou Sy².

M. R..., âgé de trente-huit ans, atteint d'une acné depuis huit ans, après avoir passé deux ans dans un hospice. Au bout d'un traitement de deux mois, le mieux se fait de jour en jour et est entièrement guéri après un traitement consécutif de cinq mois.

Pour triompher de l'acné, il faut persister dans le traitement et surtout par les compresses souvent renouvelées, puis les onctions, pour éteindre progressivement les fluctuations d'apparition et de disparition qui sont son jeu et qui sont l'effet de l'âcreté du sang.

ACRODYNIE, *empoisonnement par céréales décomposées, comme la trichinose, facile à confondre avec d'autres affections épidémiques et endémiques* (voir EMPOISONNEMENT et TRICHINE), et ajouter au traitement A^1, 2e ou 3e dil., chaque demi-heure ou chaque heure.

ADÉNITE, *inflammation des glandes lymphatiques*. Int., au réveil de 2 à 4 grains à sec sur la langue de Verm¹ et aussi au coucher; dans la journée, S^7 ou L. $\times A^8$, 1re dil., si l'affection est chronique, si elle est aiguë, à la 2e ou 3e dil., aux repas, en mangeant, de 3 à 5 grains de $S^1 \times A^1$, à tour de rôle; ext., comp. 10 grains C^5, renouvelée souvent, application Él. R. autour de la glande et onct. C^5 matin et soir. En cas de résistance, int. C^1 ou C^2, 1re dil. chaque heure, et au besoin Vén¹ ou Sy¹; 1re dil.; ext., même application que ci-dessus; et pour les deux cas, un grand bain par semaine de S^1 ou L. $\times$ C^5 ou $Vén^2$ ou Sy^2, 60, 75 ou 100 grains.

L'inflammation disparaît et les glandes se fondent peu à peu, sans l'intervention du bistouri, par la seule influence des compresses renouvelées souvent, en changeant chaque fois le linge et par la répétition des onctions matin et soir. Il suffit d'être patient et de persister dans le traitement ; car ces glandes insignifiantes par apparence, renferment généralement le germe de la diathèse cancéreuse, déterminant plus tard les tumeurs jusqu'au cancer, si elles sont négligées.

ADYNAMIE, *débilité, prostration* (voir ATONIE).

AFFAIBLISSEMENT (voir ADYNAMIE).

AGE CRITIQUE *ou ménopause, moment assez grave chez la femme par la disparition des époques.* Int., $S^1 \times A^1$, 2e ou 3e dil., chaque demi-heure, aux repas, en mangeant, de 2, 3 ou 5 grains de $C^1 \times A^2 \times S^3$, pris à tour de rôle ; en cas de résistance, prendre C^6, 1re ou 2e dil., toujours aux repas, en remplacement du C^1 ; ext., onct. A^2 sur le cœur et de C^5 sur les points douloureux, matin et soir ; grands bains de C^5 ou de C^6 avec 60 ou 75 grains ; en cas d'*hémorragie* (voir MÉTRORRAGIES).

Ce traitement, suffisamment prolongé, ramène l'équilibre de la circulation momentanément troublé par ce nouvel état de choses.

AGÉNÉSIE, *impossibilité d'engendrer* (voir IMPUISSANCE).

AGITATION NERVEUSE, *mouvement continuel et irrégulier du corps avec inquiétude d'esprit.* Int., N. $\times A^3$, 2e, 3e, 4e ou 5e dil., chaque demi-heure ou chaque heure, mêmes remèdes aux repas, en mangeant, 2 à 3 grains à tour de

7.

rôle; ext., application Él. J. aux 6 grands points, 10 secondes par points, le matin et le soir, ou le soir seulement. En cas de résistance (voir Convulsions).

Aigreurs, *résultat d'une mauvaise digestion.* Int., B. ou F^1, 1re ou 2e dil., chaque demi-heure, aux repas, en mangeant, de 3 à 5 grains à sec de B. ou $F^1 \times S^1$ ou S^7 ou L. $\times A^1$, à tour de rôle, un grain à sec de S^2, chaque heure; ext., application Él. B. ou Él. R. ou Él. A. au creux de l'estomac, 20 secondes, matin et soir, suivie de onct. C^3, très légères. En cas de résistance, remplacer le B. ou F^1 par C. 1 à l'int. Ext., bains C^5 ou L. ou S^7, sont excellents avec 60, 75 ou 100 grains.

Ce traitement a triomphé des maux d'estomac les plus rebelles chez une dame de 70 ans qui souffrait depuis 8 ans.

Aisselles, *sueurs abondantes* (voir Sueurs).

Alba dolens phlegmatia, *sorte de phlébite, enflure blanche unie, propre surtout aux accouchées, occupant les jambes* (voir Phlébite).

Albuminurie *ou maladie de Bright, douleurs sourdes à la région lombaire, œdème commençant par la face, urines rares avec fièvres, d'abord rougeâtres, puis jaunâtres, puis de couleurs naturelles louches, troublées, mousseuses, avec présence de l'albumine; en état chronique, la fièvre cesse, rarement douleurs aux lombes, urines pâles avec odeur fade.* Int., 3 grains de S^1, à sec, au réveil, dans la journée $S^6 \times C^2$, à la 2e ou 3e dil., chaque demi-heure; s'il y a fièvre, F^1, un grain à sec chaque heure ou chaque 2 heures, aux repas, en mangeant, 3 grains de $S^2 \times A^1 \times C^6$, pris à tour de rôle; ext., onct. C^5 aux reins et aux parties douloureuses matin et soir et grand bain avec 60, 75 ou 100 grains de $S^5 \times C^6$.

Ce traitement conduit à la guérison complète sans

s'astreindre à un régime de vie spécial; tout le monde peut le faire, selon les habitudes de chacun, mais sans excès. L'albumine, constatée par l'analyse des urines chez un malade de 72 ans, a complètement disparu, après 23 jours de traitement. Cependant, c'est généralement plus long.

ALCOOLISME, *abus de boissons* (voir IVROGNERIE).

ALOPÉCIE, *chute des cheveux, de la barbe ou des cils*. Int., $S^1 \times A^1$, 1re dil, chaque demi-heure, aux repas, en mangeant, de 3 à 5 grains de S^2. Ext., onct. légères de S^7 ou de L. sur le crâne, la barbe ou les cils, matin et soir; si la chute des cheveux se fait par place ronde, ce qui indique l'origine syphilitique, on ajoute Vén^1 ou Sy^1, à la 1re ou 2e dil., chaque demi-heure, à l'int. ou à l'ext., onct. légères de Vén^2 ou Sy^2 $\times$ avec les précédentes, au besoin comp. avec S^1 ou de C^5, 10 grains dans le verre d'eau, renouvelée souvent en changeant le linge; grands bains avec 60, 75 ou 100 grains de S^1 ou de C^5.

AMAUROSE, *goutte sereine, affaiblissement progressif ou perte totale de la vue, par l'altération de la rétine ou du nerf optique sans lésion extérieure, ni que l'œil paraisse affecté; même traitement que pour* OPHTALMIE, s'il y a persistance et que le malade soit lymphatique. Int., N. $\times$ S^1 $\times$ C^1, 1re, 2e ou 3e dil., chaque demi-heure; s'il est sanguin, N. $\times$ A^3 $\times$ C^1, même dil.; au réveil comme au coucher, 2 grains de Vén^1 ou Sy^1, à sec, sur la langue, les mêmes remèdes aux repas, en mangeant, de 2 à 5 grains, pris à tour de rôle; ext., bain d'yeux avec 2, 3 ou 5 grains de C^5 ou C^1 ou A^3 pendant les 5 minutes, et, dans les cas graves, frictions à toute la tête avec une solution de 5 ou 10 grains de Opht. ou de Mar. ou C^5 ou C^4 ou A^3 et 20 gouttes de Él. R. ou Él. A., de 2 à 3 fois par 24 heures; puis application de Él. R. ou Él. B. ou Él. A. $\times$ Él. J. à la nuque, symptomatique, aux tempes, frontal, aux sus et sous-orbitaux, 15 secondes par point, matin et soir, avec onct. légères de C^5 sur toute la tête, le long de l'épine dorsale, et de A^2 sur la région du cœur.

Sous l'influence de ce traitement, l'affaiblissement diminue peu à peu et le nerf optique retrouve son fonctionnement normal.

AMBLYOPIE, *trouble symptomatique de la vision, même traitement que pour* AMAUROSE.

AMÉNOMANIE, *variété de la mélancolie* (voir MÉLANCOLIE).

AMÉNORRHÉE, *absence de flux menstruel* (voir RÈGLES).

AMYGDALITE, *inflammation des amygdales ou angine tonsillaire, difficulté d'avaler, gonflement, rougeur et dureté des glandes du fond de la gorge.* Int., S^7 ou L. $\times$ A^3, 2e ou 3e dil., chaque demi-heure; s'il y a toux, ajouter P^1, 2e ou 3e dil.; s'il y a fièvre, un grain de F^1, à sec, chaque heure; aux repas, en mangeant, de 3 à 5 grains des mêmes remèdes pris à tour de rôle; s'il y a persistance opiniâtre, ajouter C^1 à la 2e ou 3e dil.; ext., comp. à la gorge, au-dessous du cou, avec 10 grains de S^5, renouvelée souvent en changeant le linge, onct. légères de C^5, matin et soir; gar. avec 5 ou 10 grains de S^5 $\times$ avec un gar. de 20 gouttes Él. A. dans un demi-verre d'eau, matin et soir; en cas de complication (voir DIPHTÉRIE, traitement spécial).

ANASARQUE, *enflure molle et sans douleur, conservant l'empreinte du doigt, par suite d'infiltration de sérosité dans les tissus lamineux.* Int., $S^1 \times A^3 \times C^2$, 2e ou 3e dil., chaque demi-heure, un grain de F^1 chaque heure, aux repas, en mangeant, de 3 à 5 grains des mêmes remèdes pris à tour de rôle; ext., application de Él. A. aux 6 grands points, 10 secondes par point, comp. de S^5 ou de Él. ou de A^2, 10, 15 ou 20 grains, renouvelées souvent et changer le linge chaque fois, et onct. légère de $C^5 \times A^2$ faisant l'une matin et le soir l'autre; aux hypocondres onct. légères de F^2; grands bains, un ou deux par semaine, avec 60, 75, 100 ou 150 grains de $A^3 \times C^2$ ou de C^5 ou de C^6.

Sous l'influence de ce traitement, l'infiltration des sérosités dans les tissus finit par cesser; on voit l'enflure disparaître assez rapidement.

ANÉMIE, *insuffisance quantitative ou qualitative du sang, décoloration de la peau et des lèvres, affaiblissement général, névralgie, étouffements.* Int., aux repas, en mangeant, de 3 à 5 grains de $S^1 \times A^1 \times N.$, pris à tour de rôle, et $S^1 \times C^1$, 1re dil., chaque heure; au réveil comme au coucher, 5 grains de $Verm^1$, à sec; ext., application de Él. R., matin et soir, aux 6 grands points et sous la plante des pieds, 15 secondes par point, frictions avec la même Él. R., à droite et à gauche de l'épine dorsale et onct. légères de S^3; grands bains d'abord avec 40, puis 60, 75 ou 100 grains de $S^3 \times S^7$ ou L., un par semaine ou quinzaine.

Traitement assez long, mais infaillible à la régénérescence du sang et de l'organisme le plus délabré. (Suivre l'*Hygiène élémentaire.*)

ANÉVRISME, *amincissement d'un vaisseau sanguin* (voir CŒUR).

ANGIITE, *inflammation dans l'ensemble circulaire* (voir PHLÉBITE).

ANGINE, *gêne de la déglutition et difficulté de respirer* (voir le traitement spécial pour DIPHTÉRIE).

ANKYLOSE, *impossibilité absolue des mouvements d'une articulation naturellement mobile* (voir GOUTTE).

ANOREXIE, *manque d'appétit.* Int., $S^1 \times A^1$, 1re ou 2e dil., chaque demi-heure, aux repas, en mangeant, 5 grains S², en cas de résistance × avec B. ou N. 3 grains pris à tour de rôle ; ext., application de Él. R. × Él. B. au creux de l'estomac, 20 secondes, matin et soir.

ANTHRAX, *tumeur inflammatoire très dure, très douloureuse, d'un rouge foncé avec chaleur brûlante, paraissant généralement au cou, au dos et sur les épaules.* Int., $S^1 \times A^1 \times C^1$, 1ʳᵉ ou 2ᵉ dil., chaque demi-heure, un grain de F¹ chaque heure, à sec, aux repas, en mangeant, de 3 à 5 grains de $S^3 \times C^1 \times A^1$, pris à tour de rôle ; ext., comp. avec 10 ou 15 grains de A² pour le faire mûrir, × avec comp. de Él. V. sur la tumeur, changer le linge à chaque fois et renouveler souvent les comp., puis onct. légères de C⁵ matin et soir. Contre les démangeaisons très vives qui accompagnent la cicatrisation, une fois la tumeur ouverte, onct. légères avec S⁵.

C'est la répétition des compresses qui fait mûrir et percer l'anthrax ; plus la douleur est vive, plus sa marche est rapide vers la guérison ; il suffit de la supporter sans faiblesse et ne pas interrompre le traitement.

ANUS, *orifice du rectum* (voir CHUTE DE L'ANUS).

APHONIE, *extinction ou perte de la voix.* Int., S¹, 2ᵉ ou 3ᵉ dil., chaque 15 minutes ; si elle est congestive A¹, si nerveuse N , 2ᵉ ou 3ᵉ dil., chaque 15 minutes, pendant les premiers jours ; puis P × A², 2ᵉ dil., chaque demi-heure, et gar. de 5 grains C⁵ portés quelques jours après à 10 grains dans le verre d'eau, ou bien 10 gouttes d'Él. Bl. dans un demi-verre d'eau, fait 3 à 4 fois dans les 24 heures ; ext., application d'Él. R. au nerf grand symptomatique et petits hypoloses 15 secondes par point, matin et soir, avec onct. légères de S⁷ ou L. sous la gorge ; on peut aussi mettre des comp. renouvelées souvent en changeant le linge, sous la gorge, avec 10 grains de S^7 ou L. ou bien C^5; grands bains avec 60, 75 ou 100 grains de $S^1 \times C^5 \times A^2$, à tour de rôle, un par semaine ou par quinzaine.

La vibration des cordes vocales, après quelque temps de ce traitement, est vraiment surprenante; elle devient bien supérieure à ce qu'elle était précédemment.

APHTES, *ulcérations blanchâtres de la muqueuse de la bouche et de la gorge.* Int., $S^1 \times C^1$, 1re ou 2e dil., chaque demi-heure, aux repas, en mangeant, de 5 à 10 grains des mêmes remèdes à tour de rôle et gar. avec 5 ou 10 grains C^5 et 10 gouttes d'Él. V. dans le verre d'eau fait 3 à 4 fois dans les 24 heures.

APOPLEXIE. *Au premier malaise, comme vertiges, hallucinations, étourdissements, prendre de suite, à sec, sur la langue,* 10, 20 ou 30 grains de S^1 ou A^1, les laisser fondre d'eux-mêmes et répéter la dose après 5 ou 10 minutes si elle est nécessaire; puis int., de 5 à 10 gouttes Él. A. dans une cuillerée à café d'eau, le matin, à midi et le soir; et $A^1 \times S^1$, 2e dil., dans la journée, chaque 15 minutes; ext., matin et soir application d'Él. A. sur le crâne avec un pinceau trempé de l'électricité, 15 secondes, et onct. légères C^5 sur la tête; si le sujet est lymphatique, application de Él. R. aux 6 grands points, 15 secondes par point, matin et soir; de même aux nerfs brachials, crurals, sciatiques, si l'attaque se porte sur les membres; si le sujet est sanguin, on remplacera Él. R. par Él. A. et onct. légères de $C^5 \times {}^2$, matin et soir; usage de granules laxatifs ou purgatifs pour maintenir la liberté du corps (voir CONSTIPATION).

Que de personnes prédisposées à ces attaques en ont été préservées par les 10, 20 ou 30 grains appliqués au début ! Aussi ne saurait-on trop recommander à tous de porter sur soi un tube S^1 (scrofuleux), afin d'avoir sous la main ce préservatif précieux contre bien des accidents.

APPAUVRISSEMENT DU SANG (voir ANÉMIE).

APPÉTIT. *Le manque d'appétit se guérit infailliblement* par S^1, 1re ou 2e dil., chaque demi-heure à l'Int., en cas de résistance avec C^1, 2e ou 3e dil. ; au repos en mangeant de 3 à 5 grains des mêmes remèdes à tour de rôle ; Ext., application de l'Él. R. au creux de l'estomac, 15 secondes matin et soir et grands bains avec 60, 75 ou 100 grains de S^1 ou de S^7, ou L. ou de C^5. *Pour appétit dépravé* (voir FRINGALE).

ARTÉRITE, *inflammation des artères avec douleurs, rougeur, chaleur et formation d'un cordon sur le trajet de l'artère.* Int., A^2, 2e, 3e, 4e ou 5e dil., chaque 15 minutes, un grain de C^1 à sec sur la langue chaque heure et aux repas, en mangeant, 2 à 3 grains du même C^1 ; Ext., composé avec 5, 10, 15 ou 20 grains de A^2, selon l'intensité de l'inflammation, renouvelée souvent en changeant à chaque fois le linge et × avec des comp. de Él. A. ; puis onct. légères de A^2 sur l'artère comme sur la région du cœur ; éviter les émotions, de trop grandes fatigues et suivre un régime doux.

Le traitement est assez long. Cependant l'inflammation est vaincue assez rapidement, et permet au malade de prendre des forces suffisantes pour faire usage des bains de A^2 avec 40 grains au début, puis, 60, 75 et 100 grains × avec C^5, même quantité, à tour de rôle, pour activer la guérison.

ARTHRITE, *inflammation aiguë ou chronique des articulations* (voir GOUTTE).

ARTICULAIRES, *douleurs dans les articulations* (voir ARTHRITE).

ASCARIDES (voir VERS).

Ascite, *hydropisie abdominale, épanchement séreux dans le péritoine* (voir Anasarque).

Asphyxie (voir Empoisonnement, Noyés).

Asthme, *névrose du nerf pneumogastrique résultant de la convulsion du diaphragme et des muscles inspirateurs; les accès s'annoncent par des flatuosités, des baillements, une gêne de la poitrine, une toux sèche, urine abondante, aqueuse et limpide, se produisant le soir ou pendant la nuit; quel que soit le genre d'asthme.* Int., AS., 2º ou 3º dil., chaque demi-heure; *s'il y a résistance*, ajouter S^1 ou S^7 ou L., 2º ou 3º dil., $\times A^1$, 2º ou 3º dil., chaque demi-heure, un grain P^1 à sec chaque 2 heures; aux repas, en mangeant, de 3 à 5 grains des mêmes remèdes à sec, pris à tour de rôle; Ext., Él. R., aux 6 grands points, 15 secondes par point, comp., 10 grains A^2, sur le cœur, renouvelés souvent, changeant le linge chaque fois, avec de légères onct. A^2, matin et soir; *s'il est vasculaire sanguin*, on remplacera Él. R. par Él A., appliquée sur les mêmes points 15 secondes; *s'il est nerveux*, prendre Int., N. $\times A^3$, 2º ou 3º dil., chaque demi-heure; un grain P^4 à sec sur la langue, et 3 à 5 grains des mêmes remèdes aux repas, en mangeant, à tour de rôle; Ext., Él. J. $\times$ Él. E., aux 6 grands points, 15 secondes par point, mêmes comp. et mêmes onct. au cœur, avec de légères onct. C^5 à l'estomac et à la poitrine, matin et soir; *s'il est catarrhale*, Int., P^2 ou $P^3 \times A^2$, 2º ou 3º dil., chaque demi-heure, un grain à sec de C^1 ou C^2 chaque 2 heures, les mêmes remèdes de 3 à 5 grains aux repas, en mangeant et à tour de rôle; Ext., Él. A. $\times$ Él. J., 15 secondes sur les mêmes points, avec onct. A^2 sur le cœur et onct. C^5 à l'estomac et à la poitrine. Dans l'un comme dans l'autre cas, s'il y a fièvre, prendre Int., un grain de F^1 à sec chaque 2 heures et Ext. légères onct. aux hypocondres, matin et soir; au moment des quintes, et pour en atténuer l'effet, prendre un bain de pieds, chaud, avec deux cuillerées à café de Él. R. ; entre les accès, faire usage de cigarettes anti-asthmatiques, et, pour les prévenir pendant la nuit, respirer la vapeur d'un tube fumigatoire anti-asthmatique préparé à cet usage. Grands bains, un par semaine ou par quinzaine, avec 60, 75 ou 100 grains de C^5, ou L., ou S^7 ou $A^2 \times$ avec la solution de 50 grains F^2 et 50 grains P^3, dans la proportion de un bain sur trois. *Hygiène sévère, nourriture laxative pour tenir libre le fonctionnement du corps, vin fortement additionné d'eau, plutôt eau pure, manger peu et souvent, pas de café, pas d'alcool, rien d'irritant ; éviter de fumer, l'humidité et le brouillard et faire des exercices variés pour ramener la souplesse du corps.*

Sous l'influence de ce traitement, les alternatives de suffocations sont fréquentes, et se renouvellent à chaque fois que les voies respiratoires sont engorgées de sérosités et de mucosités qui provoquent la contractibilité du diaphragme et des muscles inspirateurs déterminant la toux sèche, jusqu'à ce qu'elles soient éliminées au dehors par des expectorations et parfois par des vomissements qu'il faut évincer pour diminuer les accès d'asthme et détruire les impuretés du sang. C'est par la persévérance de ce traitement qu'un bon nombre de malades s'est délivré d'un hôte aussi incommode que malsain, malgré le certificat de longue vie qu'on lui attribue à tort.

ATAXIE, *locomotrice, affection des centres nerveux du cerveau, produisant l'irrégularité de la marche, de la moelle épinière, avec affaiblissement, abolition ou perversion des sensations, convulsions ou immobilité anormale, etc.* Int., $S^1 \times A^1$ au début, 2e, 3e, 4e 5e ou 6e dil., chaque demi-heure ; après un mois de ce traitement, le substituer par $S^3 \times N. \times A^3$, mêmes dil., chaque demi-heure C¹, un grain à sec chaque 2 heures ; aux repas, en mangeant, de 2 à 3 grains des mêmes remèdes ╳ avec S⁷ ou L., pris à tour de rôle; Ext., frictions avec 5 grains de S⁵ et 5 grains de A³ et 10 gouttes de El. R., mélangés à 100 grammes d'alcool sur l'épine dorsale, matin et soir, application d'El. R., ou El. A., ou El. J. ╳ El. B., sur le crâne, grand sympathique, le long et de chaque côté de l'épine dorsale, occiput, 15 secondes par point. Onct. sur les mêmes points avec S⁵, matin et soir; grand bain, un par semaine ou par quinzaine de C⁵ ╳ S³ ╳ S⁵, 60 ou 75 grains, fait à tour de rôle.

L'amélioration s'obtient rapidement, mais l'irrégularité de la marche se maintient encore bien longtemps avant d'être complètement guérie, par la raison qu'il faut unir au traitement une alimentation en rapport avec l'affection nerveuse du malade, afin de régénérer le sang et de reconstituer le système nerveux en partie affaibli; à ce sujet, on se conformera à la partie *Hygiène* de ce livre, et on s'arrêtera à tout ce que le malade reconnaît devoir lui faire du bien. (Voir *Névrose*.) Ne jamais rester inactif, aller à ses travaux journaliers et surmonter les intermittences de bien et de mal que l'on ressentirait, alors même que l'influence atmosphérique, de laquelle dépendent tous les ataxiques, contribuerait à les produire. Ne pouvant anticiper sur les bizarreries de la nature, il se peut que la résistance du mal oblige à certaines modifications du traitement, c'est au malade, qui ressent mieux son mal, à rechercher, à l'article *Nomenclature*, le remède le plus direct à la cause de sa maladie, pour le substituer à celui du traitement qui resterait sans effet et ne pas s'impatienter de ses recherches, car il trouvera certainement le remède appelé à le guérir totalement.

Atonie, soit faiblesse générale, suite de fièvre ou d'autre maladie. Int., S^1 ou S^4 ou Giap., 1re ou 2e dil., chaque demi-heure, aux repas, en mangeant, de 3 à 5 grains de l'un des mêmes remèdes, successivement alternés avec le même nombre de grains de chacun des remèdes qui a servi au traitement dont relève le malade ; Ext., application aux 6 grands points et sous la pointe des pieds, de El. R., matin et soir, 15 secondes par point, ou bien El. R. $\times$ El. J. Grands bains de S^5 ou C^5, avec 60, 75 ou 100 grains, un par semaine ou par quinzaine ; s'il y a persistance avec toux sèche (voir Phtisie).

Atrophie, amaigrissement du corps ou d'une partie du corps (comme atonie). Si elle est générale, int., N. $\times$ A^1, 2e ou 3e dil., chaque demi-heure, aux repas, en mangeant, de 3 à 5 grains des mêmes remèdes, pris à tour de rôle ; Ext., comp. El. A. $\times$ El. J., sur le crâne, et application des mêmes électricités aux 6 grands points et sous la plante des pieds, 10 secondes par point, matin et soir, ou de même en frictions sur la partie intéressée $\times$ avec El. R. ; si elle provient du cœur, on substituera le A^1 par le A^2 à l'Int., et onct. légères du même A^2 sur le cœur, à l'Ext. ; si elle provient du foie, Int., L. ou S^7 ou B $\times$ F^1, 2e ou 3e dil., chaque demi-heure, les mêmes remèdes aux repas, en mangeant, de 3 4 5 grains, pris à tour de rôle, et Ext., onct. légères F^2, sur les hypocondres, matin et soir ; si elle est des muscles, Int., $A^3 \times S^3 \times S^6$, 2e ou 3e dil., chaque demi-heure, aux repas, en mangeant, de 3 à 5 grains des mêmes remèdes, pris à tour de rôle, un grain de C^1 à sec chaque heure ; Ext., friction de El. A. sur les muscles, avec onct. légères de S^5 ou C^5 matin et soir.

Aversion de l'enfant pour le sein (voir article spécial, Grossesse).

Avortement, *situation toujours grave, tenir le bassin un peu élevé dans le lit.* Int., $C^1 \times F^1$, 2e ou 3e dil., chaque 15 minutes ; Ext., comp. sur le ventre, avec 10, 15 ou 20 grains C^5, pour écarter tout danger de péritonite (voir article spécial, Grossesse), et s'il y a hémorragies persistantes (voir Métrorrhagies).

Barbe *(chute de la)* (voir Alopécie).

Balanite, *inflammation de la membrane muqueuse qui revêt la glande et la face interne du prépuce, démangeaisons, cuisson, chaleur vive qui peut s'étendre à toute la verge.* Int., au réveil, de 3 à 5 grains de S^1, ou N., ou A^1 à sec sur la langue pendant quelques jours, selon que le sujet est lymphatique, nerveux ou sanguin ; ensuite $S^1 \times Vén^1$ ou Sy^1, 1re, 2e ou 3e dil., chaque demi-heure, un grain de A^1 chaque 2 heures, aux repas, en mangeant, de 3 à 5 grains des mêmes remèdes, pris à tour de rôle ; Ext., onct. légères de C^5 ou $Vén^2$ ou Sy^2, matin et soir ; bain local, avec 5 ou 10 grains de $Vén^2$ ou $Sy^2 \times S^5$, deux ou trois fois par jour.

Ballonnement, *si les gaz sont produits par une mauvaise digestion ou par l'influence d'une névrose, de l'hypocondrie, de la gastralgie ou de l'hystérie* (voir Aigreurs), *et prendre les remèdes à la* 3e *ou* 4e *dil.* ; s'il y a refoulement du diaphragme, de la compression des poumons ou du cœur, prendre $C^1 \times A^1$, 3e, 4e, 5e ou 6e dil., chaque demi-heure, aux repas, en mangeant 2 grains des mêmes remèdes, à tour de rôle, un grain de C^2 à sec sur la langue chaque heure ; Ext., comp. avec 15 grains de $C^5 \times A^2$, sur l'abdomen, pourvu qu'il n'y ait pas de perforation. On triomphe de l'occlusion intestinale qui produit le ballonnement du ventre par Int., S^1 ou S^4 ou Giap., 3 à 5 grains à la fois et à sec chaque 3 heures, et C^1 ou C^{10} ou $C^7 \times A^2 \times F^2$, 2e ou 3e dil., chaque demi-heure ; Ext., comp. abondante surtout le ventre et les hypocondres, avec une solution de 10 grains

C^2 ou C^{10} ou C^7 ou C^5, avec 10 A^2 et 10 grains F^1 dans le verre d'eau ; la comp. renouvelée, ainsi que la toile, aussi souvent que l'exigera la situation du malade ; au besoin, clystère avec la même solution ; supplément scrofuleux n° 5, chaque soir.

BÉGAIEMENT, *difficulté d'émettre la parole provenant souvent d'un trouble dans le mouvement des muscles respirateurs.* Il suffit quelquefois au début de l'application d'Él. R. $\times$ Él. J. à l'occiput aux grands et petits hypogloses 20 secondes à chaque point ; s'il y a résistance, Int., N. $\times$ S^1, 1re, 2e ou 3e dil., chaque demi-heure, un grain A^1, à sec, chaque 2 heures ; mêmes remèdes aux repas, en mangeant, de 2 à 5 grains, à tour de rôle ; ext., gar. 10 grains de C^5 ou S^5 mélangés à 10 gouttes Él.R., matin et soir ; application d'Él. R. $\times$ Él. J., comme ci-dessus, 15 secondes par point et onct. légères de C^5 ou A^2, matin et soir ; grands bains $C^5 \times A^2$, 60, 75 ou 100 grains ; *s'appliquer à prononcer distinctement les mots et avoir la ferme volonté de se corriger.*

BLENNORRHAGIE, *inflammation de l'urètre et du prépuce chez l'homme, et de l'urètre de la vulve du vagin et du col de l'utérus chez la femme avec écoulement mucoso-purulent ; elle s'annonce par un sentiment de cuisson qui se convertit bientôt en vives douleurs au moment de l'émission des urines avec mucosités incolores et filantes, laissant sur le linge des taches grises ; forme une croûte à l'orifice du canal, qui se brise au premier jet d'urine occasionnant une très vive douleur ; au cinquième jour, l'inflammation existe dans toute la longueur du canal qui modifie le jet de l'urine et en diminue le volume ; il y a une véritable rétention si l'inflammation a gagné la prostate, un mélange de mucus et de pus, d'abord d'un blanc terne, puis jaune, puis jaune verdâtre, teint de sang dans les cas suraigus* (voir SYPHILIS). Pour le traitement int. et ext., ajouter bains de siège, $C^5 \times$ Vén² ou Sy², 25 grains par bain, y séjourner 10 minutes et grands bains avec 60, 75 ou 100 grains des mêmes remèdes alternés ; onct. légères avec $C^5 \times$ Vén^2 ou S^2 au sacrum, pubis et périné, matin et soir. Pendant la période purulente, introduire une Bg. syphilitique ou vénérienne à l'intérieur du canal de l'urèthre chez l'homme, et un Supp. Vag. syphilitique ou vénérien chez la femme, le matin et le soir.

Laisser écouler le pus aussi longtemps qu'il se présentera, sans jamais chercher à l'arrêter, afin d'obtenir l'évacuation complète de cette infection, cause de la plupart des maladies déclarées chroniques, incurables et souvent funestes.

BLENNORRHÉE, *état chronique de la blennorrhagie, même traitement.*

BLÉPHARITE, *inflammation des paupières.* Int., opht. ou $A^1 \times S^1$ ou S^2, 1re ou 2e dil., chaque demi-heure, aux repas, en mangeant, de 3 à 5 grains des mêmes remèdes pris à tour de rôle; s'il y a résistance, C^1, 1re ou 2e dil., chaque demi-heure, à joindre au traitement ainsi qu'aux repas; ext., bains d'yeux avec 1 ou 2 ou 3 grains de S^2 ou opht. ou A^2 pendant 5 minutes par œil, comp. avec 10 grains de S^5 ou C^5, puis onct. légères de S^5 ou C^5, matin et soir, avec application d'Él. R. $\times$ Él. J. ou Él. B. aux tempes, aux sus et sous-orbitaux et à la racine du nez.

BLÉPHARO, CONJONCTIVITE, *inflammation simultanée de la paupière et de la conjonctive* (voir BLÉPHARITE et OPHTALMIE).

BLÉPHAROPTOSE, *relâchement ou chute de la paupière.* Ext., bains d'yeux avec 2 ou 3 grains de S^1 ou de C^5 ou de opht. ou bien avec 10 ou 20 gouttes de Él. R. dans le godet d'eau, et frictions sur la paupière avec Él. R. et onct. légères de S^5 ou de C^5, matin et soir; à l'int., aux repas, en mangeant, 3 grains de S¹ ou opht. ou C⁵, pris à tour de rôle.

BLÉPHAROSPASME, *spasme des paupières* (voir PAUPIÈRES).

BLESSURES. On arrête l'hémorragie avec 20 à 30 grains de A² dans un verre d'eau, mis en comp. et renouvelée aussi souvent qu'il le faudra pour arrêter le sang en changeant le linge à chaque fois, de même avec de simples comp. de Él. A., mais s'il y a section d'une artère, c'est la comp. d'Él. A. qu'il faut mettre pure et que l'on renouvelle pour arrêter d'abord l'hémorragie et ensuite cicatriser l'artère, rarement la nécessité du chirurgien s'est fait sentir ; puis int. A², 2ᵉ ou 3ᵉ dil., chaque 15 minutes ; pour éviter la gangrène, ajouter C⁵, 2ᵉ dil., chaque demi-heure ; aux repas, en mangeant, les mêmes remèdes pris à tour de rôle par 3 ou 5 grains et aussi de S⁵ ; ext., *s'il y a plaies* comp. de 10 ou 15 grains de A² × S¹, en appliquant une fois l'une et l'autre, ensuite en les renouvelant souvent, ainsi que le linge ; avoir soin d'humecter la comp. avant de l'enlever, si elle est adhérente à la plaie ; si *la gangrène est à craindre*, comp. de A² × C⁵, comme il est dit plus haut ; et s'il y a *douleurs*, comp. de C⁵ × Él. V. Une fois la plaie cicatrisée, continuer quelque temps int. S⁵, 1ʳᵉ ou 2ᵉ dil., chaque demi-heure, et ext., onct S⁵, faites légèrement sur les points compromis, matin et soir (voir HÉMORRAGIE).

M. T..., quarante-cinq ans, marchand de vins, étant tombé accidentellement avec un siphon, se fait une blessure au bras droit ; il suit le traitement de l'allopathie du 12 au 19 septembre, mais son état ne fait qu'empirer. Il entre à l'hospice où il subit une première opération, et sur le point d'en subir une seconde la gangrène se déclare.

Après avoir suivi mon traitement, il est guéri au bout de six semaines et reprend son travail.

BORBORYGMES, *bruits sourds de l'abdomen, avec déplacement de gaz dans le canal intestinal.* Int., au réveil comme au coucher, de 3 à 5 grains de Verm^1, à sec; dans la journée, S^1 ou Giap., 1re ou 2e dil., chaque demi-heure; aux repas, en mangeant, de 3 à 5 grains des mêmes remèdes avec S^6, pris à tour de rôle; ext., application d'Él. R. au creux de l'estomac, plexus solaire, 15 secondes par point, matin et soir, avec onct. légères de C^5 aux hypocondres et à tout le ventre.

Ne jamais retenir les gaz qui cherchent une issue à l'évacuation; cela facilite la guérison de cette incommodité.

BOUCHE (stomatite), *inflammation de la bouche.* Int., S^1 × C^1, 1re ou 2e dil., chaque demi-heure; si elle est *syphilitique*, ajouter Vén^1 Sy^1, même dil.; aux repas, en mangeant, de 2 à 3 ou 5 grains des mêmes remèdes pris à tour de rôle; ext., gar. avec 5, 10, 15 ou 20 grains de S^5 ou de C^5, souvent répétés; application d'Él. R. × Él. J., au creux de l'estomac, 15 secondes, avec onct. légères de S^5 ou de C^5, matin et soir; grands bains avec 60, 75 ou 100 grains de S^7 ou de L. ou C^5 ou Vén^2 ou Sy^2 ou A^2; *en cas d'ulcérations* (voir APHTES). Pour prévenir les affections de ce genre, on fera bien de faire un usage journalier, en gargarisme, de l'eau préparée et indiquée dans ce livre pour les dents.

BOULIMIE, *faim insatiable* (voir FRINGALE).

BOURDONNEMENT D'OREILLES, *sensation subjective de l'ouïe par afflux de sang aux artères ou accumulation de mucosités dans le conduit auditif ou bien névralgique.* Int., s'il est *congestif*, N. × A^1, 1re ou 2e dil., chaque demi-heure; aux repas, en mangeant, de 3 à 5 grains des mêmes remèdes pris à tour de rôle; ext., application, matin et soir, de l'Él. A. aux petits muscles de derrière l'oreille, à celui sous l'oreille en ouvrant légèrement la bouche et à l'occiput,

8

15 secondes par point ; tampon légèrement imbibé d'huile A², dans l'oreille, renouveler matin et soir. *S'il n'est pas congestif*, prendre int., $S^1 \times N.$, 1re ou 2e dil., chaque demi-heure; s'il y a résistance, ajouter C^1, mêmes doses; les mêmes remèdes aux repas, en mangeant, de 3 à 5 grains, à tour de rôle; ext., application de Él. R. ou Él. B. sur les mêmes points, 15 secondes, et tampon légèrement imbibé d'huile S^5 ou C^5, dans l'oreille, matin et soir; *s'il y a persistance*, supp. auriculaire aux scrofuleux, le soir seulement; l'emploi du F^1 en dil. comme à l'huile, a rendu des services. Grands bains avec 60, 75 ou 100 grains de $S^5 \times C^5 \times A^2$, à tour de rôle.

Ne jamais calfeutrer l'oreille sous aucun prétexte; ce serait entretenir le mal en dépit du traitement (voir *Hygiène*).

Boutons, *petites élevures cutanées, arrondies* (voir Prurit).

Bras (douleurs du). *Les douleurs aiguës du bras provenant de refroidissement ou d'autres causes accidentelles s'enlèvent par les électricités appliquées aux nerfs brachiaux indiqués par la planche à la fin de ce livre où se trouvent marqués les points à électriser et* voir Douleurs ; *mais s'il y a simplement inertie même sans douleur, même traitement que pour jambes* (voir Jambes).

Bronchite. *Toute bronchite débute par un état aigu accompagnée de fièvre, avec frissons, malaise, mal de tête, douleurs entre les deux seins (sternum) avec enchifrènement (coryza), toux par quinte le soir, face rouge, yeux larmoyants ou bouffis pendant les accès, parfois vomissements glaireux provoqués par les quintes, crachats muqueux filants, écumeux, aqueux, salés, quelquefois sanguinolents, soif, langue chargée; vers son déclin, crachats plus épais, jaunâtres ou verdâtres*. Int., combattre la fièvre au début par l'I^1, 1re ou 2e dil., chaque 15 minutes; ext., onct. légères, F^2 aux hypcondres, matin et soir; le deuxième jour, ajouter int., $P^1 \times A^1$, 2e ou 3e dil., chaque 15 minutes, et le F^1 donné chaque heure; dans les aliments 3 grains de P^1, aussi dans le lait chaud; ext., onct. légères de S^5 à toute la poitrine, matin et soir, ainsi qu'onct. légères de F^1 aux hypocondres. En cas de résistance, PLEURÉSIE, donner int, P^2 ou P^3, 2e ou 3e dil., chaque demi-heure, $\times A^1$. mêmes doses; s'il y a *toux nerveuse*, $P^4 \times A^1$, 2e ou 3e dil., chaque demi-heure, $\times A^1$, mêmes doses; s'il y a *toux nerveuse*, $P^2 \times A^1$, 2e ou 3e dil., chaque demi-heure, un grain C^1, à sec, sur la langue, chaque heure. Les mêmes remèdes aux repas, dans les aliments, par 2, 3 ou 5 grains à tour de rôle; ext., application aux 6 grands points, 15 secondes par point de Él. R. si le sujet est *lymphatique ;* s'il est *sanguin*, avec Él. A. $\times$ Él. J., matin et soir, et s'il est *mixte*, Él. B. $\times$ Él. J.; onct. légères de C^5 sur la poitrine comme sur les points douloureux et de F^2 aux hypocondres, matin et soir. S'il y avait menace d'*asphyxie* par suite d'engorgement des bronches comme dans certaines bronchites des enfants, on donnera une cuillerée à café d'une solution de 10 à 20 grains de P^2 ou P^3 dissous dans un demi-quart de verre d'eau, pour faire rejeter sans efforts les mucosités qui s'y formeraient. En cas d'*insomnie* la nuit, 2 grains de N., à sec, sur la langue, répétés 2 ou 3 fois, à distance de 2 heures, ont rendu parfois de grands services; le As., pris à l'int., à la 1re, 2e ou 3e dil., comme aussi *une à cinq* gouttes d'Él. A. dans 200 gr. d'eau, prises par petites gorgées, ont atténué la toux la plus rebelle.

BRONCHITE CAPILLAIRE (la) se traite comme la BRONCHITE AIGUE, et principalement avec $P^2 \times A^2 \times F^1$, à doses de 2e, 3e, 4e, 5e ou 6e dil., prises à l'int. chaque 15 minutes, à l'ext. même application que pour la précédente. A la convalescence d'une bronchite, on fera usage à l'int. de $S^1 \times A^1$, 1re, 2e ou 3e dil., chaque demi-heure, pendant quelque temps, et à l'ext. un grand bain par semaine ou par quinzaine, avec 60, 75 ou 100 grains de $S^5 \times C^5 \times A^2 \times F^2$, à tour de rôle.

Sous l'influence de ce traitement, l'engorgement des bronches disparaît assez rapidement, et les symptômes énumérés ci-dessus battent en retraite peu à peu; ne rien prendre d'irritant, ni du vin pur, ni du café, ni de l'alcool; ne pas rester au lit inutilement, ni trop rester inactif chez soi; ne pas s'encombrer ni se calfeutrer de vêtements outre mesure; renouveler l'air dans la chambre 2 à 3 fois dans les 24 heures, sans courant d'air, et dans les meilleurs moments de la journée; nourriture plutôt laxative, afin de maintenir la facilité du corps. A la convalescence, sortir de chez soi pendant les deux meilleures heures de la journée et sans se fatiguer. La persistance de ce traitement, non seulement vous guérit radicalement, mais vous préserve, à l'avenir, de toute rechute, même par les hivers rigoureux, si peu qu'on observe l'hygiène tracé dans ce livre.

BRONCHORRHÉE, *sécrétion de la membrane muqueuse des bronches comme blanc d'œuf (pituite)*: à l'état aigu, comme il est dit précédemment (bronchite), à fortes doses P^2 ou P^3, pour évacuer les sécrétions et amener un soulagement instantané; à *l'état chronique*, les mêmes remèdes P^2 ou $P^3 \times A^2$, 2e ou 3e dil., chaque demi-heure; un grain C^3, à sec, chaque heure; les mêmes remèdes aux repas, en mangeant, de 3 à 5 grains, avec S^1, pris à tour de rôle; le traitement ext., comme pour la bronchite, en ajoutant aux grands bains le C^2.

BRULE-COU (*Pyrosis*), *sensation brûlante, qui va de l'estomac à la gorge, avec nausées* (voir Aigreurs), et employer la dose de 3ᵉ ou 4ᵉ dil., et aux repas, de 2 à 5 grains.

Brulures, couvrir immédiatement la partie attaquée avec comp. de S^1, 10 grains par verre d'eau, la renouveler aussitôt sèche et changer de linge chaque fois, jusqu'à ce que la sensation douloureuse soit passée et prendre à l'Int., S^1, 1ʳᵉ ou 2ᵉ dil., chaque demi-heure; le même remède aux repas, en mangeant, de 3 à 5 grains; Ext., matin et soir, comp. de El. R., onct. légères de S^5; *s'il y a plaies*, $\times$ la compresse de S^1 avec A^1, 5, 10, 15 ou 20 grains, selon l'intensité du mal; et *si l'os* est attaqué, remplacer le S^1 par le C^4, avec comp. de El. V.; et prendre à l'Int., $A^1 \times C^4$, 2ᵉ dil., chaque demi-heure; comme aussi en mangeant, aux repas, de 3 à 5 grains des mêmes remèdes.

Les premières applications de compresses font chaque fois ressortir l'intensité du mal, par une sensation de plus en plus vive et souvent très douloureuse; il faut la supporter momentanément, parce que les suivantes, en raison de l'importance du mal, procurent un soulagement de plus en plus sensible par l'absence complète de toute inflammation; de cette manière, les ampoules ou cloques ne peuvent se former, et si elles se formaient, elles disparaîtraient très rapidement. Ne jamais couvrir la compresse d'un autre linge; elle doit rester simple pour recevoir le contact de l'air, le meilleur coopérateur à l'aspiration de l'inflammation; car, c'est par la répétition rapide et constante de l'application de ces compresses, séchant presque immédiatement, que toute inflammation et complication disparaissent; elles ont l'avantage de ne laisser aucune trace, puisque toutes marques s'effacent simultanément au moyen des onctions. Il en est de même pour les effets de sécrétions s'il y a plaies, ainsi que pour la reconstitution de l'os, s'il était attaqué.

Bubons, *engorgements glandulaires des aines, des aisselles, du cou, etc.* Si le bubon vient des glandes lymphatiques, il est *scrofuleux* (voir Adénite) ; s'il ressort, *syphilitique* (voir Syphilis).

Bulles, *ampoules sphériques ou ovales, de dimensions variables* (voir Syphilis).

Cachexie, *anémie essentielle, sorte de langueur et d'inertie, d'un état de déchéance organique plus ou moins profonde, produite par de longues maladies* (voir Anémie, Atonie).

Calculs. *Les calculs se rencontrent plus généralement dans les reins, la vessie et les voies biliaires, et proviennent des concrétions qui se forment accidentellement à l'intérieur.* Int., S^6 ou $S^2 \times A^1$, 1re, 2e ou 3e dil., chaque demi-heure, pour ceux de la vessie ; s'ils sont dans les reins, on ajoutera C^6, 1re, 2e ou 3e dil., chaque demi-heure ; pour les calculs biliaires, S^7 ou L. ou B. $\times A^2$, 1re, 2e ou 3e dil., chaque demi-heure, un grain de F^1, à sec, chaque heure ; aux repas, en mangeant, de 3 à 5 grains des mêmes remèdes, pris à tour de rôle ; Ext., application de El. R. ou El. A., ou El. B. $\times$ El. J., aux reins, périné, sacrum et aux trois points de l'estomac, 15 secondes par point, matin et soir ; de même onct. légères de F^2 aux hypocondres, matin et soir ; bains de siège avec 15 ou 25 grains de S^5 ou S^6 ou $S^2 \times C^5 \times F^2$, y séjourner 10 minutes chaque jour ou tous les deux jours ; un grand bain par semaine ou par quinzaine, avec 60, 75 ou 100 grains des mêmes remèdes.

Le calcul urinaire dénote un trouble de la santé, principalement dans les fonctions de la digestion et par l'âcreté du sang. Les urines déposent d'abord un sédiment jaune (urée) ou couleur brique (acide urique), qui incruste les vases ; mieux encore, un sédiment filamenteux d'albumine (albuminurie). Le premier cas est le seul qui produise le calcul urinaire, et la gravité du mal se reconnaît par la présence dans les urines d'un gravier ou sorte de petit sable, qui se concrète en matière pierreuse avec les sels et les acides existant dans les urines, et dont la proportion varie d'un grain de millet à celui d'un pois ou d'un haricot ; souvent il atteint le volume d'un œuf de pigeon ou de poule (pierre), au passage duquel ne se prête plus le méat urinaire. Sous l'influence de ce traitement, la pierre, si elle est calcaire, se dissout et s'échappe assez rapidement sous la forme d'un sable cendré ou par parcelle ; si elle est d'une formation plus dure, il faut plus de temps, et le sable est rougeâtre et se décompose au rebours de ce qu'elle a fait pour se composer. Le malade, au moment des crises néphrétiques calculeuses, devra surmonter énergiquement les douleurs, souvent très vives, et, pour activer et faciliter l'émission du calcul, il appliquera à chaque crise l'électricité qui lui conviendra le mieux, sur les points indiqués, et prendra concurremment le bain de siège. Les calculs biliaires dits salivaires et du poumon, de formation identique, sont moins volumineux ; cependant, ceux du foie arrivent à la grosseur d'un œuf de pigeon, noirs à la surface, blancs de nacre à l'intérieur. Tous ces calculs se guérissent avec ce traitement.

CANCER (voir traitement spécial).

FURONCLE (voir ABCÈS).

CARDIALGIE, *remplacé par Gastralgie, le cardia est l'orifice supérieur de l'estomac* (voir GASTRALGIE).

CARDITE, *tissu recouvrant à l'intérieur les cavités du péricarde, et susceptible d'inflammation* (voir CŒUR).

CARIE des os. *Sous quelque forme qu'elle se présente, depuis l'inflammation du tissu osseux jusqu'à sa fin naturelle, la nécrose se guérit par*, Int., $S^1 \times C^4$, 2e ou 3e dil., chaque demi-heure, puis, A^2, 2e dil., chaque heure, au réveil, 3 grains de $Verm^1$, à sec, au coucher, 3 grains de $Vén^1$ ou Sy^1; aux repas, en mangeant, de 3 à 5 grains de $S^1 \times C^4 \times A^1 \times Verm^1 \times Vén^1$ ou Sy^1, pris à tour de rôle; Ext., compresse sur la partie malade, avec 5, 10, 15 ou 20 grains de C^4, selon l'intensité du mal, renouvelée aussitôt sèche, en changeant le linge chaque fois; on emploie la charpie imbibée de cette solution, afin de l'introduire dans les cavités ou trous de l'abcès, s'il y en avait, la renouveler aussitôt infectée par la suppuration, en l'humectant pour l'enlever, avec une partie de l'eau de la comp., qui sera destinée à cet usage; faire tiédir l'eau au besoin; une fois par 24 heures, on fera les même comp. avec El. V., suivies de légères onct. de C^5 autour des abcès; un grand bain par semaine ou par quinzaine, avec 60, 75 ou 100 grains de $C^4 \times C^5 \times A^2 \times Vén^2$ ou Sy^2, à tour de rôle.

CARREAU (mésentérite), *inflammation des glandes du mésentère, causée par la dégénérescence tuberculeuse des ganglions, principalement chez les enfants scrofuleux, avec amaigrissement, dureté du ventre, trouble général des fonctions nutritives, diarrhée continuelle.* Int., $S^1 \times C^2$, 2e ou 3e dil., selon l'âge, chaque demi-heure ou chaque heure, au réveil comme au coucher, un ou deux grains de $Verm^1$ ou $Verm^2$, un grain à sec de S^4 ou Giap. ou Diarr. chaque heure ou chaque 2 ou 3 heures, selon l'âge et aux repas, en mangeant, 2, 3 ou 5 grains de $S^1 \times C^2 \times Verm^1$ ou $Verm^2 \times S^4$ ou Giap. ou Diarr., pris à tour de rôle ; Ext., comp. sur tout le ventre, renouvelée souvent, et changer le linge chaque fois avec 5, 10, 15 ou 20 grains de C^5, selon l'âge et l'intensité du mal $\times$ une fois par 24 heures avec comp. El. B., puis onct. légères de C^5, matin et soir ; grands bains de S^7 ou L. $\times C^5$ avec 25, 40, 60, 75 ou 100 grains, selon l'âge, pris à tour de rôle, un ou deux bains par semaine.

CATALEPSIE, *cessation de la locomotion, stupeur du système nerveux central, conservation parfaite des sentiments et de l'intelligence, sensation des piqûres, des chatouillements, sans pouvoir faire le moindre mouvement pour se défendre, malgré toute sa volonté, les impressions du monde extérieur vous restent nulles.* Ext., au début application de El. R., aux 6 grands points, 20 secondes par point, et tout le long de l'épine dorsale, El. B. en comp. au sommet de la tête ; s'il y a persistance, Int., S^1 ou $S^3 \times N.$, 3e, 4e, 5e ou 6e dil., chaque 5 ou 15 minutes ou demi-heure ; un grain C^1 à sec chaque heure $\times$ un grain A^2 à sec chaque 2 heures ; 2 grains des mêmes remèdes dans les aliments, à tour de rôle ; Ext., application d'El. R. ou El. B. $\times$ El. J., aux 6 grands points, 15 secondes par point, matin et soir, et le long de l'épine dorsale ; El. B. sur le crâne, en comp., et onct. légères de C^5 à l'occiput, le long de la colonne vertébrale, aux trois points de l'estomac, grands bains avec 40, 60, 75 ou 100 grains de C^5 ou de S^5, ou avec deux cuillerées à bouche El. B.

CATARACTE, *membranes de plus en plus opaques qui se forment à l'intérieur de l'œil, empêchant les rayons lumineux de parvenir à la rétine, marque de décadence organique qui conduit à la perte graduelle de la vue:* même traitement que pour amaurose; s'il y persistance, remplacer le S^1 par S^5 ou

S² ou S⁷ ou L., insister sur le C¹ ou C⁵ ou C⁴, à l'Int., aussi sur le Vén¹ ou Sy¹ en dil. ; Ext., comp. renouvelée souvent en changeant le linge, avec 5, 10, 15 ou 20 grains de Opht. ou marine ou S⁵ ou C⁵ ou A² ou 20 gouttes d'El. B. ou El. V. par verre d'eau, ou bien une seule cuillerée à café d'El. B. ou El. V. dans le verre d'eau, appliquée à 15 minutes d'intervalle ; application de El. R. ou El. A × El. J., aux points déjà indiqués, et onct. légères à toute la tête de C⁵ ou S⁵ ou A¹ et de F² aux hypocondres, matin et soir ; un ou deux grands bains par semaine avec 60, 75 ou 100 grains de C⁵ × S⁵ × A² × Vén² ou Sy², à tour de rôle. Pour éviter une paralysie complète et irréparable du nerf optique et une perte totale de la vue, il importe de préserver l'œil du contact de la lumière et d'user de tous les ménagements prescrits à la suite d'une opération chirurgicale de la cataracte ; au moment où les peaux extérieures commencent à tomber, ce qui arrive après quatre ou six semaines de traitement, il faut alors appliquer un linge très doux, trempé dans l'eau du bain pour les yeux, le passer sur les peaux extérieures, afin d'en activer la chute, en évitant de mettre l'œil au contact de la lumière ; rester chez soi, à l'obscurité, au moins deux mois après la chute des peaux ; passé ce temps, ne sortir à la lumière qu'avec des lunettes concaves en verre bleu, pendant plusieurs mois.

CATARRHE *des bronches, inflammation chronique des membranes muqueuses des poumons* (voir BRONCHITE, BRONCHORRHÉE).

CATARRHE DE LA VESSIE, *inflammation chronique des muqueuses de la vessie, cystite* (voir VESSIE).

CAUCHEMAR, *sommeil agité, rêves pénibles* (voir SOUBRESAUTS).

CÉCITÉ (*commencement de*) (voir YEUX).

Céphalalgie, *mal de tête* (voir Migraine).

Cerveau *(inflammation du)* (voir Encéphalite, Méningite).

Cerveau *(commotion du)* (voir Ramollissement).

Chagrin *(effet du).* Int., $S^1 \times N.$, 1re ou 2e dil., chaque demi-heure, s'il y a résistance, ajouter F^1, un grain à sec chaque heure ; Ext., application de El. J. aux 6 grands points, 15 secondes par point.

Champignons *(empoisonnement par les)* (voir Empoisonnement). *En pathologie, excroissance molle fongueuse* (voir Fongus (Hématode).

Chancre, *petit ulcère cherchant naturellement à s'étendre et à ronger les parties environnantes* (voir Syphilis).

Charbon, *pustule maligne violente et à tendance gangréneuse* (voir Pustules ou Puce maligne).

Chaude-pisse, *écoulement par le canal de l'urètre chez l'homme et par le vagin chez la femme* (voir Blennorrhagie, Syphilis).

Cheveux, Cils *(perte des)* (voir Alopécie).

Chlorose, *maladie épidémique* (voir traitement spécial).

Cholérine, *forme légère de choléra sporadique, malaise subit, selles fréquentes non douloureuses, déjections alvines liquides, aqueuses, soif et fièvres modérées* (voir Choléra).

Chorée (voir Danse de Saint-Guy).

Choux-fleurs, *excroissance charnue* (voir Condylomes).

Chute de l'anus *(fondement, exanie), faiblesse de la membrane muqueuse de l'intestin, rectum se renversant en dehors de l'orifice anal.* Int., $S^1 \times A^3$, 1re ou 2e dil., chaque demi-heure ; s'il y a persistance, remplacer le S^1 par C^1 ou C^5, mêmes doses ; aux repas, en mangeant, de 2 à 3 grains des mêmes remèdes × N., à tour de rôle ; ext., application de Él. R. × Él. J. au périné et au sacrum, 15 secondes par point matin et soir ; bains de siège chaque jour ou chaque deux jours, avec 15 ou 20 grains de S^7 ou L. × S^5 × C^5 à tour de rôle ; application d'un supp. C^5 tous les soirs ; s'il y a complication d'hémorroïdes, ajouter A^2 en bain de siège et remplacer le supp. C^5 par supp. A.

CHUTE DE MATRICE (*utérus*) (voir MATRICE).

CHUTE DE LA LUETTE *par sa longueur démesurée.* Int., S^1 × A^1 × C^1, 2e ou 3e dil., chaque demi-heure ; aux repas, en mangeant, de 3 à 5 grains des mêmes remèdes à tour de rôle ; ext., gar. avec 5, 10, 15 ou 20 grains de S^2 ou de C^5 ou de A^2 ; ou Él. R. ou Él. B., 10 à 20 gouttes dans un demi-verre d'eau, 3 à 4 fois dans les 24 heures.

CHUTES *de toutes natures* (voir CERVEAU, COMMOTION, CONTUSIONS, BLESSURES, etc.).

CLOUS, *dispositions aux clous, tumeur conique, inflammation de la peau* (voir ABCÈS).

CŒUR. *Toutes les maladies du cœur demandent un traitement long et à doses très faibles variant de la 2e à la 3e, 4e, 5e et 6e dil., principalement pour le remède angiotique ; ainsi l'inflammation du cœur (cardite),* exige int. A^2, 2e, 3e ou 4e dil., chaque 10 minutes, avec un grain de N., à sec, chaque 2 heures ; aux repas, en mangeant, 2 grains de A^2, à sec ; ext., comp. avec 5, 10, 15 ou 20 grains A^2, selon l'intensité du mal, sur la région précordiale, renouvelée souvent, en changeant le linge chaque fois ; onct. légères de A^2, matin et soir, sur le même point ; quelquefois Él. A. en comp. sur le cœur. *Pour l'hydropéricardite ou hydropisie du péricarde,* int., A^2 × C^2, 2e, 3e, 4e ou 5e dil., chaque 10 minutes en prenant une fois A^2 et ensuite C^2 ; aux repas, en mangeant, 2 grains des mêmes remèdes à tour de rôle ;

ext., comp. sur la région précordiale de A^2, renouvelées souvent et dosées comme pour les précédentes, avec onct. légères de A^2, matin et soir, et aussi de légères onct. F^2 ou de C^5 sur les hypocondres; bains de A^1, 40, 60 ou 75 grains $\times$ avec C^5, même proportion jusqu'à 100 grains, un par semaine ou par quinzaine; *s'il y a fièvre ou de légères teintes jaunâtres à la peau ou simplement au blanc de l'œil, douleur du côté droit, cela dénoterait un engorgement du foie;* on ajoute au traitement de A^2, déjà préparé à la dil. qui convient le mieux au malade, le F^1, 2e ou 3e dil., demi-heure, ou bien un grain du même remède à sec, chaque heure, et en continuant le reste à prendre aux repas; le même traitement ext. *Pour la palpitation ou battement du cœur*, int., A^2 à la 2e, 3e, 4e, 5e ou 6e dil., $\times$ N., 2e, 3e ou 4e dil., chaque 10 minutes; aux repas, en mangeant, 2 grains des mêmes remèdes à tour de rôle; ext., application en comp. sur le cœur de Él. A. $\times$ Él. B. avec de légères onct. A^2, matin et soir. — *Pour la dilatation du cœur ou d'une artère*, même médication, ainsi que pour tout *anévrisme* qui provient de l'altération et de l'amincissement d'un vaisseau sanguin, comme les hémorroïdes et les varices. L'*anévrisme*, sous ce traitement, se reconstitue et fonctionne sans jamais plus s'altérer.

Les maladies du cœur, chez certains malades, exigent des doses plus allongées encore, de la 6e dil. indiquée au traitement; en raison de la subtilité de l'organe attaqué et de la grande altération du sang, on n'hésitera pas à se conformer à cette exigence sans faire des conjectures sur sa valeur, en portant la 6e dil. à la 7e ou à la 8e et ainsi de suite, jusqu'à ce que le malade trouve l'amélioration désirée. La dilution bienfaitrice sera continuée autant qu'il le faudra, afin de revenir successivement et sans précipitation, au fur et à mesure que la situation du malade le permettra, aux doses prescrites par le traitement; on aura bien soin de reprendre la dose amélioratrice si l'une d'elles empirait le mal. Il en sera de même pour les quantités de grains appliquées en compresses et pour les bains.

CLIGNOTEMENT des paupières (voir PAUPIÈRES).

COLÈRE (suite de). Int., 10 grains de S^t à la fois, à sec, sur la langue, répétés au besoin; puis S^t × N., 1re ou 2e dil., chaque demi-heure; 5 grains des mêmes remèdes aux repas, en mangeant, à tour de rôle; ext., onct. légères de F^2 sur les hypocondres.

COLIQUES INTESTINALES, *douleurs dans le voisinage de l'ombilic qui reviennent quelquefois par accès.* Int., S^t ou giasp. ou diarr., C^t, 1re ou 2e dil., chaque 15 minutes, et de 2 à 4 grains de S^t ou giap. ou diarr., à sec, chaque heure; au réveil comme au coucher, 5 grains de Verm^1, à sec; les mêmes remèdes aux repas, en mangeant, de 3 à 5 grains à tour de rôle; ext., onct. légères de C^5, précédées de frictions Él. B. sur l'abdomen, matin et soir. — *Hépatiques, douleurs violentes dans la région hépatique (foie)*; int., B. × F^t, 1re ou 2e dil., chaque 15 minutes; ext., onct. légères de F^2 aux hypocondres et à la région hépatique, matin et soir; dans ces deux cas, faire un léger usage de laxatif ou purgatif, et continuer l'usage du B. à l'ext., 1re ou 2e dil., et de 3 à 5 grains du même remède aux repas, en mangeant, et cela pendant longtemps, afin de prévenir le retour des accès et la formation des calculs. — *Néphrétiques (coliques des reins)*, int., S^6 × A^1, 1re ou 2e dil., chaque 15 minutes; aux repas, en mangeant, de 3 à 5 grains C^t × S^6 × A^1, à tour de rôle; ext., application de Él. J., 15 secondes sur chaque rein, matin et soir, et onct. légères de S^5; bains de siège chaque jour, avec 15 ou 25 grains de C^5 et un grand bain ou deux par semaine avec 60, 75 ou 100 grains des mêmes C^5. — *Menstruelles, douleurs dans l'abdomen qui accompagnent le flux menstruel.* Int., $A^2 \times C^6$, 2e dil., chaque 15 minutes, un grain de C^1, à sec, chaque heure, et de 3 à 5 grains des mêmes remèdes, aux repas, en mangeant, à tour de rôle; ext., application de Él. B. sur le pubis, 15 secondes, frictions de la même électricité sur l'abdomen, matin et soir, et onct. légères de $A^2 \times C^5$ sur les mêmes points; tous les soirs, usage de supp. ou boules vaginales au C^5 ou A^2.

Coma, *épanchement sanguin ou séreux dans l'intérieur du crâne, occasionnant un assoupissement ou un sommeil apparent plus ou moins profond* (voir Apoplexie), à doses faibles, 2e, 3e dil., et de 5 à 10 grains, à sec, sur la langue.

Commotion *au cerveau* (voir Ramollissement).

Condylomes, *excroissances charnues sous forme de choux-fleurs, crête de coq, etc., à l'anus ou au périné ou au prépuce, ou bien aux parties génitales, sont ordinairement de nature syphilitique.* Int., $Vén^1$ ou Sy^1, 1re, 2e ou 3e dil., $\times S^1$ ou S^5; de 3 à 5 grains des mêmes remèdes, aux repas, en mangeant, avec C^1, pris à tour de rôle; ext., comp. avec 10, 15 ou 20 grains de $C^5 \times Vén^2$ ou Sy^2, renouvelées souvent en changeant chaque fois le linge, onct. légères de C^5, matin et soir; grands bains avec 60, 75 ou 100 grains de $S^5 \times C^5$, à tour de rôle.

Congélation, *couleur bleuâtre par l'effet du froid ou autres causes.* Int., A^1 ou A^2 ou $A^3 \times S^1$ ou $C^5 \times C^2$ ou C^3, 1re ou 2e dil., chaque 15 minutes; de 3 à 5 grains des mêmes remèdes aux repas, en mangeant; ext., frictions sur les parties compromises avec 10, 15 ou 20 grains de S^5 ou C^5, dans 100 gr. d'eau et 100 gr. d'alcool $\times$ avec de légères frictions de Él. R. ou Él. A., matin et soir, et onct. légères sur les mêmes points de S^5 ou C^5 ou A^2, et aux hypocondres avec F^2, matin et soir; grands bains avec 60, 75 ou 100 grains de $S^5 \times C^5 \times A^2 \times F^2$, pris à tour de rôle par semaine ou par quinzaine.

Congestion, *accumulation du sang dans un organe sain en lui-même.* Int., A^1, 2º dil., chaque 15 minutes; un grain de S^1, à sec, sur la langue, chaque heure; de 3 à 5 grains des mêmes remèdes aux repas, en mangeant, avec C^1, pris à tour de rôle; ext., comp. Él. A sur le point compromis, au creux de l'estomac et au plexus solaire matin et soir, avec onct. légères de A^2.

Conjonctivite, *inflammation de la conjonctive oculaire* (voir Yeux).

Consomption, *amaigrissement ou émaciation* (voir Marasme).

Constipation. Commencer par prendre 3 granules de laxatif ou purgatif aux repas du soir et augmenter, de un granule chaque soir s'il y a besoin, jusqu'à son effet, sans aller plus loin que 8 à la fois. Il est bien rare si ce chiffre est dépassé. Une fois l'effet obtenu, qui se produit le lendemain matin, continuer à prendre, si on le juge à propos, pendant quelques jours en diminuant la dose d'une granule chaque fois, c'est pour bien régler le corps, puis cesser; car il faut habituer l'organisme à fonctionner lui-même et à heure fixe. En cas de résistance, si le sujet est lymphatique, prendre S^1, 2º ou 3º dil., chaque 10 minutes; de même B, s'il est bilieux, et N. s'il est nerveux; ainsi que $\times$ l'un avec l'autre si le sujet est mixte, nerveux ou bilieux et sanguin ou lymphatique; aux repas, en mangeant, de 3 à 5 grains des mêmes remèdes avec C^1 ou C^5, pris à tour de rôle, et, au réveil, comme au coucher, de 3 à 5 grains de $Verm^1$, à sec, sur la langue; ext., onct.

légères sur l'abdomen avec C^5, matin et soir, et au besoin clystère, eau tiède avec 10 grains $Verm^2$. On donne aux enfants, selon l'âge, de 1 à 4 globules laxatifs ou purgatifs avec S^1, 2e ou 3e dil., chaque heure, à l'int. et au réveil comme au coucher de 1 à 2 grains $Verm^1$, à sec; aux repas, en mangeant, 2 grains des mêmes remèdes; ext., faire des légères onct. sur l'abdomen avec le C^5.

Contractures, *contractions nerveuses, rigidité morbide des membres*. On commence par ext., application de Él. R. aux 6 grands points du système nerveux, 15 secondes par point si le sujet est *lymphatique;* mais, s'il est *sanguin*, on emploiera Él. A; frictions avec les mêmes électricités sur les poins intéressés, matin et soir; s'il y a résistance, ajouter int., $S^3 \times N.$, 1re ou 2e dil., chaque 15 minutes, quelquefois $N. \times A^1$, 1re ou 2e dil., chaque demi-heure; les mêmes remèdes aux repas, en mangeant, de 3 à 5 grains, y compris le C^1, pris à tour de rôle; ext., onct. légères sur les points intéressés de C^5 ou de S^5, matin et soir, et un grand bain par semaine, avec 60, 75 ou 100 grains de C^5, ou avec deux cuillerées à bouche d'Él. B. — *Contractilité du nerf des écrivains*, comp. 10 grains de S^1 dans 100 gr. d'eau renouvelée chaque 10 minutes avec du linge changé à chaque fois, et revenu à l'état normal en 2 heures; continuer int. le S^1, 1re ou 2e dil., chaque demi-heure, et les légères onct.

Contusions, Ecchymoses, *suite de chute ou de coups à la tête ou ailleurs, sur le moment même*. Ext., comp. de Él. R. ou Él. A., répétées au besoin; à l'Int., 2, 3 ou 4 grains de S^1, à sec sur la langue, suivant l'âge du malade; si l'ecchymose n'est pas dissipé, comp. de 5, 10, 15 ou 20 grains de S^1 renouvelée souvent ainsi que le linge; s'il y a *émission de sang*, comp. de 5, 10, 15 ou 20 grains de A^2 dans le verre d'eau, ou bien comp. avec Él. A. pur; une fois le sang arrêté, comp. Él. B. $\times$ avec comp. de S^1 et ensuite onctions légères avec A^2 ou S^5 ou C^5, une fois la plaie fermée.

Convulsions, *conséquence d'une lésion du système nerveux soit directe, soit sympathique, à l'instant même*, 10 grains à sec sur la langue de S^1, répétés deux ou trois fois s'il est nécessaire ; et si le sujet *est lymphatique*, Int., S^1, 2e ou 3e dil. chaque 15 minutes ; s'il *est sanguin*, A^2, 3e dil., et s'il *est nerveux*, S^1 ou $A^2 \times N$., 2e ou 3e dil., chaque demi-heure ; s'il y a fièvre, un grain F^1 à sec chaque heure ; au réveil comme au coucher, de 3 à 5 grains de $Verm^1$, à sec ; les mêmes remèdes aux repas, en mangeant, 2, 3 ou 5 grains à tour de rôle ; Ext., matin et soir, application de El. R. ou El. A. ou El. B. $\times$ El. J., aux 6 grands points, 15 secondes par point. *Pour les enfants*, le seul S^1 suffit avec 2, 3 ou 5 grains à sec répétés, selon l'âge, deux ou trois fois et à l'Int., S^1, 2e dil., chaque heure, matin et soir, de 1 à 2 grains de $Verm^1$, à sec ; de 1 à 2 grains de $S^1 \times Verm^1$ aux repas, en mangeant, pris à tour de rôle ; Ext., application aux 6 grands points de El. B., 10 secondes chaque point.

Sous l'influence de ce traitement, les convulsions invétérées et les plus rebelles disparaissent rapidement sans laisser aucune trace de courbature ou d'abattement, comme cela arrive fréquemment.

Coqueluche, *affection souvent épidémique à caractère plutôt contagieux* (voir Rhumes et au besoin le traitement spécial, Influenza).

Cors aux pieds, *oignons, durillons, etc.*, assez longs à disparaître, mais sans retour, Int., S^1, 1re dil., chaque demi-heure, s'il y a résistance, ajouter C^1, 1re dil., chaque demi-heure, les mêmes remèdes aux repas, de 3 à 5 grains, pris à tour de rôle ; Ext., onct. légères de S^5 ou C^5, matin et soir, et s'il y a douleur, comp. de El. R.

Coryza, *inflammation catarrhale de la membrane muqueuse des fosses nasales* (voir Nez).

Cou (voir Gorge, Torticolis).

Couches (voir traitement spécial, Grossesse).

Couleur *bleuâtre de la peau, provenant de stagnation du sang dans les capillaires* (voir Congélation).

Coup de sang (voir Apoplexie).

Coup de soleil (voir Insolation).

Couperose (voir Acné).

Coupures (voir Blessures).

Courbature, *sensation de brisement ou de contusion des muscles et des membres* (voir Douleurs).

Coxalgie (Hanche), *luxation spontanée du fémur expulsé de sa capsule par la formation d'une tumeur qui, en grandissant, finit par l'en déloger; tension extrême du muscle, causée par le déboîtement, douleurs vives le plus souvent à la région antérieure et intérieure du genou, inégalité entre les deux jambes par l'allongement du membre malade, le genou malade dépasse quelquefois de beaucoup celui du membre sain, position qu'il faut vaincre par le traitement pour rendre la marche possible, même avec des béquilles, et éviter que l'allongement du membre malade soit remplacé par un raccourcissement. Dans la coxalgie accidentelle, si par la violence de certains médicaments en usage, ou la violence du choc qui a causé le déboîtement, le ligament qui attache le fémur à la capsule est rompu, la luxation est irrémédiable, mais le traitement a pour effet de rétablir la constitution ébranlée et de prévenir des maux plus graves à la vieillesse.* Int., S^1, $\times C^4$, 1re ou 2e dil., chaque demi-heure; si le tempérament du malade est nerveux, ajouter N., 1re ou 2e dil., chaque heure; s'il y a fièvre, un grain à sec sur la langue de F^1 chaque deux heures, aux repas, en mangeant, 2, 3 ou 5 grains des mêmes remèdes, pris à tour de rôle; Ext., application, soir et matin, à la pointe du fémur et aux nerfs supérieurs de la jambe, de El. R. ou El. A., 15 secondes par point; comp. avec 10, 15 ou 20 grains de S^5 ou C^5 ou C^4, renouvelées souvent, en changeant le linge à chaque fois; puis, onct. légères de S^5 ou C^5, matin et soir, sur les parties malades. Un grand bain par semaine avec 60, 75 ou 100 grains de $S^5 \times C^4 \times C^5$, à tour de rôle.

Ce traitement, dans les deux cas, guérit assez rapidement la coxalgie, la tumeur ou sorte de gomme qui a délogé le fémur est promptement dissoute et permet au ligament chargé de retenir le fémur dans sa capsule de reprendre la place qu'il n'aurait jamais quittée sans cette circonstance ; les douleurs vives, parfois insupportables, sont causées par la tension des nerfs et des muscles adhérents au genou, qui n'ont plus l'élasticité de leurs mouvements ; la persistance de ce traitement remet le tout dans l'ordre voulu, l'inégalité des membres disparaît et ils redeviennent ce qu'ils étaient autrefois. Pendant le traitement, il est inutile de mettre le membre dans un appareil ou de le calfeutrer d'un bandage, parce que la médication, pour agir, a besoin de liberté et d'air ; il suffit comme précaution de ne pas faire de faux mouvements, afin d'éviter la rupture du ligament, tant au lever qu'au coucher, ainsi qu'au moment du bain et du pansement, et de ne pas rechercher par des efforts à faire reprendre au membre sa position momentanément perdue. La nature saura, bon gré mal gré, agir d'elle-même quand le moment sera venu. Ce n'est qu'une question de temps et de patience. Pour la coxalgie accidentelle, si le ligament n'a pas rencontré un obstacle quelconque à le faire rompre, la guérison est prompte, n'étant alors qu'un déboîtement accidentel. Le chirurgien ou le plus souvent un habile rebouteur sera capable de remettre immédiatement cette luxation. Il ne restera plus qu'à suivre la médication tracée pour reconstituer l'organisme ébranlé par le choc, tout en prenant les précautions dictées ci-dessus, on arrivera ainsi promptement à la guérison ; mais si le ligament est rompu, le traitement, agissant en conformité de ce qui existe, ne peut pas effacer la trace de cet accident. Les enfants de l'âge de 10 à 12 ans, sont généralement plus sujets aux coxalgies que les adultes.

CRACHEMENT DE SANG (voir HÉMOPTYSIE).

CRAMPES, *contractions involontaires, spasmodiques et douloureuses de certains muscles, crampes de l'estomac avec douleurs vives.* Int., de 3 à 5 grains de S^1 à sec sur la langue, répétés deux ou trois fois ; s'il y a résistance, $N. \times S^1$, 1re ou 2e dil., chaque 15 minutes ou demi-heure ; un grain de F^1 à sec chaque heure ; quelquefois $A^2 \times N. \times B.$, 2e ou 3e dil., chaque demi-heure ; aux repas, en mangeant, de 2 à trois grains des mêmes remèdes, pris à tour de rôle ; Ext., application, matin et soir, de El. B. $\times$ El. J, à 5 minutes d'intervalle, aux 3 points de l'estomac, 15 secondes par point et onct. légères de C^5 sur les points douloureux, avec onct. légères de F^2 aux hypocondres.

CRÊTES DE COQ, *excroissances de chair* (voir CONDYLOMES).

CRÉTINISME (voir STUPIDITÉ).

CREVASSES (voir ENGELURES).

Croissance *trop rapide avec toux, pâleur, maigreur, inappétence*, etc. Int., $S^1 \times A^3 \times C^1$, 1re, 2e ou 3e dil., chaque demi-heure. Les mêmes remèdes, de 3 à 5 grains, à sec, aux repas, en mangeant et à tour de rôle ; Ext., application d'El. R. aux 6 grands points et le long de l'épine dorsale, de chaque côté, 15 secondes par point ; onct. légères de S^5, matin et soir, aux articulations et le long de l'épine dorsale ; grands bains avec 40, 60, 75 grains de S^5.

Croup (voir traitement spécial, Diphtérie).

Croutes de lait (voir article spécial, Grossesse).

Cyanose, *couleur bleuâtre de la peau* (voir Couleur bleuatre).

Cystite, *inflammation de la vessie* (voir Vessie).

Cystalgie, *douleur nerveuse de la vessie* (voir Vessie).

Danse de Saint-Guy (*Chorée*), *mouvements continuels, irréguliers, occasionnés souvent par des émotions vives et par la frayeur, coïncidant fréquemment avec une menstruation difficile chez la jeune fille.* Int., $S^1 \times N.$, 2e ou 3e dil., chaque demi-heure, s'il y a fièvre, F^1. 2e ou 3e dil., chaque heure ; s'il y a résistance, C^1, 2e ou 3e dil., chaque demi-heure ; aux repas, en mangeant, 2, 3 ou 5 grains de $A^2 \times S^1 \times C^1 \times N.$, pris à sec et à tour de rôle ; Ext., application d'El. R. ou El. A. $\times$ El. J., aux grands sympathiques et sur la colonne vertébrale ; El. B. sur le crâne et aux nerfs intéressés, 10 secondes chaque point, et onct. légères de S^5 ou C^5 sur la colonne vertébrale et à toute la tête et aux hypocondres, matin et soir ; grands bains avec 40, 60, 75 ou 100 grains de $S^5 \times C^5$ ou S^7 ou $L. \times A^2$, un ou deux bains par semaine, pris à tour de rôle.

La danse de Saint-Guy ou chorée, est un état névropathique qui a son siège dans le système nerveux et dans les muscles déjà prédisposés à cette affection par une nature caractérisée lymphatique (scrofuleux), héritage de famille chez les enfants. Ce traitement, par les doses faibles, s'en rend maître en quelques mois; les bains y sont recommandés. On commencera par les doses faibles, afin de faciliter le traitement interne au dégagement des sérosités engorgeant les parties affectées qui sont éliminées par les pores, et aussi afin de rétablir la vitalité momentanément perdue. Les doses fortes, tant à l'intérieur qu'à l'extérieur, seront réservées pour la fin du traitement, au moment de la guérison. Ne jamais laisser le sujet inactif en dehors des moments de repos ; au besoin, le soutenir à la marche qui sera faite sans fatigue et à plusieurs reprises dans la journée, afin d'obliger les nerfs et les muscles à reprendre, sans secousse, leur fonctionnement du passé, observer strictement l'hygiène indiquée dans ce livre.

Dartres (voir Efflorescence ou Éruptions).

Défaillance, *évanouissement*. Int., 10 grains S^1, à sec sur la langue, répétés au besoin deux ou trois fois; Ext., application de El. R., 15 secondes au grand sympathique de l'estomac; frictions de El. A. sur la région précordiale du cœur ; ou mieux, comp. de 10, 15 ou 20 grains de A^2 sur le même point, renouvelées au besoin en changeant le linge chaque fois, et onct. légères de A^2.

Délire, *désordre des facultés intellectuelles et motrices* (voir Fièvres). Int., N. $\times$ A^1, 2e ou 3e dil., chaque 15 minutes ; Ext., application de El. A. $\times$ El. J., sur le crâne aux tempes et occiput, 15 secondes chaque point; comp. sur la tête, selon l'intensité du mal, avec 5, 10, 15 ou 20 grains de A^3 ou C^5, renouvelées souvent en changeant chaque fois le linge ; onct. légères, sur le cœur, de A^2 et de F^2 aux hypocondres, matin et soir.

Démence (voir Folie).

Délirium tremens (voir Ivrognerie, Ivresse).

Démangeaison (voir Prurit).

Dentition difficile (voir *soins à l'enfant*, Grossesse.)

Dents, *mal de dents.* Usage journalier en gargarisme avec l'eau préparée indiquée dans ce livre, et aussi en comp. s'il y a fluxion ou inflammation ; en cas de résistance, Int., S^1 1re ou 2e dil. chaque 15 minutes ou chaque demi-heure, ou bien N. $\times$ A^1, 1re ou 2e dil., chaque demi-heure ; Ext., pour calmer la douleur névralgique, comp. El. R. aux tempes et au-dessous de l'oreille, comme sur les joues $\times$ El. J., à 10 minutes d'intervalle ; si la douleur est sanguine, appliquer de la même manière El. A. ou El. B. ; on prend aussi en gargarisme 10 gouttes de l'une ou de l'autre de ces quatre électricités, comme aussi 10 gouttes d'El. V. dans un demi-verre d'eau, pour calmer la douleur ; 2 à 3 grains à sec sur la dent malade de S^1 ou F^1 ou $Verm^1$ ou $Vén^1$ ou Sy^1 ont eu raison du mal.

Dermatose, *mot employé pour désigner l'état chronique des maladies de la peau* (voir *leur traitement comme* Efflorescence, Lèpre, Lupus, Prurigo, Prurit, Psoriasis, Pytoriasis, etc.)

Descente de matrice (uterus) (voir Matrice).

Déviation *de l'épine dorsale dans tous les sens.* Int., $S^3 \times C^1$, 1re, 2e ou 3e dil., chaque demi-heure ; les mêmes remèdes aux repas, en mangeant, 2, 3 à 5 grains, y compris A^3, pris à sec et à tour de rôle ; Ext., frictions matin et soir, avec 10, 15 ou 20 grains de S^3 ou S^5 ou C^5, dans 100 grammes d'alcool ; application au même moment de

El. R. × El J., aux 6 grands points et le long de l'épine dorsale, 15 secondes par point, puis onct. légères à la colonne vertébrale de S^3 ou de C^5 ; grands bains avec 60, 75 ou 100 grains de $S^3 \times S^5 \times C^5 \times A^3$, pris à tour de rôle, un par semaine ou par quinzaine.

Toutes les déviations de l'épine dorsale ont cédé sous l'influence de ce traitement et à tous les âges ; depuis l'enfance jusqu'à l'âge de 42 ans, qui est la plus récente. Pour atteindre ce but, il faut d'abord dégager le malade de tout appareil orthopédique, afin de rendre au corps la liberté nécessaire à son développement et laisser la nature agir à son gré. Une fois débarrassé de tout ce qui obstruait son développement, cet organe prend rapidement la marche ascendante en rectifiant *point* par *point* les vices de sa conformation. C'est tout simplement miraculeux que de voir ces remèdes opérer un tel phénomène. Ce traitement est recommandé tel qu'il est dicté. On s'appuiera sur la fréquence des bains, graduer les doses internes comme externes, en conformité de l'âge du malade et des souffrances, si elles se produisaient.

DIABÈTE, *urines surabondantes et sucrées, émission de 4 à 8 litres en 24 heures, d'abord pâles et transparentes, inodores, deviennent laiteuses après refroidissement, avec odeur aigre et vineuse, peau sèche sans transpiration, parfois accompagnée d'éruptions diverses, psoriasis, impétigo, etc., bouche aride, salive rare et acide, affaiblissement de la vue, appétit exagéré, amaigrissement progressif.* Int., diab.. 1re dil., chaque demi-heure, ou S^1 ou S^6, même dose × B. × F^1, 1re dil., chaque demi-heure; de 3 à 5 grains de A^2 × B. × C^1 ou C^6, pris à sec, aux repas, en mangeant, à tour de rôle; ext., application Él. R. aux 6 grands points, le long de l'épine dorsale, sacrum et périné, 15 secondes par point matin et soir; et onct. légères à l'épine dorsale et aux reins, sacrum et périné de S^5 ou C^5, de même aux hypocondres avec F^2; tous les jours ou tous les deux jours bains de siège avec 15 ou 25 grains diab. ou C^2 ou C^5 ou A^2 ou F^2, et un grand bain par semaine ou par quinzaine avec 60, 75 ou 100 grains de B. $\times S^6 \times C^6$, à tour de rôle.

Le diabétique soumis au traitement de la science officielle est obligé de suivre un régime d'existence très rigoureux, qui le met le plus souvent dans l'embarras, surtout quand il ne peut pas s'en offrir tout le luxe. L'espoir d'une guérison lui fait accepter cette condamnation au supplice de Tantale sa vie durant. C'est le résultat d'un palliatif qui le conduit à l'incurabilité, puisque allopathiquement on ne peut guérir qu'à cette condition. Le traitement de la nouvelle science suivi exactement comme il est dicté, prescrit après quelque temps de son application d'abandonner peu à peu ce régime compromettant de la science officielle, pour observer rigoureusement l'hygiène tracée dans ce livre (alimentation), afin de ramener les organes sécréteurs des urines à leur fonction naturelle, consistant à ne laisser passer dans les urines, ni l'albumine ni le sucre du sang, quelle que soit la manière de vivre. De temps à autre, au moyen de l'analyse des urines, on vérifiera la marche du traitement, pour le modifier, au besoin, et pour en assurer la *guérison complète* le plus rapidement possible.

DIARRHÉE; *évacuation fréquente des déjections alvines.*

Int., 2 grains à sec et chaque heure de diarr. ou de S¹ ou S¹ ou Giap., et les mêmes remèdes en 1ʳᵉ dil., chaque 15 minutes; si elle est sanguinolente, ajouter A² 2 grains à sec chaque heure, 5 grains des mêmes remèdes aux repas, en mangeant, pris à tour de rôle; ext., frictions matin et soir sur l'abdomen avec Él. B. et onct. légères de A² × C⁵, sur le même point, et aussi onct. légères F² aux hypocondres.

Digestion difficile (voir Aigreurs); *3 à 6 grains de S¹, en une seule fois, pris 15 minutes après le repas, suffisent pour la faciliter.*

Diphtérie (voir *Traitement spécial*).

Douleurs. *Toutes les douleurs disparaissent généralement par la seule application des électricités aux points douloureux*; ainsi, le sujet *lymphatique* avec Él. R.; le sujet *sanguin* avec Él. A.; le *nerveux* avec Él. J. ou bien Él. B., aussi avec Él. V, a été immédiatement soulagé; on peut alterner ces électricités de l'une à l'autre; la durée pour chacune d'elles est de 15 secondes par point. Quand la douleur résiste, c'est qu'il y a un vice constitutionnel qu'il faut traiter par int., Sf × A¹ × C¹, 1ʳᵉ ou 2ᵉ dil., chaque demi-heure, 2 grains de N. à sec chaque heure; si la résistance persiste, ajouter Vén¹ ou Sy¹, 1ʳᵉ ou 2ᵉ dil., chaque heure; aux repas, en mangeant, de 3 à 5 grains des mêmes remèdes pris à tour de rôle; ext., reprendre l'application des électricités ci-dessus matin et soir, avec onct. légères C⁵ sur les mêmes points. Si la douleur vient du *foie*, prendre int. F¹, 2ᵉ dil., chaque heure, ou B. × F¹ 2ᵉ dil., chaque demi-heure; et ext., onct. légères de C⁵ et de F² aux hypocondres, matin et soir.

Durillons (voir Cors aux pieds).

Dysenterie; *coliques internes avec fréquentes évacuations*

de matières muqueuses souvent mêlées de sang (voir DIARRHÉE et *Traitement spécial*, CHOLÉRA).

DYSMENORRHÉE, *écoulement difficile des règles* (voir RÈGLES), *quelquefois nerveuse ou congestive*. Int., $A^2 \times N. \times C^1$, 1re dil., chaque demi-heure; 5 grains des mêmes remèdes aux repas, pris à tour de rôle; ext., application d'Él. A. au pubis et onct. à tout le ventre de A^2 matin et soir.

DYSPEPSIE, *difficulté de digérer* (voir DIGESTION DIFFICILE, AIGREURS).

DYSPNÉE, *difficulté de respirer* (voir ASTHME).

DYSURIE, *rétention d'urine, difficulté d'uriner*. Int., $N. \times S^6$, 2e ou 3e dil. chaque demi-heure; si le malade est *sanguin*, ajouter A^8, 2e dil., chaque demi-heure, 1 grain C^1 ou T. B. à sec chaque heure, aux repas, en mangeant, 3 grains des mêmes remèdes à sec et à tour de rôle; ext., application de Él. R. ou Él. A. ou El. B. au sympathique de l'estomac, au périné et au sacrum, 15 secondes par point, matin et soir; onct. légères S^5 sur les mêmes points; inj. avec 5 ou 10 grains de S^6 ou de C^1 ou T. B., matin et soir; bains de siège, un ou deux par semaine avec 15 ou 25 grains de $S^6 \times C^1$, à tour de rôle; un grand bain par semaine ou par quinzaine avec 60, 75 ou 100 grains de $S^6 \times C^5 \times T. B$ au besoin, chaque soir, supp. vaginale de S. ou de A. pour la femme ou une Bg. rouge pour l'homme.

ÉBRANLEMENT DES DENTS (voir DENTS).

ECCHYMOSES (voir CONTUSIONS).

ÉCH RDE (voir PANARIS).

ÉCHAUFFEMENT, *augmentation de chaleur du corps avec urines fréquentes, rouges et parfois pénibles*. Int., S^1 ou $S^6 \times A^1 \times F^1$, 1re ou 2e dil., chaque demi-heure; s'il y a constipation $S^1 \times A^1$, 3e dil., chaque demi-heure; aux repas, en mangeant, 2, 3 ou 5 grains des mêmes remèdes pris à tour de rôle ; si la constipation persiste, granules laxatifs ou purgatifs au repas du soir (voir Constipation); ext., bains de siège chaque jour ou chaque deux jours, avec 15 ou 25 grains de S^6 ou de C^5, grands bains avec 60, 75 ou 100 grains des mêmes remèdes, s'il est de caractère *syphilitique* (voir Blennorrhagie).

Éclampsie, *accès convulsifs avec perte momentanée de l'intelligence et de la sensibilité, particuliers aux enfants et aux femmes* (voir Convulsions).

Écorchures (voir Contusions).

Écoulement, *flux contre nature produit dans certaines maladies* (voir Blennorrhagie, Leucorrhée).

Écrouelles (voir Scrofule).

Ecthyma, *pustules larges, arrondies, dures et enflammées, auxquelles succède une croûte plus ou moins épaisse qui laisse après elle une empreinte plus ou moins rouge* (voir Efflorescence).

Eczéma, *pustules avec chaleur brûlante* (voir Efflorescence.)

Efflorescence ou *Éruptions, Dartres, Ecthyma, Eczéma, Herpès, Ichtyose, Impétigo, Intertrigo, Lichen, Prurigo, Pityriasis,* etc. Commencer par int., S^1 1re ou 2e dil., chaque demi-heure ; si le sujet est *lymphatique*, ajouter après quelques jours S^5, 1re ou 2e dil. ; s'il est sanguin, $A \times S^5$, 1re ou 2e dil., chaque demi-heure ; s'il est *bilieux*, $S^s \times B.$, 1re ou 2e dil. ; et s'il est *nerveux*, $S^5 \times N.$, 1re ou 2e ou 3e dil., chaque demi-heure ; s'il y a résistance, ajouter C^1, un grain à sec chaque heure, et si la résistance persiste, ajouter aux remèdes précédents le Vén¹ ou Sy¹, 1re ou 2e dil., chaque demi-heure ; les mêmes remèdes aux repas, en mangean', 3 à 5 grains pris à tour de rôle ; ext., onct. légères sur les éruptions de $S^5 \times C^5$;

grands bains avec 60, 75, 100 ou 150 grains de $S^5 \times C^5 \times C^7$ ou $C^{10} \times Vén^2$ ou Sy^2, à tour de rôle.

Les efflorescences ou éruptions dérivent de l'impureté du sang; elles se dégagent sous l'influence d'une cause qui n'est jamais la même chez le malade, bien que les éruptions soient d'une apparence identique. Il en résulte qu'il est impossible de déterminer la durée du traitement, parce qu'il faut laisser agir aussi longtemps que la situation l'exige les éliminations éruptives, et se garder bien de les éviter; on cherchera au contraire à les provoquer si elles venaient à s'arrêter, afin de prévenir des maladies beaucoup plus graves. Sous quelque forme ou marque même comme les croûtes, qu'apparaissent ces efflorescences ou éruptions, le traitement ci-dessus, suivi exactement, les *guérit toutes radicalement*, pourvu que l'on persiste à l'appliquer chaque fois qu'elles réapparaissent à l'approche du printemps ou de l'automne; elles disparaissent après de nouveau et définitivement sans retour. Cette tendance au retour est la conséquence de l'impossibilité de pouvoir purifier le sang dans une même période et d'un seul trait; car presque toutes les éruptions ont un caractère *syphilitique* plus ou moins prononcé; les plus compromises se reconnaissent par la roséole d'un bord rouge ou rosé, s'étendant en forme bizarre sur la peau.

Efforts. Int., S^1, 1re dil., chaque 15 minutes, un grain C^1 ou C^5 à sec chaque heure; 5 grains des mêmes remèdes aux repas, en mangeant et à tour de rôle; ext., comp.

avec 10, 15 ou 20 grains de S⁵, renouvelées souvent, ainsi que le linge, jusqu'à ce que l'inflammation soit vaincue, l'effort et l'inflammation disparus; s'il y a résistance, faire les comp. avec C⁵ ou C⁴, puis onct. légères avec S⁵ ou C⁶, matin et soir.

L'effort est une luxation incomplète du ligament articulaire, c'est-à-dire, la violence du choc ne l'ayant pas fait sortir de l'articulation, l'a placé dans une situation anormale aussi pénible et douloureuse que si elle était complète. Au commencement, cette situation n'offre aucune gravité; on s'en inquiète fort peu, et on se contente d'appliquer l'impuissante médication allopathique; on hésite à recourir au chirurgien ou plutôt au rebouteur, ce qui vaudrait mieux; on n'y pense pas. Pendant ce temps, le vide laissé par le ligament déplacé se comble de gomme séreuse, comme il est dit pour la coxalgie, et l'effort prend des proportions alarmantes et encore plus pénibles, puisqu'on arrive à ne plus faire usage du membre atteint, dont on ne peut plus se servir. Le traitement ci-dessus suivi exactement conduira le malade à une *guérison parfaite*; car en deux mois et demi il a ramené dans sa position naturelle le ligament de l'articulation à la cheville du pied droit d'une dame âgée de 56 ans qui, depuis plus de cinq années n'avait pu le mettre en mouvement; elle marche et trotte maintenant comme par le passé, sans la moindre souffrance. Appliqué instantanément, il fait l'office du chirurgien ou du rebouteur.

ÉLÉPHANTIASIS *dite des Grecs et Éléphantiasis des Arabes; la première déforme tous les membres indistinctement; la* seconde siège aux jambes, aux parties génitales, donnant aux parties atteintes un volume monstrueux (voir LÈPRE).

M. J. G..., atteint, depuis quinze ans, aux bras et aux jambes de cette terrible maladie, reconnue incurable, dont on peut voir les ravages causés sur la planche ci-contre; il se trouvait dans l'impossibilité de pouvoir se livrer à une occupation quelconque, a suivi l'allopathie sans soulagement. Ayant suivi le traitement ci-contre, la guérison est complète au bout d'un an, et cela à l'âge de 75 ans.

EMBARRAS *de la circulation* (voir CŒUR); *s'il est de l'estomac* (voir AIGREURS); *s'il est des conduits excréteurs et des intestins* (voir COLIQUES).

EMBOLIE, *caillots fibrineux oblitérant une petite artère* (voir ARTÉRITE); avec grands bains de $A^2 \times C^5$, 60, 75 ou 100 grains à tour de rôle.

EMBONPOINT *maladif* (voir OBÉSITÉ).

EMPHYSÈME *pulmonaire, commotion violente du poumon par l'infiltration de l'air à la suite de grands efforts ou de quintes de toux* (voir ASTHME, BRONCHITE).

EMPOISONNEMENTS *lents ou intoxications* par le plomb, le mercure, l'ergot de seigle, le sulfure de carbone, l'opium et l'idiotisme constitutionnel. — *Poisons irritants et corrosifs* par acides concentrés, sels acides, alcalis, caustiques et végétaux irritants. — *Poisons qui abattent les forces,* comme préparations à l'arsenic, au phosphore, au sublimé corrosif et autres sels de mercure, au sel de cuivre, à l'émétique, au nitre, au sel d'oseille, à la digitale, à la digitaline. — *Poisons stupéfiants* par la belladone, la nicotine pure, la ciguë, l'aconit, l'aconitine, les champignons vénéneux, le curare, le chloroforme, l'alcool pris à dose forte. — *Poisons narcotiques,* l'opium et ses diverses préparations, dont les effets à doses toxiques sont accompagnés de prurigo, urticaire et eczéma. — *Poisons irritant les nerfs ou névrosthéniques*, comme noix vomique, strychnine, acide prussique, *cyanhydrique et cantharides*. — Traitement. *Empoisonnement de toute nature et suite d'empoisonnement;* s'il est accidentel et violent, à fortes doses, 10 à 20 grains a sec sur la langue de S^1 répétés toutes les 15 ou 30 minutes, selon la violence du mal et jusqu'au premier soulagement; puis distancés et graduellement remplacés à doses ordinaires; s'il a été lent et s'il a eu le temps de vicier le sang, prendre S^{10} 1re ou 2e dil., chaque 15 minutes et 2 grains de S^1 à sec chaque heure; s'il s'agit d'un empoisonnement par quelque acide, même remède fondu dans du lait tiède et bu en grande quantité; s'il s'agit de champignons ou d'autres aliments empoisonnés ou vénéneux non encore rejetés, provoquer immédiatement leur vomissement par de l'eau tiède, médicamentée avec S^1, se garder surtout d'employer le vinaigre, parce qu'il dégage le poison et le rend meurtrier. Ext., application de Él. B. $\times$ Él. J. aux 6 grands points, 20 secondes par point, et grands bains de S^5 ou de C^5 60 75 ou 100 grains. Continuer pendant quelque temps à l'int. 5 grains de S^1 aux repas, en mangeant.

Encéphalite, *inflammation de la pulpe même du cerveau* (voir Méningite et Ramollissement du cerveau).

Enchifrènement *ou commencement de rhume*. Int., au réveil comme au coucher, de 3 à 5 de S^1 à sec, et dans la la journée S^1 1re dil., chaque demi-heure; le même remède 5 grains aux repas, en mangeant; ext., application d'Él. R. à la racine du nez, aux sus et sous-orbitaux, le long et chaque côté du nez, à la nuque, 15 secondes par point matin et soir, avec aspiration 10 grains C^1 dans le verre d'eau, mélangés avec 10 gouttes d'Él. R. et onct. légères de S^5 ou de C^5, matin et soir.

Endocardite ou Cardite (voir Cœur).

Enflures, *infiltration générale de l'économie, OEdème* (voir Anasarque).

Engelures. Int., S⁷ ou L. × A³, 1ʳᵉ ou 2ᵉ dil., chaque demi-heure; 5 grains des mêmes remèdes aux repas, en mangeant, pris à sec et à tour de rôle; ext., comp. Él. V. matin et soir et onct. légères de C⁷ ou C¹⁰ ou A².

Engorgements *de toutes sortes, des glandes ou des tissus* (voir Adénite, Seins, Foie).

Engourdissement, *stupeur d'une ou de plusieurs parties du système nerveux tenant à un trouble ou une interruption momentanée.* Int., S¹ × A¹, 1ʳᵉ, 2ᵉ ou 3ᵉ dil., chaque 15 minutes; de 3 à 5 des mêmes remèdes aux repas, en mangeant et à tour de rôle; ext., application de Él. R. ou Él. A. aux nerfs brachiaux, *si l'affection est dans les bras;* les mêmes électricités aux nerfs cruraux et sciatiques si l'affection est dans *la jambe;* si l'affection est *générale,* appliquer les mêmes électricités aux 6 grands points et sous la plante des pieds, 15 secondes par point pour les trois cas, frictions aux parties intéressées avec 10, 15 ou 20 grains de S⁵, mis dans 100 grammes d'eau et 100 grammes d'alcool, matin et soir, faites légèrement; onct. légères de S⁵; grands bains avec 60, 75 ou 100 grains de S⁵ ou C⁵.

Ékylose (voir Ankylose).

Enrouement, *affection qui provient d'excès ou de manque de vitalité, au premier symptôme.* Int., S¹, 1ʳᵉ dil., chaque 15 minutes; 5 grains du même S¹ aux repas, en mangeant; ext., gar. avec 5, 10, 15 ou grains de S¹, additionné de 3, 5 ou 10 gouttes de Él. R. ou Él. J., trois à quatre fois dans les 24 heures; comp. avec la même solution du gar. au-dessous du cou, renouvelée souvent en changeant le linge chaque fois; onct. légères de S⁵ ou C⁵, matin et soir.

Entérite, *inflammation des intestins.* Int., S⁴ ou Giap. × A¹ × C¹, 2ᵉ ou 3ᵉ dil., chaque demi-heure; 2 grains des mêmes remèdes aux repas, en mangeant, à tour de rôle, pris à sec; au réveil comme au coucher, 2 grains de Verm¹ à sec sur la langue; ext., comp. sur le ventre, renouvelées souvent, en changeant chaque fois le linge avec 18, 15 ou 20 grains de S^5 ou C^5 ou A^2 ou F^2, additionnées à 10 gouttes d'Él. B.; clystère avec les mêmes remèdes et mêmes doses et fait, au besoin, avec $Verm^2$; application d'Él. R. $\times$ Él. B. aux trois points de l'estomac, 15 secondes par point matin et soir; friction à tout le ventre avec la main imbibée d'Él. B.; également onct. légères à tout le ventre de C^5 ou C^{10} ou C^7, matin et soir; grands bains avec 60, 75 ou 100 grains de $S^4 \times$ Giap. $\times S^5 \times C^5$, à tour de rôle.

La quantité de guérisons obtenues par ce traitement est incalculable, et surtout, d'une rapidité assez remarquable.

ENTORSE. Int., S^1, 1re dil., chaque 15 minutes; ext., comp. 10, 15 ou 20 grains S^5, renouvelées aussitôt sèches, en changeant le linge chaque fois, jusqu'à ce que l'inflammation soit passée; comp. Él. R. matin et soir, et onct. légères de C^5; si c'est possible, bain local avec 10 ou 15 grains de C^5 pendant 10 minutes, répété souvent.

Ici se renouvelle la recommandation faite à l'article EFFORTS (voir *cet article*).

ÉNURÉSIE, *écoulement involontaire des urines chez les enfants* (voir PISSEMENT AU LIT).

ÉPHÉLIDE *ou taches de rousseur, hépathiques, scorbutiques, syphilitiques et ignéoles aux jambes provenant des chaufferettes très chaudes* (voir EFFLORESCENCE).

ÉPILEPSIE, *maladie nerveuse, convulsive, chronique, dont les accès font subitement perdre connaissance sans s'annoncer.* Int., $S^1 \times$ N. $\times A^3$, 2e, 3e, 4e, 5e ou 6e dil., prise par 2, 4, 6, 8 ou 10 cuillerées à café dans les 24 heures; au réveil comme au coucher, 2 grains à sec $Verm^1$, et de 1 à

3 grains des mêmes remèdes pris aux repas, en mangeant, à sec et à tour de rôle; en cas de résistance, remplacer le S¹ par S⁸ ou S⁷ ou L. ou C¹; ext., application d'Él. J. aux 6 grands points et sous la plante des pieds, 10 secondes par point; frictions sur la colonne vertébrale de Él. J. × El. B. matin et soir; onct. légères de S⁸ ou C⁸ sur la colonne vertébrale et sur toute la tête; légères onct. aux hypocondres de F²; grands bains avec 40, 60, 75 ou 100 grains de S⁵ × S² × C⁵ × A², faits à tour de rôle.

Les accès épileptiques se produisent par des effets différents, impossibles à déterminer d'avance; on ne peut que chercher à les prévenir par une médication légère et rationnelle, en raison de la sensibilité du système nerveux si gravement éprouvé; c'est pourquoi il est recommandé d'administrer ce traitement tracé pour l'épilepsie dans toute sa rigueur et de se rappeler que les névroses sont des corollaires de maladies du cœur, où il est prescrit de porter au besoin la 6ᵉ dil. à la 7ᵉ, puis à la 8ᵉ, et ainsi de suite, sans s'inquiéter de leur valeur, jusqu'à ce que les accès épileptiques soient complètement disparus. Il est, en effet, très long, mais il faut le poursuivre sans découragement, certain d'arriver à une *guérison complète*, si peu qu'on veuille bien se conformer à l'hygiène prescrite dans ce livre, consistant en une alimentation substantielle et laxative qui rende au corps l'agilité nécessaire; pas de vin ou excessivement peu; plutôt de l'eau pure aux repas; pas de café, pas d'alcool, rien d'irritant; le malade doit renoncer à des habitudes funestes à sa santé: aller à ses travaux habituels, faire des exercices de corps, etc..., et savoir franchir toutes fluctuations de bien et de mal qui se succèdent fréquemment pendant cette longue période (voir l'article spécial Névrose).

Épine dorsale, *inflammation chronique ou aiguë de l'épine dorsale* (voir Myélite).

Épistaxis, *saignement du nez.* Int., A^2, 2e ou 3e dil., chaque 15 minutes; de 2 à 3 grains du même remède en mangeant, aux repas; ext., application de Él. A. à la racine du nez 20 secondes, avec comp. de la même électricité sur les carotides (artères du cou); comp. de 10, 15 ou 20 grains de A^2 sur le front et à la nuque; des aspirations faites avec cette même solution ont un effet certain dans les cas tenaces; aux cas extrêmes, asp. avec Él. A. pure.

Ergotisme (voir Empoisonnement).

Éruptions (voir Efflorescence, Prurit).

Érésipèle *simple ou compliqué d'inflammation du tissu lumineux sous-cutané ou gangréneux ou œdémateux.* Int., au début comp. sur la partie malade avec Él. B.; lavage fréquent avec 10, 15 ou 20 grains de S^1 ou S^5; comp. renouvelées souvent en changeant chaque fois le linge; application de Él. R. ou Él. A., selon le tempérament, à la nuque et aux points sympathiques, 15 secondes par point; int., S^1 ou S^2 ou $S^5 \times F^1 \times A^1$, 2e ou 3e dil., chaque demi-heure; s'il est *gangréneux*, remplacer le S^1, S^2 ou S^5 par C^1, 1re ou 2e dil., chaque demi-heure; s'il y a résistance, ajouter $Vén^1$ ou Sy^1 1re ou 2e dil., chaque demi-heure; de 3 à 5 grains des mêmes remèdes aux repas, en mangeant, pris à tour de rôle, en y joignant le S^7 ou L.; ext., s'il n'est pas gangréneux, continuer les comp. S^1 ou S^5, renouvelées souvent, de même l'application des électricités matin et soir; mais s'il est *gangréneux*, remplacer les com. S^1 ou S^5 par C^5, puis onct. légère de C^5 sur la partie malade, et légères onct. de F^2 sur les hypocondres, matin et soir; un grand bain par semaine ou par quinzaine avec 60, 75 ou 100 grains de $C^5 \times A^2 \times S^5 \times Vén^2$ ou Sy^2, à tour de rôle.

Que d'érésipèles ont avorté par la simple application au début de ce traitement; et combien d'autres ont été *complètement guéris* par ce traitement, malgré l'infiltration érésipelateuse qui menaçait de s'étendre ! Pour le reste à observer, se reporter à EFFLORESCENCE.

ÉRYTHÈME, *taches rouges avec cuisson plus ou moins vive ou sans éruption* (voir EFFLORESCENCE, PRURIT); s'il est pustuleux (voir ACNÉ).

ESQUINANCIE (voir AMYGDALITE).

ESTOMAC. *Se rappeler que le grand principe d'action de l'estomac est dans le plexus solaire d'où dépend la bonne harmonie de son fonctionnement, et selon l'affection que l'on ressent* (voir *maladies du* PYROSIS, *brûle-cou;* DYSPEPSIE, GASTRALGIE, GASTRORRHAGIE, CRAMPES, etc.).

ÉTOUFFEMENTS, *soit suffocation ou oppression, si la suffocation est causée par la présence d'un corps étranger qui obstrue l'arrière-gorge ou le pharynx.* Int., 10 grains de S^1 à la fois à sec, répétés à distance de 10 minutes, jusqu'à soulagement; si elle provient d'un *indigestion*, 3, 5 ou 10 grains du même S^1 à sec et répétés au besoin; si elle est *nerveuse*, ajouter N. même quantité; si c'est de l'*hystérie*, on ajoutera aux deux remèdes précédents le C^1 ou F^1 ou A^1, dans la même proportion, en commençant par 1 ou 2 grains à la fois; après soulagement et pour chacun des cas, prendre les mêmes remèdes à la 1re ou 2e ou 3e dil., chaque 15 ou 30 minutes; aux repas, en mangeant, de 2 à 5 grains des mêmes remèdes pris à tour de rôle; ext., application d'Él. R. aux trois points de l'estomac, 15 secondes par point. Si l'oppression est de nature asthmatique (voir ASTHME), et si elle provient du cœur (voir CŒUR).

Ce qu'il y a de remarquable dans l'application de ce traitement, c'est l'élimination progressive de tout corps étranger fixé dans l'arrière-gorge ou le pharynx, qui se fait aussi naturellement que si l'introduction lui eût été facile. On éprouve rarement le besoin d'appeler un chirurgien. Cependant, si l'opération devient indispensable, cette médication fait les fonctions d'un aide-opérateur infaillible, ce qui n'est pas à dédaigner.

Étourdissements (voir Apoplexie).

Évanouissement (voir Défaillance).

Excès sexuels (*affaiblissement par*) (voir Atonie).

Excoriations, *écorchures* (voir Contusions, Ecchymoses).

Excroissances *de toutes sortes* (voir Condylomes, Cors aux pieds, Verrues et Syphilis).

Exostose, *tumeur osseuse qui se développe à la surface d'un os* (voir Carie des os).

Extinction *de voix* (voir Aphonie).

Face, *ses diverses affections* (voir Névralgie, Paralysie, Acné, Lupus, Impétigo, Éphélide, Érésipèle, etc.).

Faiblesse, *diminution générale ou locale, absolue ou relative des propriétés vitales du corps* (voir Atonie, Atrophie).

Faim canine (voir Fringale).

Fausses-couches (voir Avortement).

Favus (voir Teigne).

Fièvres :

Bilieuse. Int., $F^1 \times B$, 1re ou 2e dil., chaque 15 minutes ; de 3 à 5 grains des mêmes remèdes aux repas, en mangeant, à tour de rôle ; ext., onct. $F^2 \times C^5$ aux hypocondres, matin et soir.

CATARRHALE. Int., F^1, 1re dil. $\times P^3$, 2e dil., chaque 15 minutes; de 3 à 5 grains des mêmes remèdes X, aux repas, en mangeant; ext., onct. légères de F^2 aux hypocondres, matin et soir et application de Él. R. aux 6 grands points, 15 secondes par point.

INFLAMMATOIRE. Int., $F^1 \times A^1$, 2e ou 3e dil., chaque 10 minutes ou chaque 5 minutes, selon l'âge ou la violence du mal; de 1 à 3 grains des mêmes remèdes X, aux repas, en mangeant ou dans les aliments; ext., onct. légères de F^2 aux hypocondres, matin et soir.

INTERMITTENTES. Int., F^1, 1re dil., bu en 8 ou 10 fois avant l'accès; de 3 à 5 grains du même remède aux repas, en mangeant; ext., onct. légères avec F^2 aux hypocondres, matin et soir.

LAIT (de). Int., $S^1 \times F^1$, 2e ou 3e dil., chaque 15 minutes, les mêmes remèdes X aux repas, en mangeant; de 3 à 5 grains pris à tour de rôle; ext., onct. légères de F^2 aux hypocondres, matin et soir.

MILIAIRE OU SUETTE. Int., $F^1 \times S^1$, 1re ou 2e dil., chaque 15 minutes; si le sujet *est sanguin*, $F^1 \times A^1$, 1re ou 2e dil.; de 3 à 5 grains des mêmes remèdes aux repas, en mangeant et à tour de rôle; ext., onct. légères de $F^2 \times C^5$, aux hypocondres, matin et soir.

MUQUEUSES. Int., $F^1 \times C^1 \times A^1$ au début, 3e dil., chaque demi-heure, puis 2e dil., puis 1re dil., au fur et à mesure de la diminution de la fièvre; de 3 à 5 grains des mêmes remèdes aux repas, en mangeant et à tour de rôle; ext., onct. légères de F^2 aux hypocondres, matin et soir.

NERVEUSE. Int., $F^1 \times N$ au début, 3e dil., chaque demi-heure ou chaque heure, puis 2e dil. ou 1re dil.; de 2, 3 à 5 grains des mêmes remèdes aux repas, en mangeant, à tour de rôle; ext., onct. légères de $F^2 \times C^5$, aux hypocondres, matin et soir.

ORDINAIRE. Int., F^1, 1re ou 2e dil., chaque 15 minutes, et

3 à 5 grains des mêmes remèdes aux repas, en mangeant; ext., onct. légères de F^2 aux hypocondres, matin et soir.

JAUNE. Aussitôt l'accès, prendre int., 10, 15 ou 20 grains de F^1 ou F^2, et 15 minutes après, 10, 15 ou 20 grains de S^1 à sec, sur la langue; puis F^1 ou $F^2 \times C^3 \times A^3$, 3ᵉ dil., chaque 10 minutes de 1, 2 ou 3 grains des mêmes remèdes dans les aliments, à tour de rôle; ext., application de Él. B. aux trois points de l'estomac, aux nerfs intéressés, à la tête et sur le crâne, 15 secondes par point, de 3 à 4 fois dans les 24 heures; comp. sur tout le ventre et le creux de l'estomac avec 10, 15 ou 20 grains de F^2 ou C^{10} ou C^7 ou C^3 ou A^1 ou A^3, et de 10 à 20 gouttes de Él. B. renouvelées souvent, en changeant le linge chaque fois; au besoin clystères avec les mêmes remèdes en mêmes proportions; onct. légères de $F^2 \times C^5$, aux hypocondres, matin et soir.

PALUDÉENNES. Int., F^1, 1ʳᵉ dil., bu en huit ou dix fois avant l'accès; de 3 à 5 grains du même remède aux repas, en mangeant; ext., onct. légères de $F^2 \times C^5$, aux hypocondres.

PERNICIEUSES. Int., F^2, 1ʳᵉ ou 3ᵉ dil., goutte par goutte, chaque 5 minutes; s'il y a persistance, F^2 à doses fortes pour obtenir une réaction, et graduée suivant la situation du malade, une fois la réaction obtenue par l'augmentation de la fièvre, revenir aussitôt à la 2ᵉ ou 3ᵉ dil., donnée primitivement; de 1, 2 ou 3 grains des mêmes remèdes dans l'alimentation; ext., onct. légères de F^2 aux hypocondres, matin et soir.

PUERPÉRALE. Int., $F^1 \times C^1$, 2ᵉ dil., chaque 15 minutes, et 1 grain de A^1 à sec, sur la langue, chaque heure; de 2 à 3 grains des mêmes remèdes à sec aux repas, en mangeant, à tour de rôle, et onct. légères de F^2 aux hypocondres, matin et soir.

ROUGEOLE. Int., $F^1 \times S^1$, 1ʳᵉ ou 2ᵉ dil., chaque 15 minutes; de 2 à 3 grains des mêmes remèdes X, à sec, aux repas, en mangeant; ext., onct. légères de F^2 aux hypocondres, matin et soir.

TYPHOÏDE. Int., F^1 ou $F^2 \times S^1 \times C^1$, 3ᵉ dil., chaque 10 minutes, 1 grain A^3 à sec chaque heure ou chaque deux heures; de 1, 2 ou 3 grains des mêmes remèdes dans les aliments, à tour de rôle; ext., même traitement que pour la fièvre *jaune*.

URTICAIRE. Int., F^1 ou $F^2 \times S^1$ ou S^5, 1ʳᵉ ou 2ᵉ dil., chaque 15 ou 30 minutes; de 3 à 5 grains des mêmes remèdes X aux repas, en mangeant; ext., onct. légères de F^2 aux hypocondres et de S^5 sur les éruptions, matin et soir; éviter les bains froids qui feraient rentrer l'éruption et provoqueraient une maladie grave; si elle est causée par des substances vénéneuses, comme les moules et autres (voir EMPOISONNEMENT).

DE FOIN. Int., $F^1 \times S^1$, 1ʳᵉ ou 2ᵉ dil., chaque 15 minutes; de 3 à 5 grains des mêmes remèdes aux repas, en mangeant et à tour de rôle; ext, onct. légères de F^2 aux hypocondres, matin et soir.

VARICELLE et *toutes les autres éruptions*. Int., $F^1 \times S^1$, 1ʳᵉ ou 2ᵉ dil., chaque 15 minutes; de 3 à 5 grains des mêmes remèdes aux repas, en mangeant, à tour de rôle; ext., onct. légères aux hypocondres, matin et soir.

Toutes les éruptions rentrées ressortent et guérissent par l'emploi du seul S^1; se rappeler que plus le mal est violent et rapide, plus il faut affaiblir la dilution et répéter souvent la cuillerée à café; s'il y a *Atonie* comme dans la *Typhoïde*, cette atonie cesse à l'emploi de F^1 à l'int., et à l'ext. par l'application de Él. J. aux 6 grands points et sous la plante des pieds (voir ATONIE). Certaines fièvres, sans caractère défini, résistant au F^1, peuvent alors être dissipées par $Verm^1$, 1ʳᵉ ou 2ᵉ dil., comme aussi avec 2 à 5 grains, selon l'âge, de ce même $Verm^1$ à sec sur la langue, matin et soir.

Figure (voir Face).

Fistule, *altération locale ou générale, donnant passage à du pus ou à un liquide dévié de ses voies naturelles.* Int., S^1 ou $S^5 \times C^1$, 1re ou 2e dil., chaque demi-heure; de 3 à 5 grains des mêmes remèdes aux repas, en mangeant, à tour de rôle; ext., application de Él. R. aux nerfs intéressés et aux 6 grands points, 15 secondes par point; comp. ou gar. ou inj., selon la position où se trouve le mal et renouvelés souvent, avec 10, 15 ou 20 grains de S^5 ou C^5 ou C^1, et mélangés à 10 gouttes de Él. R. ou Él. V.; onct. légères autour de la partie atteinte de $S^5 \times C^5$, avec supp. aux cancéreux ou Bg. verte, suivant le cas, appliquer le soir seulement; grands bains avec 60, 75 ou 100 grains de $S^5 \times C^5$ ou C^1 ou S^7 ou L., à tour de rôle, un par semaine ou par quinzaine.

Flatuosité (voir Ballonnement).

Fleurs blanches (voir Leucorrhée).

Fluxion *de poitrine* (voir Bronchite), *des joues* (voir Joues), *des gencives* (voir Dents).

Foie. *Cet organe, sécréteur des globules du sang, par son importance, est exposé à une foule de maladies et même de lésions, malgré le rempart des six dernières côtes qui le protègent. Une commotion plus ou moins grave peut y produire des déchirures, comme une contusion directe peut amener la rupture de la vésicule du fiel. Le nouveau-né a le foie qui déborde de beaucoup les côtes et peut facilement se déchirer sous une compression grave. L'ictère, jaunisse de toute nature, ainsi que toutes les maladies de foie, se traitent* par int., $B \times F^1 \times C^1$, 1re, 2e ou 3e dil., chaque 15 ou 30 minutes; 1 grain de A^1 à sec chaque heure; de 3 à 5 grains des mêmes remèdes à sec aux repas, en mangeant, pris à tour de rôle; ext., application de Él. A. sur le cœur en comp., s'il y a gêne dans la circulation du sang, et de Él. B. $\times$ Él. J. sur le foie et la rate; onct. légères de C^5 matin et soir sur le foie et la rate, et de F² aux hypocondres; s'il y a inflammation des canaux biliaires, comp. avec 10, 15 ou 20 grains de C⁵ ou F² ou A², renouvelées souvent, en changeant le linge chaque fois; grands bains avec 60, 75 ou 100 grains de C⁵ × F² × A², à tour de rôle.

S'il est nerveux, spasmodique, ajouter au traitement le N. à la 2ᵉ ou 3ᵉ dil., chaque demi-heure, ou 1 grain pris à sec chaque heure.

S'il y a *douleurs au foie* (voir Douleurs).

S'il y a *crampes et coliques* (voir Crampes de l'estomac, Coliques).

S'il y a *calculs biliaires* (voir Calculs).

S'il y a *flux hépathique* (voir Diarrhée).

S'il y a *tumeur* (voir Cancer).

Mᵐᵉ L..., quarante ans, à Paris. Traitée depuis vingt ans par l'allopathie pour une gastralgie, sans guérison, a des crises périodiques bilieuses, accompagnées de maux de cœur, d'estomac, de tête, grande faiblesse; pertes hémorragiques tous les mois. A commencé le traitement depuis octobre 1894 et se trouve beaucoup mieux; les maux de tête et d'estomac ont déjà complètement disparu.

L'effet de ce traitement est prodigieux: il rétablit le trouble des fonctions nutritives qui fait obstacle au déversement de la bile dans le duodenum, empêchant le sang de recevoir la partie alcaline, base de sa coloration; il détruit la pâleur répandue sur toute la surface du corps, virée au jaune sous la peau et jusqu'au blanc des yeux (jaunisse, ictère); il reconstitue l'ensemble de l'organisme qui reprend son fonctionnement normal. C'est ainsi qu'une dame de soixante-cinq ans, condamnée par la science officielle à rester avec ce mal chronique, s'est vue débarrassée en quelques semaines de ce trouble, par l'évacuation multiple, à plein vase, d'une bile épaisse comme de l'huile; ce dégagement, laissant un vide dans les vases de la circulation, une prostration générale s'en est suivie; celle-ci a été promptement vaincue, en diminuant d'abord la dose des remèdes à prendre à l'intérieur, proportionnellement à l'évacuation des impuretés, et par une nourriture soutenue prise souvent dans les 24 heures, comme il est prescrit à l'article hygiène de ce livre (voir Névrose).

Folie et affections mentales. Quel qu'en soit le caractère, tout en se pénétrant de la cause qui l'aura déterminée, on prendra : int., $S^1 \times A^3 \times C^1$, 2e, 3e, 4e, 5e ou 6e dil., et au besoin allonger encore la dose jusqu'à bon effet; ne prendre que de 2 à 6 cuillerées à café de chacun des remèdes dans les 24 heures; 1 grain de F^1 à sec chaque 2 ou 3 heures; 1 grain de $Verm^1$ au réveil comme au coucher; quelquefois ce remède est $\times$ avec $Vén^1$ ou Sy^1; ce dernier remède est aussi pris seul; 2 grains de chacun des remèdes dans les aliments ou aux repas, en mangeant, pris à tour de rôle; ext., une fois par 24 heures application de Él. R. $\times$ Él. B. aux 6 grands points, 10 secondes par point et légèrement sur le crâne, ou bien avec Él. A. $\times$ Él. J. sur les mêmes points; onct. légères sur toute la tête, de S^5 ou de C^5 et de F^2 aux hypocondres, matin et soir; un grand bain par semaine ou par quinzaine avec 40, 80, 75 ou 100 grains de $S^5 \times C^5 \times A^2 \times F^2$, à tour de rôle.

En pathologie, ce sont deux causes qui déterminent la folie : la cause mécanique, ou la cause morale, ou bien les deux à la fois. — La première cause consiste en la conformation défectueuse de la boîte crânienne qui frappe d'impuissance le développement de la partie compromise, et coopère à cet ensemble organique appelé à guider la destinée de l'existence humaine. — La deuxième cause, la cause morale, alors même que la conformation crânienne ne laisserait rien à désirer, est la suite de la perturbation interne occasionnée par une commotion subite, un choc, une maladie grave; par des prédispositions souvent héréditaires, ou bien encore par la dégénérescence du centre nerveux, dont l'influence sur le moral est très grande; les deux se confondent quand le vice de conformation de l'une (mécanique), est une conséquence de l'autre (morale). — Il est facile d'éviter le premier cas, si l'on veut faire attention à l'application de cette nouvelle science, pendant l'époque de la gestation (voir Grossesse), et de l'hygiène tracée dans ce livre (Rapports sociaux); de même pendant la croissance de l'enfant (voir Partie préventive). — Le second cas, qui atteint l'adulte, *se guérit complètement* sous l'influence du traitement cité, dont on doit observer exactement les règles avec toute la persévérance et la constance que nécessite une telle maladie. Par son système on arrive à rectifier également les perturbations produites par la difformité du crâne.

Fondement, *Anus* (voir Chute de l'Anus).

Fongus, *sorte de champignons qui se développent sur l'enveloppe du cerveau, dans les testicules ou ailleurs.* Int., S^1 ou $S^5 \times C^1 \times A^1$, 1re, 2e ou 3e dil., chaque demi-heure; de 3 à 5 grains des mêmes remèdes aux repas, en mangeant, pris à tour de rôle; ext., comp. avec 10, 15 ou 20 grains de S^5 ou C^5 ou A^2 renouvelée souvent, en changeant le linge jusqu'à ce que le fongus disparaisse; application en comp. de Él. V. matin et soir avec onct. légères de S^5 ou C^5 ou A^2; grand bains de $S^5 \times C^5$, 60, 75 ou 100 grains pris à tour de rôle.

Persister dans ce traitement, surtout dans les compresses. Le fongus peu à peu finit par disparaître sans laisser aucune trace de son passage ; ce n'est qu'une question de temps.

Foudre, *effets de la foudre*. Int., 10 grains à sec sur la langue de S^1, répétés au besoin une ou deux fois; puis S^1, 1re dil., chaque 15 minutes, et 5 grains du même remède aux repas, en mangeant; ext., application aux 6 grands points et à la plante des pieds de Él. R., 15 secondes par point; comp. de Él. B. sur la tête jusqu'à la disparition de l'effet.

Foulure (voir Entorse).

Fracture des os. *L'intervention chirurgicale pour remettre la fracture est préférable ; le pansement terminé, on hâtera la guérison par :* int., $C^4 \times S^1$, 1re dil, chaque 15 minutes; 5 grains des mêmes remèdes pris à tour de rôle aux repas; au troisième repas prendre un grain de A^1 à sec, jusqu'à la parfaite guérison; s'il y a *fièvre*, 2 grains de F^1 à sec, chaque heure ou chaque deux heures; ext., matin et soir lotion pure avec Él. R. ou Él. B., puis comp. sur les bandes, avec 10 ou 20 grains par verre d'eau de $S^5 \times C^4$, suivant l'intensité de l'inflammation, et renouvelées souvent en changeant chaque fois le linge, sans toucher aux bandes; s'il y a *hémorragie*, comp. de 10 ou 20 grains de A^2, alternées avec les précédentes, en opérant de la même manière. Une fois la guérison assurée, les bandelettes du pansement enlevées continuer int., le même traitement encore quelque temps; ext., onct. légères de $S^5 \times C^5$, matin et soir, et grands bains avec 60, 75 ou 100 grains de $S^5 \times C^5 \times C^4 \times A^2$, pris à tour de rôle.

La fracture simple de l'os est la séparation nette entre deux régions osseuses qui sont encore unies l'une à l'autre par les tissus qui en alimentent le développement et la sensibilité, et par conséquent en favorisent la soudure, par l'application d'un bandage; tandis que la fracture comminutive, autrement dit l'écrasement ou le broiement, provoquant la déchirure de la substance osseuse, ne permet pas toujours la réunion des fragments de l'os qui ne tiennent plus à rien de ce qui concourait à leur vitalité, et peuvent se séparer et provoquer la décomposition des tissus mous environnants, et devenir l'aliment d'un clapier purulent en permanence, même gangréneux. — Pour en prévenir les effets, la science officielle n'a comme ressource que l'amputation, pratiquée sur la partie saine au-dessus de la blessure. — Avec le traitement nouveau, rigoureusement suivi, on arrive promptement à la soudure des deux régions séparées (fracture simple). Si peu qu'on soit patient à supporter l'immobilité momentanée, indispensable à la remission, celle-ci se réalise promptement par la *guérison complète*, après l'enlèvement des bandes et au fur et à mesure que l'on acquiert la force dans ses mouvements prudemment observés, sans les fatiguer. — Mais s'il s'agit de la fracture comminutive, on s'attachera à reconstituer intelligemment les fragments d'os en les rapprochant de la substance osseuse qui concoure à leur vitalité, et on les garnira d'un pansement ne gênant en rien le libre cours de la force vitale; de cette manière, on évitera presque toujours l'amputation, désormais réservée aux cas extrêmes; car la médication de cette nouvelle science, prise à l'intérieur comme à l'extérieur, empêche les complications de toutes sortes, même gangréneuses, et conduit souvent à la *complète guérison*; seulement il faut observer les règles de l'hygiène et éviter tout ce qui pourrait nuire au résultat désiré. Si quelques fragments osseux restaient non soudés, il se produirait les mêmes effets comme à une périostite (carie des os) par leur élimination au dehors, sans aucune opération et au fur et à mesure de la reconstitution interne de l'os. — Le malade, naturellement, ressentira quelques fluctuations de bien et de mal, des douleurs occasionnées par la situation; le bon sens lui prescrit de les dominer, s'il tient à triompher, et de ne pas demeurer inactif aussitôt que la reprise de ses mouvements le lui permettra. — On se rappellera que l'éraillement entamant l'angle d'un os, en attaquant la surface comme à l'avant-bras et à la jambe (cubitus et radius du bras, tibia et péroné de la jambe) se guérit très promptement avec cette nouvelle médication, bien que la guérison du tibia soit considérée très longue par les allopathes. — La contusion de l'os, interrompant dans toute sa sphère d'action le courant spécial à la substance osseuse, se guérit également par cette nouvelle méthode.

FRINGALE, *besoin excessif de prendre des aliments en quantité plus considérable qu'en bonne santé, affection considérée comme une névrose de l'estomac.* Int., au réveil comme au coucher, de 2 à 5 grains de N. × S¹ à sec sur la langue; puis B. × S² ou S⁷ ou L., 1ʳᵉ dil., chaque 15 minutes, et A², 2ᵉ dil., chaque heure; les mêmes remèdes 5 grains aux repas, en mangeant et à tour de rôle; en cas de résistance, de 2 à 10 grains, selon l'âge, de Verm² à sec sur la langue, également à l'un des repas; ext., application de Él. R. × Él. B. au creux de l'estomac et au grand sympathique, 15 secondes par point, matin et soir, avec onct. légères de C⁵.

FRISSONS (voir FIÈVRE ORDINAIRE).

FURONCLE, *clou, petite tumeur inflammatoire conique, à base large, à sommet acuminé, souvent remarquable par la présence d'un poil* (voir ABCÈS).

GALACTORRHÉE, *sécrétion anormale du lait chez la femme qui allaite comme chez celle qui n'allaite pas, parfois chez certains hommes, assez rare chez les enfants* (voir LAIT).

GALE, *maladie de la peau contagieuse, elle se présente exactement sous les apparences du Prurigo, sauf qu'elle siège dans les plis des membres, aux mains, aux pieds, aux parties génitales, aux fesses, aux aisselles et à l'abdomen, rarement à la surface externe; chaque bouton a, à sa base, un petit sillon rose, au centre duquel se trouve l'acarus, ver microscopique, désigné sous le nom d'acare ou sarcopte* (voir EFFLORESCENCE). On emploiera de préférence le S⁵ × Verm¹ ou Verm², 1ʳᵉ dil., chaque demi-heure; aux repas, en mangeant, 5 grains des mêmes remèdes à sec et aussi de S⁷ ou L., pris à tour de rôle; ext., application d'Él. R. × Él. J. aux 6 grands points, 15 secondes par point, matin et soir, avec onct. légères de F² aux hypocondres; onct. légères de S⁵ × Verm² sur les éruptions; grands bains avec 60, 75, 100 ou 150 grains de Verm² × S⁵ × C⁵, à tour de rôle et quelquefois avec A², qui a donné des résultats excellents, un, deux ou trois bains par semaine ou par quinzaine.

Comme pour toutes les efflorescences ou éruptions, ce traitement sera poursuivi aussi longtemps que les dispositions internes de l'organisme maintiendront l'éclosion des ascarides dans les pustules, sans chercher en aucune façon à les faire disparaître précipitamment, ni à les faire rentrer; car les conséquences en resteraient funestes au malade imprudent qui, sous le prétexte de s'affranchir des démangeaisons, emploierait au moment des bains des frictions au savon noir, ainsi que la pommade composée de carbonate de potasse, 20 grammes dissous dans un peu d'eau : soufre pulvérisé 40 grammes mélangés à 200 grammes d'axonge; moyens allopathiques nuisibles; alors que la répétition des bains de cette nouvelle méthode, non seulement atténue ces démangeaisons, mais les fait disparaître totalement par la destruction du parasite.

GANGLIITE ou *Ganglions, inflammation des ganglions lymphatiques* (voir ADÉNITE).

GANGRÈNE. *La gangrène provient d'une oblitération (obstruction) dans les vaisseaux artériels soit prochains, soit éloignés du point attaqué; elle s'annonce par le poids, l'engourdissement de la partie atteinte avec douleur violente, endurcissement des artères, devenant rigides et sans pulsations; la rougeur augmente autour des parties molles, qui entrent en putréfaction et qui, en tombant, causent des hémorragies, ou bien la peau pâlit, devient livide, se dessèche, se fronce et se noircit avant de se détacher. La gangrène humide peut causer la mort subite par la production dans les veines de gaz putrides qui arrivent au cœur.* Int., $C^5 \times S^5$, 1re ou 2e dil., chaque 15 minutes, et A², 2e dil., chaque heure; pour celles des *poumons*, remplacer le C⁵ par C¹, 1re dil., 5 grains des mêmes remèdes à sec aux repas, en mangeant ou dans les aliments, pris à tour de rôle; ext., comp. d'Él. V. et de 20 grains C⁵ par verre d'eau, renouvelées souvent, en changeant le linge à chaque fois. Pour celle des *intestins*, comp. 20 grains C⁷ ou C¹⁰ sur l'abdomen; clystère avec 50 ou 100 gouttes d'Él. V. par verre d'eau, un ou deux par 24 heures et un supp. au C⁵ chaque soir.

Ce traitement a presque toujours suffi pour obtenir la guérison de ce mal; mais il y a des cas où les homonymes des remèdes indiqués sont utiles pour vaincre une résistance opiniâtre; il ne reste qu'à les rechercher en les appropriant à la cause qui a provoqué le mal, certain de rencontrer celui ou ceux qui conduiront à la complète guérison, car tous les cancéreux ont donné des résultats surprenants.

GASTRALGIE, *affection nerveuse de l'estomac, défaillance avec tiraillements, nausées, lourdeur de tête, constipation, parfois diarrhée et souvent crampes douloureuses* (voir CRAMPES D'ESTOMAC); ajouter au traitement ext., grands bains avec 60, 75 ou 100 grains de $S^1 \times S^7$ ou $L. \times C^5$, un par semaine ou par quinzaine.

GASTRITE *aiguë ou chronique, inflammation de la muqueuse de l'estomac, avec vomissements, fébrilité augmentant la chaleur du corps, quelquefois toux sèche, légère et anxieuse; même traitement que pour* GASTRALGIE, et remplacer int., le N. par C¹, 2e ou 3e dil.; et au réveil comme au coucher, 2 grains de Verm¹ ou Verm², à sec sur la langue.

GASTRO-ARTHRITE, *inflammation simultanée de l'estomac et des articulations, même traitement que pour* GASTRITE.

Gastro-Entérite, *mêmes symptômes que pour gastrite, compliquée de l'inflammation des intestins* (voir Entérite, Gastrite).

Gastro-Hépatite, *inflammation de l'estomac et du foie* (voir Foie et Coliques hépatiques).

Gastrorrhagie, *mêmes symptômes que pour la Gastrite, avec étouffements, signe d'hémorragies internes suivies de vomissements sanguins* (voir Gastrite), avec int., A^2, 2e ou 3e dil., chaque demi-heure; à l'ext., remplacer El. R. par El. A; alterner l'onct. légère de C^5 avec onct. légères de A^2, et pour les grands bains y joindre aussi le A^2

Gencives, Gengivite, *inflammation des gencives occasionnée par le tartre des dents, qui peu à peu arrive à les ulcérer* (voir Dents).

Genou, *s'il y a enflure* (voir Goutte), *s'il y a tumeur blanche* (voir Cancer).

Gerçures, *tous les points de la peau peuvent être affectés de gerçures; les principaux sont : les mains, les lèvres et les mamelons des seins.* Int., S^1, 1re dil., chaque demi-heure; s'il y a résistance, C^1, même dose; les mêmes remèdes aux repas, 5 grains à tour de rôle; ext., comp. El. V., avec onct. légères de S^5 ou de C^5, matin et soir.

Glandes, *tumeurs rondes ou allongées, plus ou moins, non douloureuses (à moins d'un état inflammatoire aigu), et qui ne colorent pas la peau* (voir Adénite); *tumeurs glandulaires hypertrophiques ayant, selon l'espèce de glande où se fait leur évolution morbide (utérus, rectum, mamelle, peau), une augmentation de volume. Cette hypertrophie amène souvent l'atrophie, qui dégénère peu à peu en cancroïde* (voir Cancer).

Glaucome, *affection où l'opacité de l'humeur vitrée prend une teinte verdâtre; même traitement que pour la* Cataracte, et insister à l'int., $C^2 \times N.$, 1re, 2e dil., chaque demi-heure ou chaque heure, et à l'ext. le même traitement.

GLOSSITE, *inflammation de la langue* (voir LANGUE).

GOÎTRE, *exagération de la glande thyréoïde, affectant surtout les lymphatiques et les femmes.* $S^1 \times C^1$, 2e dil., chaque demi-heure, et A^2, 2e dil., chaque heure; s'il y a persistance, remplacer le S^1 par S^2 ou S^3 ou S^7 ou $L. \times C^2$; de 3 à 5 grains des mêmes remèdes aux repas, en mangeant, à tour de rôle; ext., comp. Él. R. $\times$ Él. J. aux nerfs correspondants et autour de la base de la glande; comp. avec 10 grains de A^2 par verre d'eau, matin et soir; onct. légères de $S^5 \times C^5$; grands bains avec 60, 75 ou 100 grains de S^7 ou $L. \times C^5$ ou $C^2 \times A^2$, un bain par semaine ou par quinzaine.

Le goître est originaire d'une maladie hydrogène produite par les ravages de la larve d'une mouche connue sous le nom de *Tchneumon Textor*; il est endémique dans les pays des montagnes, où l'eau potable filtre à travers des filons mercuriels. Lorsque l'atome incubateur se fixe dans la glande thymus ou glande des bronches, la maladie se développe vite chez les enfants; le goître devient la hernie des bronches (bronchocèle), il absorbe peu à peu toutes les facultés mentales, et l'enfant en grandissant est affecté de crétinisme. Mais si l'atome se fixe sur la région thyroïdienne du cou (tumeur strumeuse, gros cou), le goître se développe sans altérer les facultés déjà acquises, il prend souvent des proportions extravagantes. En observant rigoureusement le traitement ci-dessus, la glande, à raison de son volume, disparaît assez rapidement, et pour l'activer, on pourrait se servir des injections hypodermiques qui ne devront être faites que par la main expérimentée du médecin.

GONORRHÉE (voir BLENORRHAGIE).

GORGE (voir AMYGDALITE, ANGINE, LARYNGITE).

GOURME (voir CROUTES DE LAIT).

GOUT, *perte du goût.* Int. $S^1 \times C^1$, 1re dil. chaque demi-heure ; 5 grains des mêmes remèdes aux repas, en mangeant, à tour de rôle ; ext., application d'Él. R. aux hypogloses au-dessous du cou, 15 secondes par point s'il y a *Coryza* (voir NEZ).

GOUTTE SEREINE, *affection des yeux* (voir AMAUROSE).

GOUTTE *(arthrite), conséquence d'une perturbation de la nutrition, troubles dans les digestions, nausées, vomissements, acides, selles bilieuses, sécheresse de la peau, douleurs vagues annonçant l'attaque qui se produit souvent au milieu de la nuit avec douleurs plus ou moins vives, comme si un clou s'enfonçait dans la chair avec déchirement de la plus profonde partie de l'articulation, la douleur est si vive que le poids du vêtement ou d'une couverture est insupportable, la première attaque de la goutte a fréquemment pour siège l'articulation du gros orteil. La goutte chronique est moins inflammatoire et peu développée, les douleurs plus légères, mais les anciennes incrustées depuis longtemps, ankylosent (nouent) les articulations.* Au début, Int. $S^1 \times A^1$, 2e ou 3e dil. chaque demi-heure ; un grain de F^1 chaque heure ; s'il y a persistance, ajouter C^3 ou C^1, 2e ou 3e dil., chaque demi-heure ; remplacer le S^1 par S^3 ou S^5 et le A^1 par A^2 ou A^3 ; et au besoin remplacer le S^3 ou S^5 par G., 2e ou 3e dil., chaque demi-heure ; de 3 à 5 grains des mêmes remèdes aux repas, en mangeant, pris à sec et à tour de rôle ; ext., application Él. R. aux points intéressés, endoloris et aux six grands points, 15 secondes par point et aussi sur le crâne; comp. Él. V., matin et soir, aux articulations, avec 5, 10, 15 ou 20 grains de $C^5 \times C^3 \times G$, renouvelées souvent, en changeant le linge à chaque fois; puis onct. légères sur les mêmes point avec C^5 et de F^2 aux hypocondres, matin et soir ; si le malade est *sanguin*, remplacer l'Él. R. par Él. A.; on peut $\times$ ces deux électricités avec Él. J.; grands bains avec 40, 60, 75 ou 100 grains de G. $\times C^5$ ou C^2 ou $C^3 \times S^5$ ou S^7 ou L , à tour de rôle; si la goutte est rebelle, ajouter au traitement ext., le $Vén^2$ ou Sy^2 et à l'Int., 2 grains à sec sur la langue de $Vén^1$ ou Sy^1.

Les variations atmosphériques ont une influence extraordinaire sur le malade atteint de goutte, rhumatisme, arthritisme, etc. Une chaleur humide, un froid humide ou le moindre changement de température, provoquent des crises plus ou moins vives sur le parcours des articulations, devenues plus sensibles à l'écartement, au tiraillement, à l'éraillement des cartilages articulaires, causées par l'infiltration des sérosités coagulées en grumeau, et qui parfois s'y trouvent ankylosées, à une date plus ou moins récente, ce qui donne à la maladie un caractère aigu ou chronique. Dans les deux cas, on obtient la *guérison complète*, à la condition d'être tenace dans le traitement et de surmonter les crises qui se succèdent fréquemment, sous divers symptômes, faisant quelquefois renaître les souffrances du passé, mais pour peu de durée, si l'on est constant à l'application des compresses, des électricités, des onctions et surtout des bains répétés le plus souvent possible, afin de faire fondre et éliminer les sérosités et éloigner de plus en plus toutes recrudescences qui disparaissent un beau jour pour ne jamais plus revenir.

GRAVELLE, *petits corps granuleux du volume d'une tête d'épingle, formés de matières organiques ou minérales ; ils séjournent parfois dans les glandes où ils se développent indéfiniment sans produire d'accident, comme parfois ils déterminent des symptômes inflammatoires douloureux, au moment où ils commencent à être expulsés* (voir CALCULS, VESSIE).

GRIPPE (voir *traitement spécial*, INFLUENZA).

GROSSESSE *pénible* (voir *traitement spécial*).

GUÊPES, *piqûres de* (voir ABEILLES et PIQURES).

HALEINE, *mauvaise, fétide, quelle qu'en soit la cause*. Int., S^1 × A^1, 1re, 2e ou 3e dil., chaque demi-heure ; s'il y a résistance, B. × C^7, 1re, 2e ou 3e dil. chaque demi-heure ; au réveil comme au coucher, 2 grains de Verm^1 à sec ; aux repas, en mangeant, de 3 à 5 grains des mêmes remèdes pris à tour de rôle ; ext., gar. avec 5 ou 10 grains C^5, application d'Él. R. × Él. J., aux trois points de l'estomac, 15 secondes par point ; grands bains avec 60, 75 ou 100 grains de C^5 × S^5 ou L. × A^2 ; si elle provient des dents, voir DENTS.

HANCHE, *luxation spontanée ou accidentelle du fémur* (voir COXALGIE).

HAUT-MAL (voir ÉPILEPSIE, DANSE DE SAINT-GUY).

HÉBÉTUDE, *hébétement, c'est le premier degré de la stupeur, occasionné par diverses affections généralement graves et parfois même par l'abus de la quinine* (voir STUPIDITÉ).

HÉMATHÉMÈSE, *vomissements de sang rouge plus ou moins foncé, exhalé à la surface muqueuse de l'estomac, débutant par une douleur pongitive au côté gauche, avec oppression vertiges, froid glacial* (voir GASTRORRHAGIE).

HÉMATOCÈLE, *épanchement sanguin dans les tissus du testicule, suite d'une violente contusion.* Int., $A^2 \times C^2$, 1re ou 2e dil., chaque demi-heure ; un grain de S^1 à sec chaque heure ; de 3 à 5 grains des mêmes remèdes aux repas, en mangeant, pris à tour de rôle ; ext., onct. légères matin et soir de C^5, bains de siège avec 15 ou 25 grains de $A^2 \times C^5$ deux ou trois par semaine et y séjourner 10 minutes ; un grand bain avec 60, 75 ou 100 grains des mêmes $A^2 \times C^5$, à tour de rôle, un par semaine ou par quinzaine.

HÉMATURIE, *urine sanglante ou pissement de sang occasionné à la suite de diverses maladies, en traitement ou à traiter, qui amènent des inflammations vives du rein et de la vessie.* Int., $A^1 \times S^6$, 2e dil., chaque demi-heure, un grain F^1 à sec chaque heure, de 3 à 5 grains des mêmes remèdes aux repas, en mangeant, à tour de rôle ; ext., bains de siège avec 15 ou 25 grains de $A^2 \times C^5$ ou C^6, à tour de rôle, chaque jour ou chaque deux jours, y séjourner 10 minutes ; application d'Él. A. au pubis et au périné, 20 secondes par point, matin et soir, avec onct. légères sur les mêmes points de C^5 et aux hypocondres de F^2 ; en cas de récidive, inj. avec 10, 15 ou 20 grains de A^2 par verre d'eau ou avec Él. A. pure ; et s'il y a inflammation des reins et de la vessie (voir REINS, VESSIE).

HÉMÉRALOPIE, *dilatation de la pupille avec diminution brusque ou même disparition complète de la vision* (voir YEUX).

HÉMICRANIE, *douleur qui n'affecte que la moitié de la tête* (voir MIGRAINE).

HÉMIPLÉGIE, *paralysie qui affecte une moitié du corps et qui occupe le côté opposé à celui où siège dans le cerveau la lésion qui la détermine* (voir APOPLEXIE, PARALYSIE).

HÉMOPTYSIE, *crachement de sang vermeil et écumeux, provenant d'hémorragie de la membrane muqueuse pulmonaire soit accidentelle, soit essentielle.* Int., $A^2 \times P^1$, 2e ou 3e dil., chaque 15 minutes, un grain S^1 à sec sur la langue chaque heure ; s'il y a résistance $A^2 \times C^1$ ou $C^5 \times P^1$ ou P^1, 2e ou 3e dil., chaque 15 minutes ; 2, 3 ou 5 grains des mêmes remèdes aux repas, en mangeant, puis à tour de rôle ; ext., comp. Él. A., sur la région précordiale (cœur), ou bien avec 10, 15 ou 20 grains A^2 dans le verre d'eau, renouvelée souvent, en changeant à chaque fois le linge et onct. légères A^2 sur le même point, matin et soir ; application d'Él. A. à l'occiput et au grand sympathique de l'estomac, matin et soir, 15 secondes par point, et onct. légères de F^2 aux hypocondres ; grands bains de $C^5 \times A^2 \times P^2$, 60, 75 ou 100 grains, à tour de rôle, un par semaine ou par quinzaine.

HÉMORRAGIE *provenant toujours de la rupture d'un vaisseau sanguin, soit veineux, soit artériel, soit capillaire ; le premier laisse couler un sang rouge foncé à jet continu ; le second lance un sang vermeil par saccades rythmées, comme les battements du cœur ; le troisième laisse échapper le sang par suintements plutôt que par jets, comme il arrive dans la pneumonie et dans l'apoplexie* (voir EPISTAXIS, GASTRORRHAGIE, HÉMOPTYSIE, MÉTRORRHAGIE, BLESSURES DE TOUTE ESPÈCE). Int., A^1 ou A^2, 2e dil., chaque 15 minutes ; ext., comp. avec 20 grains de A^2 par verre d'eau, renouvelée souvent en changeant chaque fois le linge, ou bien comp. avec Él. A. pure ; le lavage des plaies se fait avec une solution de 20 grains A^2.

En administrent rigoureusement le traitement tracé pour chacune des maladies désignées dans cet article, on verra la coupure d'une veine ou la section d'une artère se clôturer après quelques applications de compresses A^2 ou mieux encore d'Él. A. pure, qui se continuent jusqu'à la parfaite soudure des extrémités, quelle que soit la profondeur de leur ouverture ; on verra les hémorragies opiniâtres céder sous l'influence de cette médication, obligeant le sang à reprendre sa circulation ordinaire et protéger cette partie faible d'où il jaillissait, jusqu'à sa parfaite reconstitution ; on verra le projectile resté dans une blessure pourchassé de sa retraite par le seul fait de cette médication, aidant naturellement le corps à se débarrasser de ce qui le gêne, par l'élimination au dehors comme à l'épiderme ou sur un point quelconque, dans une période plus ou moins longue, de l'objet cause de son embarras ; on verra également, sous l'influence du traitement, protéger les parties atteintes de la diathèse cancéreuse qui déterminerait la gangrène. En présence de pareils faits, quel est celui qui se privera du concours de cette nouvelle science pour se guérir, ce qui n'est pas à dédaigner, même par le plus habile chirurgien, dans les opérations aussi difficiles que dangereuses ?

Hémorragies utérines (voir Métrorrhagie).

Hémorroïdes. *Tumeurs formées par les veines du rectum, avec écoulement périodique de sang par l'anus, plus ou moins fort. Dans ce cas les hémorroïdes sont fluentes, et il ne faut pas se hâter de les faire disparaître, avant d'avoir modifié le tempérament par un traitement long et rationnel.* Int., S^5 ou $S^2 \times A^2$, 1re ou 2e dil., chaque demi-heure, un grain de C, à sec, chaque heure ; de 3 à 5 grains des mêmes remèdes, aux repas, en mangeant, pris à tour de rôle ; pour les *hémorroïdes sèches*, les mêmes remèdes en dil. 2e ou 3e. — Même traitement pour les écoulements en blanc ; ext., chaque jour ou chaque deux jours bain de siège avec 15 ou

25 grains de $A^2 \times C^5$, à tour de rôle, y séjourner 10 minutes, et un grand bain par semaine avec 60, 75 ou 100 grains des mêmes remèdes, $C^1 \times S^5 \times S^2 \times A^2 \times C^5$, à tour de rôle ; chaque soir un supp. S^5 ou C^5 ou A^2. Souvent les hémorroïdes sont accompagnées d'une constipation rebelle, il faut, dans ce cas, faire usage de laxatif ou purgatif.

La persistance de ce traitement par l'usage des bains de siège, du grand bain et de l'application du supp., fait disparaître assez rapidement les hémorroïdes les plus tenaces, sans éprouver aucune conséquence fâcheuse après leur disparition ; c'est une erreur de croire à la nécessité de leur présence pour se bien porter, parce qu'on peut parfaitement vivre, et très vieux, sans cette incommodité ; le plus souvent le contraire se produit quand on est atteint, en même temps, d'une affection différente, car elles peuvent la rendre funeste.

HÉPATITE, *inflammation du foie, aiguë ou chronique* (voir FOIE).

HERNIE, *déplacement d'un viscère ou d'une portion d'un viscère qui, échappé de sa cavité naturelle, fait saillie en dehors.* Int., S^1 ou $S^3 \times A^2 \times C^1$ ou Lord, 1re ou 2e dil., chaque demi-heure ; de 3 à 5 grains des mêmes remèdes aux repas, en mangeant, à tour de rôle ; ext., comp. de 5, 10, 15 ou 20 grains de $S^5 \times C^5$ ou Lord, avec 10 ou 20 gouttes Él. B., mélanger, renouveler souvent, en changeant le linge à chaque fois ; et application d'Él. R. sur la hernie matin et soir avec onct. légères de $S^5 \times C^5$ faites à tour de rôle sur la hernie au moment de mettre le bandage si on s'en sert ; un grand bain par semaine ou par quinzaine, avec 60, 75 ou 100 grains de $S^5 \times C^5$ ou Lord $\times A^2$, fait à tour de rôle.

Mlle F. F..., 37 ans, atteinte d'une hernie inguinale droite est complètement guérie après deux mois de traitement par Él. R. et S.

L'usage du bandage s'emploie quand la hernie apparaît, afin d'éviter que le sac hernier ne prenne de plus amples proportions en dehors du point attaqué, et que la déchirure ne s'agrandisse quand les mouvements du corps sont saccadés, soit par une quinte de toux, ou des efforts, ou par une trop grande fatigue. La hernie est le siège de gargouillements et même de coliques après le repas ; elle est réductible sous la pression des doigts une fois dans la position horizontale (au lit), mais étant debout elle reparaît. — Après quelque temps de ce traitement, la soudure s'accomplit progressivement et le sac hernier disparaît en reprenant sa position normale sans laisser trace de douleur aucune ni de ses incommodités, sauf une petite prédominance de la grosseur d'une noix ; c'est afin de faciliter cette opération que le bandage se supprime au fur et à mesure de sa disparition, et autant que le permettent les occupations journalières du malade et la fatigue à supporter ; de même pour éviter qu'une compression trop prolongée du bandage ne devienne un obstacle à sa réduction, en refoulant outre mesure à l'intérieur l'intestin ou le nerf compromis. — La hernie étranglée, obstruée par l'engouement des matières fécales ou par l'effet de la constriction, peut cesser d'être réductible et se transformer en une tumeur très douloureuse, enflammée, ventre ballonné, constipation opiniâtre, vomissements des matières alimentaires et aussi des matières excrémentielles, hoquets, sueurs froides. Dans ce cas, on cherche à réduire la hernie par des manipulations douces, mais longtemps continuées ; mettre le malade dans le bain médicamenté, et chaque fois renouveler la tentative de réduction qui sera suivie par des onctions répétées.

Herpès (voir Efflorescence).

Hoquet, *contraction nerveuse du diaphragme*, Int., un grain de S^1, à sec, sur la langue, chaque demi-heure $\times$ C^1, un grain à sec, chaque heure ; de 3 à 5 grains à sec, des mêmes remèdes, aux repas, en mangeant, à tour de rôle ; ext., application d'El. R. ou El. B. aux 6 grands points, 15 secondes par point, matin et soir.

Humeurs froides, *vice constitutionnel* (voir Scrofule) ; *s'il y a résistance* (voir Cancer).

Hydarthrose, *hydropisie des articulations*. Int., S^7 ou L. $\times$ A^2, 1re ou 2e dil., chaque demi-heure ; en cas de résistance $C^3 \times A^3$, 1re ou 3e dil., chaque demi-heure ; de 2 à 3 grains des mêmes remèdes, aux repas, en mangeant et à tour de rôle ; ext., application en comp. ou frictions d'El. R. ou El. V. sur les articulations ; comp. de 5, 10, 15 ou 20 grains, de C^5 ou $C^3 \times A^2$, renouvelée souvent en changeant le linge à chaque fois ; onct. légères de C^5, matin et soir et grand bain de C^3 ou $C^5 \times S^7$ ou L. $\times A^2$, avec 60, 75 ou 100 grains, à tour de rôle.

Hydrocèle, *accumulation de sérosités dans le tissu du scrotum, ou de la tunique vaginale, dans une des enveloppes du testicule ou du cordon des vaisseaux spermatiques*. Int., S^1 ou S^7

ou L. × A^1 ou A^2, 2ᵉ ou 3ᵉ dil., chaque demi-heure ; en cas de résistance, ajouter C^7 ou C^{10}, 2ᵉ ou 3ᵉ dil., chaque demi-heure ; au réveil comme au coucher, 1 ou 2 grains de $Vén^1$ ou Sy^1, à sec ; aux repas, en mangeant, de 2 à 3 grains des mêmes remèdes, à sec, et à tour de rôle ; ext., comp. avec 5, 10, 15 ou 20 grains de S^5 en C^2, renouvelées souvent, en changeant de linge à chaque fois ; bains de siège deux ou trois fois par semaine, avec 15 ou 25 grains de S^5 ou C^2 ou C^6 × A^2, les mêmes remèdes, en grands bains, un par semaine ou par quinzaine, avec 60, 75 ou 100 grains, à tour de rôle.

HYDROCÉPHALIE, *hydropisie de la tête, exagération du volume de la tête, par des infiltrations séreuses dans le crâne ou dans le tissu du cerveau et du cervelet, surtout chez les enfants. Pour les enfants de moins d'un an, on administre ;* Int., S^1 × A^2, 3ᵉ dil., une goutte chaque heure, au moyen d'un morceau de linge trempé de cette dilution ; ext., passer très légèrement El. A. ou El. B. au point volumineux du crâne ; comp. à la tête et au cou, avec 5 grains de S^1 ou A^1, renouvelée trois à quatre fois dans les 24 heures, avec onct. très légères sur les mêmes points, de S^1 × A^2 ; et onct. légères sur le cœur, avec le seul A^2 et aussi aux hypocondres, avec F^2 matin et soir ; bains et lavage, avec 10 grains de S^5 × A^2, à tour de rôle ; les bains, de deux à trois fois par semaine, et y séjourner 5 minutes. — *Pour les enfants au-dessus d'un an,* même traitement, mais donner à l'int., des doses, 2ᵉ ou 3ᵉ dil., par cuillerées à café, chaque heure ; et pour chaque remède, en ajoutant C^1, 2ᵉ ou 3ᵉ dil., chaque heure, si on craint une tuberculisation ; de 2 à 3 grains, des mêmes remèdes, aux repas, en mangeant, à tour de rôle ; à l'ext., même application pour les électricités ; les comp. seront faites avec 10, 15 ou 20 grains, selon l'âge et l'intensité du mal, avec les mêmes onct. ; les grands bains, avec 18, 20, 25, 40 ou 60 grains, selon l'âge, et y séjourner 10, 20 ou 30 minutes. — *Pour les adultes*, int., au réveil comme au coucher, de 2 à 5 grains de N. à sec, sur la langue, puis $S^1 \times A^1 \times C^2$ ou C^1, 2e ou 3e dil., chaque demi-heure ; un grain de F^1, à sec, chaque heure ; de 3 à 5 grains, des mêmes remèdes, aux repas, pris à tour de rôle ; ext., légères applications de El. R. ou El. A. ou El. B. × El. J., sur les points volumineux du crâne ; comp. à la tête et au cou, avec 5, 10, 15 ou 20 grains, de S^1 ou A^2 ou C^2, renouvelée souvent, en changeant de linge à chaque fois, avec onct. légères, de S^5 ou C^5 ou A^2, et aussi sur le cœur, avec A^2, et aux hypocondres, avec F^1, matin et soir ; grands bains, avec 40, 60, 75 ou 100 grains de $S^5 \times A^2 \times C^2$ ou C^5, à tour de rôle.

L'efficacité de ce traitement parfaitement administré est surprenante, principalement chez les enfants, où l'on a obtenu la *guérison complète* de cas inespérés à l'âge même d'un mois.

Hydropericardite, *hydropisie du péricarde déterminée par une dyscrasie sanguine ou par une gêne de la circulation veineuse qui favorise la transsudation du liquide* (voir Cœur)

Hydrophobie, *mot employé pour désigner la rage ; au moment de l'accident, prendre :* Int., 10 grains de S^1, à sec, sur la langue, de 15 en 15 minutes, pendant une ou deux heures et à l'ext., comp. au besoin avec de la charpie bien trempée dans une solution de 20 grains S^5 et une cuillerée à bouche El. B. dans un demi verre d'eau, renouvelée souvent en changeant le linge à chaque fois ; après les deux heures écoulées prendre : int., de S^1, 1re ou 2e, dil. chaque demi-heure et de 3 à 5 grains du même remède aux repas en mangeant ; à l'ext., continuer la comp. aussi longtemps que la situation l'exigera ; la cicatrisation obtenue, onct. légères de S^5, matin et soir ; grands bains avec 60, 75, 100 ou 150 grains de S^5 et 3 cuillerées à bouche de El. B. ; un ou deux bains par semaine, et continuer ce traitement six semaines.

Hydropisie, exsudation séreuse croissante dans l'une ou l'autre partie de l'organisme (voir Anasarque).

Hydrothorax, hydropisie de poitrine, douleur presque nulle, respiration extrêmement gênée, grande oppression, pouls petit et fréquent, visage violacé, enflure des jambes et des pieds (voir Anasarque).

Hypocondrie, affection nerveuse, inquiétude perpétuelle de la santé, par la tendance à exagérer les souffrances réelles ou à s'en créer d'imaginaires. Int., N. $\times$ F^1, 2e ou 3e dil. chaque demi-heure, un grain C^1 à sec sur la langue, chaque heure, au réveil et au coucher 2 grains de Verm^1, à sec, aux repas en mangeant de 3 à 5 grains de S^1 $\times$ A^1 à sec, pris à tour de rôle ; ext., application de Él. A. ou Él. R. $\times$ Él. J. aux trois points de l'estomac, 15 secondes par point et onct. légères de F^2 aux hypocondres, matin et soir ; un grand bain par semaine ou par quinzaine, avec 40, 60, 75 ou 100 grains de F^2 $\times$ C^2 $\times$ A^2, à tour de rôle ; s'il y a constipation, usage de laxatif ou purgatif.

Pour activer l'efficacité de ce traitement, il convient de prendre la ferme résolution de ne pas se laisser aller à l'abandon pendant son cours, et de surmonter les perturbations qui se produisent durant cette période, par des symptômes qui vous paraissent toujours alarmants et qui ne sont en réalité qu'insignifiants, suivre en tout point l'hygiène tracée dans ce livre, si on veut guérir promptement et radicalement.

Hystérie ou névrose du nerf grand sympathique, rare chez l'homme, plus fréquente chez la femme sans enfant, la veuve, celle non mariée et d'une classe cultivée, enfance trop choyée.

L'habitude de la rêverie, les mauvaises lectures, l'exaltation de l'imagination, sont une préparation à l'hystérie, faiblesse des nerfs, sensibilité excessive des sens, hallucinations, faculté de distinguer les personnes par l'odorat, crainte de bruit, des parfums, crainte de la lumière, de la couleur rouge, etc. — Névralgie des sens, migraines, sciatique, douleur à la suture saggitale sur le crâne (clous hystériques), douleur à tout le corps, pression sur le ventre, rétrécissement de la gorge, toux hystérique, contraction de l'œsophage et boule hystérique qui remonte à l'épigastre à la gorge, l'hystérie conduit souvent à l'aliénation mentale et à l'épilepsie, très rarement à la mort; elle peut toujours se guérir à doses excessivement faibles. Int., $S^1 \times A^1 \times N.$, 2e, 3e, 4e, 5e ou 6e dil., chaque demi-heure ou chaque heure, en cas de résistance, remplacer le S^1 par C^1 ou C^6 et le A^1 par A^3, même dil., un grain de F^1, à sec, sur la langue. chaque heure ou chaque deux heures ; au réveil, 2 grains de $Verm^1$, à sec, et au coucher, 1 grain de Ven^7 ou Sy^1 à sec ; de 2 à 3 grains des mêmes remèdes, aux repas. en mangeant, à sec, et à tour de rôle ; ext., application d'El. A. ou El. B. $\times$ El. J. aux 3 grands points et sur le crâne, 10 secondes par point, matin et soir, et onct. légères de C^5 sur les points douloureux ou de sensibilité, et onct. de F^2 aux hypocondres ; un grand bain par semaine ou par quinzaine, avec C^5 ou C^6 ou $C^2 \times N. \times A^2 \times F^2 \times S^1$, 40, 60, 75 ou 100 grains à tour de rôle ; — éviter toutes émotions vives, soit par la lecture, soit par toute autre cause et suivre une hygiène en rapport à sa constitution, de manière à faciliter le fonctionnement de l'ensemble de l'organisme ; et se reporter aux observations dictées à l'article *Epilepsie* si on tient à activer la *guérison* de ce mal qui relève plus particulièrement d'une affection de matrice indéfinie.

ICHTYOSE, *formation des masses d'épiderme en forme de plaques ou d'écailles plus ou moins épaisses et de coloration plus ou moins foncée* (voir EFFLORESCENCE).

Ictère, *jaunisse, coloration par la bile des divers tissus de l'économie, soit par abondance de sécrétion, soit par une lésion du foie* (voir Foie).

Idiotisme (voir Stupidité).

Impétigo, *éruption cutanée caractérisée par des pustules dont l'humeur, en se desséchant, forme des croûtes épaisses* (voir Efflorescence).

Impuissance, *inaptitude à la procréation, sans qu'il existe d'anomalie dans les organes, ayant pour cause la défectuosité de la liqueur prolifique déterminée par un défaut ou un abus quelconque*. Int., $S^1 \times N. \times A^1$, 1re ou 2e dil., chaque demi-heure, un grain C^1, à sec, chaque heure ; au réveil, 2 grains $Verm^1$, à sec, sur la langue, et 1 grain $Vén^1$ ou Sy^1 au coucher ; en cas de résistance, remplacer le S^1 et le A^1 par S^2 et A^3 ; de 3 à 5 grains des mêmes remèdes, aux repas, en mangeant, puis à tour de rôle ; ext., application El. R. ou El. A. aux 6 grands points et au sacrum, 15 secondes par point et sur la colonne vertébrale, matin et soir, avec onct. légères de S^3 ; grands bains avec 60, 75 ou 100 grains de $S^5 \times C^5 \times N. \times A^2$, à tour de rôle, un ou deux par semaine.

En suivant exactement ce traitement et l'hygiène tracée dans ce livre, on reconnaîtra bientôt l'amélioration sur l'ensemble de l'organisme ; peu à peu les forces épuisées renaîtront et feront disparaître l'état d'impuissance dans lequel on se trouve, avec l'agrément de voir s'éloigner l'époque de la décrépitude de ses facultés par la vieillesse.

Inappétence (voir Appétit).

Incontinence d'urine, *écoulement involontaire des urines* (voir Pissement au lit).

INDIGESTION *et ses suites*. Int., de 5 à 10 grains de S^1, à sec, sur la langue ; puis S^1, 1re dil., chaque 25 minutes ; en cas de résistance, B. $\times$ S^2, 1re ou 2e dil., chaque demi-heure ; 1 grain de C^1, à sec, chaque heure ; de 3 à 5 grains des mêmes remèdes, à sec, en mangeant, aux repas, à tour de rôle ; ext., application d'El. R. ou El. B. au creux de l'estomac, 15 secondes, avec onct. légères C^5, matin et soir.

Sous l'influence de ces spécifiques on est très vite débarrassé d'une indigestion ; car si les grains pris à sec n'ont pas fait évacuer, par le *bas*, les substances ingérées, embarrassant l'estomac, les premières gorgées du remède pris en dilution, sauf de rares exceptions, font cette opération presque instantanément, par le *haut*, sans secousse ni fatigue.

INERTIE *d'un membre* (voir BRAS, JAMBES, MAINS).

INFLAMMATION. *Toutes les inflammations localisées ou générales, se combattent par :* int., S^1, 1re, 2e ou 3e dil., chaque 15 minutes, ou bien $S^1 \times A^1$, si le malade est *sanguin*, 2e, 3e dil., chaque demi-heure ; s'il y a fièvre ajouter F^1, 1re ou 2e dil., chaque 15 ou 30 minutes (voir FIÈVRES) ; aux repas, en mangeant ou dans les aliments, de 2 à 3 grains des mêmes remèdes pris à tour de rôle ; ext., comp. avec 5, 10, 15 ou 30 grains de S^1, sur le point enflammé, renouvelée souvent en changeant à chaque fois le linge, et onct. légères de F^2 aux hypocondres, matin et soir.

INFLUENZA *(voir traitement spécial)*.

INSOLATION, *coup de soleil frappé sur la tête ;* mettre de suite comp. sur toute la tête de El. B. renouvelée deux ou trois fois, puis comp. avec 10 grains de A^2, dans un verre d'eau, renouvelée jusqu'à ce que l'insolation soit passée, changer le linge chaque fois; puis int., A¹ × S², 2ᵉ ou 3ᵉ dil., chaque demi-heure; en cas de résistance, 1 grain C⁵, à sec, sur la langue, chaque heure; aux repas, en mangeant ou dans les aliments, de 2 à 3 grains des mêmes remèdes, à tour de rôle; ext., continuer légères comp. El. B. sur la tête, matin et soir, avec application d'El. A. à la nuque ou occiput, aux tempes et au frontal, 15 secondes par point, et au besoin appliquer à nouveau des comp. de A²; grands bains avec 60, 75 ou 100 grains de C⁵.

Insomnie, *privation de sommeil.* Int., au réveil comme au coucher de 2 à 3 grains de S¹, à sec, sur la langue, puis N. × F¹, 2ᵉ ou 3ᵉ dil., chaque demi-heure; en cas de résistance, remplacer le S¹ par Verm¹, de 2 à 5 grains, à sec, au réveil comme au coucher, un grain de C⁵ à sec, chaque heure, les mêmes remèdes, aux repas, en mangeant, de 3 à 5 grains à tour de rôle; ext., application de El. B. sur le crâne, matin et soir, et onct. légères aux hypocondres, avec F²; grands bains C⁵ avec 60, 75 ou 100 grains. Pendant la nuit si on reste éveillé, prendre 2 grains de N. × F¹, à un intervalle de 10 minutes, répétés chaque 3 heures.

Insuffisance *des valvules du cœur* (voir Cœur).

Intermittences *régulières dans les névralgies ou fièvres, obéissant à une récurrence régulière* (voir Névralgie, Fièvre).

Intertrigo, *rougeurs, irritation de la peau ou inflammation érésipélateuse causée par le frottement des parties; aux oreilles, aines, cuisses, anus,* etc. (voir Efflorescence). Int., S¹, 1ᵉʳ dil., chaque demi-heure; ext., comp. avec 5, 10, 15 ou 20 grains de S⁵, sur les parties atteintes, renouvelée souvent en changeant le linge chaque fois; matin et soir, comp. de El. B. avec onct. légères de S⁵.

Intestins (voir Coliques, Entérite, Phtisie).

Iritis, *yeux, inflammation de l'iris, léger trouble de la*

vision, céphalalgie, sensation de chaleur et d'embarras dans l'œil, larmoiement, la lumière est supportée difficilement; vers le bord de la cornée les petits vaisseaux qui sillonnent la conjonctive et la sclérotique sont injectés, la pupille est contractée, irrégulière, immobile (voir OPHTALMIE).

ISCHURIE, *rétention d'urine ou accumulation de l'urine dans le bassinet du rein ou dans la vessie* (voir DYSURIE); en cas de résistance, au réveil, 2 grains de $Verm^1$ à sec, et au coucher, 1 grain de $Vén^1$ ou Sy^1 à sec; à l'int., remplacer le S^6 par S^2 ou S^3, et le A^3 par A^1; le C^1 à sec par C^6 ou T. B. et ajouter F^1, 2e ou 3e dil., chaque demi-heure; ext., comp. avec 10, 15 ou 20 grains de C^5 ou C^6 ou T. B. $\times A^2$ sur le ventre et renouvelée souvent, en changeant le linge chaque fois; onct. légères aux hypocondres de F^2 matin et soir; pour les bains de siège comme pour les grands bains, remplacer le S^6, C^6, C^5, T. B., par N. $\times$ par $S^3 \times C^2 \times Vén^2$ ou Sy^2, mêmes proportions pour les doses.

ISCHIAS (voir SCIATIQUE).

IVROGNERIE, IVRESSE, *abus de boissons alcooliques ou autres.* Int., 10 grains de S^1 en une seule fois à sec, sur la langue, répétés deux ou trois fois s'il le fallait; s'il y a congestion ou palpitation de cœur, $A^2 \times N.$, 2e ou 3e dil. chaque demi-heure, et 1 grain de S^1 ou de C^7 à sec chaque heure; ext., application de Él. R. ou Él. A. ou Él. B. $\times$ Él. J. aux 6 grands points, aux tempes, sur le front, 15 secondes par point et comp. d'Él. A. sur le cœur; onct. légères de C^5 sur l'estomac matin et soir. — Pour détruire l'habitude de l'ivrognerie, mettre dans le litre ou la bouteille de boisson, vin ou autre, 10 grains de S^1 dissous d'abord dans un peu d'eau et mélangés; peu à peu la nécessité de boire disparaît et conduit au dégoût de l'ivresse avec l'avantage de fortifier le corps et d'assainir la famille qui en ferait usage à l'insu même du malade.

Jambes, *comme pour les bras;* s'il y a douleur, on appliquera au début les électricités aux nerfs crural et sciatique sur les points indiqués à la planche placée à la fin de ce livre (voir Douleurs); mais s'il y a simplement *inertie*, même sans douleurs, faire des lotions de S^1 ou C^5 ou A^2, 20 grains dans le verre d'eau renouvelées 3 ou 4 fois dans les 24 heures; en cas de résistance, ces lotions seront faites d'abord avec Él. B., et si elles restent sans résultat, on emploiera successivement Él. R. ou Él. A. × Él. J. ou Él. V., selon l'état constitutionnel du malade.

Jaunisse (voir Ictère). A *l'enfant naissant avec le visage jaune on donne* F^1, 3ᵉ dil., de 4 à 6 gouttes par 24 heures.

Jointures, contre les douleurs dans les jointures (voir Douleurs, Goutte).

Joues (*enflure ou fluxion des*). Int., $S^1 \times A^1$, 2ᵉ dil. chaque demi-heure; ext., comp. Él. B. sur les joues, avec onct. légères $A^2 \times S^5$ matin et soir; en cas de résistance, comp. de 5, 10, 15 ou 20 grains, selon l'intensité du mal. $S^5 \times A^2$ à tour de rôle, renouvelée souvent, en changeant le linge chaque fois.

Quel que soit le genre d'enflure ou de fluxion, on évitera le calfeutrage des joues comme on a l'habitude de le faire avec la ouate ou le mouchoir, parce qu'il entretient précisément l'inflammation, cause de l'enflure. Il faut, au moyen de ce traitement, confier à l'air le soin de sa pénétration, pour infiltrer la compresse comme l'onction à l'intérieur du mal, puisque celles-ci sont chargées de l'éliminer au dehors; ne pas craindre d'aller à l'air, parce qu'il est plutôt salutaire que nuisible, si on a la précaution de s'éloigner des courants d'air.

Kystes, *espèces de tumeurs rondes pleines de sérosités ou d'une matière fibreuse ou gélatineuse; ceux de l'extérieur sont bénins; mais ceux de l'intérieur peuvent dégénérer en squirrhe ou cancer; ils prennent des proportions colossales au fur et à mesure qu'ils se multiplient en un même lieu, s'hydropisent et se soudent ensemble.* Ceux à l'extérieur se guérissent facilement par int. $S^1 \times C^1 \times A^1$, 1re, 2e ou 3e dil., chaque demi-heure; parfois F^1, même dil. ou 1 grain à sec chaque heure; les mêmes remèdes de 3 à 5 grains aux repas, en mangeant, pris à tour de rôle; ext., application de Él. R. autour de la tumeur avec comp., 10, 15 ou 20 grains de S^5 ou de C^5, renouvelée souvent, en changeant le linge chaque fois; en cas de douleurs ou de résistance, comp. Él. V., 3 à 4 fois dans les 24 heures; onct. légères C^5 matin et soir; grains avec 60, 75 ou 100 grains de $S^5 \times C^5$. — *Pour ceux à l'intérieur* (voir le traitement spécial Cancer).

Ladrerie, *engorgement graisseux de tout le système glandulaire ou vasculaire* (voir Adénite).

Lait, *fièvre de lait* (voir Fièvres). *Contre la suppression du lait.* Int., S^1 ou S^2 si le sujet est *lymphatique* à la 1re dil., chaque demi-heure; s'il est *sanguin*, $S^2 \times A^1$, 1re ou 2e dil. chaque demi-heure; en cas de résistance pour les deux cas, ajouter C^1, 1re dil.; les mêmes remèdes avec 5 grains aux repas, en mangeant, pris à tour de rôle; ext., comp. matin et soir de Él. R. $\times$ Él. B. sur les seins et onct. légères S^5 *Sécrétion du lait en dehors du temps d'allaitement.* Int., C^1 ou bien C^5 2e ou 3e dil., chaque demi-heure. Pour tarir le lait de la nourrice, int., C^1, 3e, 4e ou 5e dil., chaque 15 minutes.

Langue (*Glossite*), *inflammation de la langue*. Int., $S^1 \times A^1 \times C^1$, 1re, 2e ou 3e dil., chaque 15 minutes; de 3 à 5 grains des mêmes remèdes aux repas, en mangeant, à tour de rôle; ext., gar. avec 5, 10, 15 ou 20 grains de $S^5 \times C^5$, répétés de 4 à 6 fois dans les 24 heures, au besoin avec

10 ou 20 gouttes Él. B. par demi-verre d'eau; application d'Él. R. ou Él. A. ou Él. B. à l'occiput, grands et petits hypogloses 10 secondes par points, onct. légères au-dessous du cou et sous la base de la mâchoire, sous le menton matin et soir; parfois gar. avec A^2, 5, 10, 15 ou 20 grains quand il y a apparence sanguinolente dans les sécrétions; s'il y a quelques symptômes syphilitiques ou ulcérations, ajouter à l'int., Vén^1 ou Sy^1, 1re ou 2e dil., et $\times$ les gar. précédents de gar. de 5, 10, 15 ou 20 grains de Vén^2 ou Sy^2; au besoin grands bains avec 60, 75 ou 100 grains de S^5 $\times$ C^5 $\times$ A^3 $\times$ Vén^2 ou Sy^2, faits à tour de rôle. S'il y a *paralysie de la langue* (voir PARALYSIE); *s'il y tumeur ou chancre* (voir CANCER); *Glossanthrax* (voir CHARBON).

LARYNGITE, *inflammation du larynx avec douleurs plus ou moins vives et cuisantes au contact de l'air, la parole pénible, voix sifflante, toux sèche, respiration gênée, migraine, fièvre, etc; si la laryngite est compliquée par des désordres plus profonds, c'est qu'elle devient croupale* (voir alors DIPHTÉRIE, traitement spécial); *et si elle est aiguë ou chronique*. Int., s'il y a fièvre, F^1 1re ou 2e dil. chaque 15 minutes, et ext., onct. légères F^2 aux hypocondres matin et soir; une fois la fièvre vaincue ou diminuée, int., S^1 $\times$ A^1 $\times$ P^1, 1re, 2e ou 3e dil. chaque 15 minutes, 1 grain C^1 à sec sur la langue chaque heure $\times$ avec 1 grain F^1 chaque 2 heures; de 2 à 3 grains des mêmes remèdes aux repas, en mangeant ou dans les aliments, à tour de rôle; ext., gar. avec 5 ou 10 grains de S^5 ou C^5 répété souvent, ou bien avec 10 ou 20 grains d'El. B. dans un demi-verre d'eau; comp. avec 10, 15 ou 20 grains de S^5 ou de C^5 sur le cou, renouvelées souvent, en changeant le linge chaque fois; application de El. R. ou El. A. $\times$ El. J. à l'occiput, aux sympathiques, aux grands et petits hypogloses, 10 secondes par point et onct. S^5 ou C^5 sur le cou, matin et soir; grands bains avec 40, 60, 75 ou 100 grains de S^5 $\times$ C^5 $\times$ F^2 $\times$ A^2 $\times$ C^2, à tour de rôle; s'il y a persistance dans la toux, remplacer le P¹ par P² ou P³ ou P⁴; *si la laryngite chronique a atteint son dernier terme, la phtisie laryngée* (voir PHTISIE).

LÈPRE, *est une variété du psoriasis, peau épaisse avec taches brunes ou noirâtres, haleine désagréable, voix altérée, les cheveux et les sourcils tombent, progression très lente; peut être confondue avec des dartres ou des accidents syphilitiques; puis les taches se multiplient, s'agrandissent, se couvrent d'écailles et de croûtes, la peau se dessèche, se raccornit et devient insensible; certains malades maigrissent; chez d'autres, la peau se tuméfie et des ulcères s'établissent, le visage, le front se couvrent de tubercules avec une teinte rouge et violette, les membres sont parfois déformés par leur gonflement et les ongles tombent, douleurs très vives, les ulcérations atteignent les cavités du nez et de la gorge, les viscères s'altèrent, les os mêmes se ramollissent, quelquefois les membres se détachent du tronc comme dans la gangrène. Traitement long par la gravité du mal.* Int., au réveil comme au coucher, 2 grains de Vén¹ ou Sy¹ à sec, S¹ ou S⁵ $\times$ A¹ $\times$ C¹ ou Lord, 1re dil., chaque demi-heure; s'il y a résistance, remplacer le S¹ ou S⁵ par S² ou S⁶ ou L., et le A¹ par A³, même dose; aux repas, en mangeant, de 3 à 5 grains des mêmes remèdes à sec et à tour de rôle; ext., application d'El. R. ou El. A. $\times$ El. J., aux 6 grands points et tout le long de l'épine dorsale, matin et soir; comp. sur les parties atteintes avec 10, 15 ou 20 grains de S⁵ $\times$ C⁵ ou Lord, renouvelée souvent en changeant le linge chaque fois; onct. légères de S⁵ $\times$ C⁵ sur les mêmes points, de même A² sur le cœur, matin et soir; grands bains tous les jours ou tous les deux jours avec 60, 75, 100 ou 150 grains de S⁵ $\times$ C⁵ ou Lord $\times$ A² $\times$ Vén² ou Sy², à tour de rôle.

LÉTHARGIE, *diffère du Coma, en ce que le malade, si on le réveille, répond sans savoir ce qu'il dit et retombe dans son sommeil; s'il arrive à ne plus pouvoir se réveiller, la léthargie devient le Carus.* Dans ce dernier cas, donner int., au moyen d'un linge de toile imprégné d'une solution de 10 à 20 grains de S¹ dans le verre d'eau, une goutte chaque 5 minutes; on peut laisser quelques instants le linge dans la bouche; on arrive ainsi à le *réveiller*. *Le Carus est le dernier degré de la léthargie, comme le Coma en est le premier.*

LEUCORRHÉE (*fleurs blanches*), *écoulement purulent de la vulve, blanc, jaune, verdâtre, occasionnant une faiblesse générale de l'organisme.* Int., S¹ ✕ C¹, 1ʳᵉ, 2ᵉ ou 3ᵉ dil., chaque demi-heure, 1 grain de A¹ à sec chaque 2 heures; s'il y a résistance, au réveil, de 2 à 3 grains de Verm¹ à sec, et de 2 à 3 grains de Vén¹ ou Sy¹ au coucher, et remplacer le S¹ par S⁵ ou le C¹ par C² ou C⁶ ou Lord ou T. B.; de 3 à 5 grains des mêmes remèdes aux repas, en mangeant, pris à tour de rôle; ext., inj. matin et soir avec 5 ou 10 grains de C⁵ ou de C¹ ou C⁶ ou Lord ou T. B. dans le verre d'eau tiède, on peut y ajouter 10 gouttes El. V.; application de El. R. ou El. B. ✕ El. J., aux 3 points de l'estomac, 15 secondes par point matin et soir; chaque soir un supp. ou boule vaginale C⁵; un grand bain par semaine avec 60, 75 ou 100 grains de C⁵ ✕ Lord ✕ T. B., à tour de rôle.

Que de femmes et de jeunes filles ont été débarrassées de cette incommodité par la persistance de ce traitement, ayant fait céder des leucorrhées les plus rebelles aux médications ordinaires, et sans jamais plus reparaître ! La femme ne saurait trop s'attacher à vaincre cette maladie, parce qu'elle est toujours le précurseur de maladies beaucoup plus graves, occasionnant assez souvent des conséquences fâcheuses au contact, comme elle peut aussi la conduire au *Cancer*.

LÈVRES (*enflure des*), *gonflement*. Int., C¹, 1ʳᵉ ou 2ᵉ dil., chaque demi-heure, 1 grain C⁵ à sec, chaque heure; aux repas, en mangeant, 3 grains des mêmes remèdes, à tour de rôle; ext., comp. El. B. matin et soir avec comp. de C⁵ de 5 à 10 grains renouvelée souvent, en changeant le linge chaque fois, et onct. légères C⁵ matin et soir; grands bains avec 60, 75 ou 100 grains de C⁵.

Lichen, *affection de la peau, élévations très petites, solides, quelquefois légèrement rouges, toujours accompagnées de prurit* (voir Efflorescence, Prurit).

Lientérie, *diarrhée, où l'on rend les aliments à peine digérés* (voir Diarrhée, Dysenterie, Entérite).

Lombrics, *vers qui habitent l'intestin grêle, se montrant plutôt chez l'enfant, faciles à reconnaître par la pâleur de l'enfant, le teint plombé, les yeux cernés d'un cercle bleuâtre, parfois brillants et dilatés, souvent ils remontent dans l'estomac jusqu'à la gorge, sortant volontiers par la bouche, le nez, plus rarement par l'oreille, ils provoquent quelquefois des suffocations, pénétrant dans les voies respiratoires et sortant aussi par les voie urinaires* (voir Vers).

Louche (voir Yeux).

Loupes, *tumeurs fréquentes, surtout au cuir chevelu*. Int., S¹ ⨯ C¹ ou Lord, 1ʳᵉ ou 2ᵉ dil., chaque demi-heure; si le sujet est *sanguin*, ajouter A¹, 2¹ dil., chaque heure; en cas de résistance, ajouter Vén¹ ou Sy¹, 1ʳᵉ dil., chaque demi-heure; au réveil comme au coucher, 2 grains à sec de Verm¹; aux repas en mangeant, de 3 à 5 grains des mêmes remèdes, à tour de rôle; ext., matin et soir, comp. El. V. sur la loupe; comp. avec 10, 15 ou 20 grains de C⁵ ou de A², renouvelées autant que possible, en changeant le linge chaque fois; onct. légères de C⁵ ⨯ Vén² ou Sy².

Les loupes ou lipomes sont, le cas simple, des tumeurs charnues, pultacées ou graisseuses, sous-cutanées ou proéminentes, comme la lèpre ou l'éléphantiasis: mais plus compliquées, elles ont pour cause la formation de globules, depuis nombre d'années, en un sang mercurialisé qui se propage au contact, de génération en génération, souvent par l'incubation d'un parasite qui en transmet le germe. — L'opération chirurgicale ainsi que les caustiques employés par la médication ordinaire enlèvent superficiellement le mal, mais ils restent impuissants à en éviter le retour, parce que le germe est dans le sang qu'il faut purifier. — Par conséquent, le malade désireux de *guérir radicalement*, devra avoir confiance dans la lenteur indispensable pour traiter un mal pareil avec cette nouvelle science infaillible, seule capable de dissoudre les tumeurs par le moyen des compresses et des onctions; il faut persévérer au traitement interne, afin de renouveler le sang si corrompu.

Lumbago, *douleur dans la région lombaire, suite de refroidissement, sans gonflement, sans rougeur ni chaleur locale, survenant presque toujours subitement à la moindre contraction des muscles, des lombes, forçant le malade à se tenir coucher.* Int., au réveil comme au coucher, 2 grains de Verm^1, s'il y a fièvre au début F^1, 2e dil., chaque 15 minutes, puis S$^1 \times$ A^3, 1re dil., chaque demi-heure, 1 grain de C^1 à sec chaque heure; en cas de résistance, N. $\times$ A^1, 1re ou 2e dil., chaque demi-heure, au besoin remplacer N. par S^2 ou S^7 ou L.; mêmes doses, et le C^1 par C^6, les mêmes remèdes, de 3 à 5 grains aux repas en mangeant et à tour de rôle; ext., badigeonnage sur les points douloureux avec El. R. ou El. A. $\times$ El. J., de même, application à l'occiput grand sympathique, le long et de chaque côté de l'épine dorsale; onct. de C^5 sur les mêmes points matin et soir, et onct. légères aux hypocondres de F^2; un grand bain ou deux par semaine, avec 60, 75 ou 100 grains de C^5 ou C$^6 \times$ S^7 ou L. $\times$ A$^2 \times$ F^2; à tour de rôle.

Mêmes observations que pour la goutte (voir Goutte) ; moins les compresses dont il n'est pas question dans le traitement du lumbago.

Lupus vorace, *dartre rongeante attaquant de préférence le nez, avec croûtes, tubercules ou taches violacées qui s'ulcèrent et creusent les chairs ; traitement très long pouvant durer de 2 à 3 années, mais qu'il faut suivre sans interruption.* Int., au réveil 2 grains, à sec, de $Verm^1$ et au coucher 2 grains de $Vén^1$ ou Sy^1 à sec ; puis $S^1 \times C^1 \times A^1$, 1re ou 2e dil. chaque demi-heure ; S^7 ou L. 1 grain, à sec, chaque heure ; durant le traitement, remplacer alternativement le S^1 par S^5 et S^2 ; le C^1 par $Vén^1$ ou Sy^1 ; le S^7 ou L. par C^5 ou C^2 ou Lord ou T. B. ; les mêmes remèdes aux repas, en mangeant, de 2 à 3 grains pris à tour de rôle ; ext., comp. avec 10, 15 ou 20 grains de $S^5 \times C^5$, renouvelée aussi souvent que possible en changeant le linge chaque fois ; elles seront également alternées durant le traitement avec le C^{10} le C^7, Lord et T. B. et $Vén^2$ ou Sy^2 ; application El. R. ou El. A. à l'occiput, grand sympathique, aux sus et sous-orbitaux, racine du nez, frontal 15 secondes par point ; onct. légères de $S^5 \times C^5 \times A^2$ sur les points atteints et de F^2 aux hypocondres, matin et soir ; grands bains, un par semaine ou par quinzaine, avec 60, 75, 100 ou 150 grains de $S^5 \times C^5 \times Lord \times A^2 \times C^{10}$ ou $C^7 \times Vén^2$ ou $Sy^2 \times T. B. \times F^2$, pris à tour de rôle ; s'il y a fièvre ou fébrilité dans le sang, int., un grain F^1, chaque heure.

Mêmes observations que pour *Efflorescence* (voir cet article).

Luxations *générales, même traitement que pour celles du fémur* (voir Coxalgie, Hanche).

Lymphangite, *inflammation des vaisseaux lymphatiques avec douleur et pesanteur ; tuméfaction.* Int., $S^1 \times C^1$; 1re ; 2e ou 3ᵉ dil. chaque demi-heure ; de 3 à 5 grains des mêmes remèdes aux repas, en mangeant, et à tour de rôle ; ext., application El. R. aux 6 grands points, 15 secondes par point, onct. légères sur les parties atteintes, avec S^5, matin et soir ; grands bains avec 60, 75 ou 100 grains de $S^5 \times C^5$, un par semaine ou par quinzaine, au besoin (voir Adénite).

Machoire, *contraction spasmodique des muscles élévateurs de la mâchoire inférieure* (voir Trimus).

Main, *rétraction de la main, par la coupure d'un nerf* (voir Blessures). Int., s'il y a inertie des doigts S^1, 1ʳᵉ ou 2ᵉ dil. chaque demi-heure ; si la main est enflée, endolorie, $S^1 \times C^1$, 1ʳᵉ ou 2ᵉ dil. chaque demi-heure ; les mêmes remèdes de 3 à 5 grains aux repas, en mangeant, à tour de rôle ; ext., comp. El. R. ou El. A. ou El. B. × El. J. aux nerfs de la main ; bains locaux avec 10 ou 15 grains de C^5 ou en comp. renouvelée souvent en changeant le linge à chaque fois ; onct. légères de S^5, matin et soir.

Aussitôt après l'accident, mettre en contact les deux parois violemment séparées par le tranchant et paralyser la fermentation anormale des débris que la cicatrisation doit rebuter ; il est évident que le rapprochement, la réagglutination, la greffe en un mot s'en opérera au moyen des compresses, des bains et onctions, ainsi que du traitement interne prescrit ci-dessus, s'il est suivi très exactement. Après la cicatrisation, continuer pendant quelque temps encore à l'int. le S^1, 1ʳᵉ, 2ᵉ dil. et à l'ext., les onctions légères de S^5, pour éviter la trace distinctive de l'accident.

Mal caduc (voir Epilepsie, Danse de Saint-Guy, Mal de mer), *vertiges nerveux, provoqués par l'instabilité et le manque* d'équilibre du corps, une fois en mer, comprimant l'estomac et particulièrement le cerveau, ce qui occasionne un trouble dans la circulation générale, prendre : Int., de 5 à 10 grains du spécifique établi spécialement à cet usage, appelé *mal de mer*, le même remède peut être pris en dilution, 1re ou 2e ou 3e, mais c'est la 3e qui a fait le mieux ; en cas de résistance, on remplace ce remède par N. $\times$ S^1, pris à sec, ou en dilution dans la même proportion, on ajoutera aussi le F^1 qui a été efficace pour certaines constitutions ; ext., application de El. R. au creux de l'estomac, plexus solaire, 20 secondes par point, de même des comp. de S^5, de 10 à 20 grains par verre d'eau, sur la tête et au creux de l'estomac, ont fait du bien. La position horizontale est la meilleure.

Mal de Pott (voir Carie des os).

Mal de Reins (voir Lumbago, Reins).

Mamelon-Mastite (voir Seins).

Marasme, *maigreur extrême de tout le corps, souvent toux sèche, survient dans toutes les maladies graves et prolongées* (voir Anémie, Atonie, Phtisie).

Masturbation, *fâcheuses habitudes produites par la provocation des sens, qui a pour effet de surexciter l'imagination portée à les contracter plutôt qu'à les vaincre, et principalement chez la jeunesse où la présence d'ascarides ou d'autres vers en est une des causes ; cela détermine le plus souvent une croissance défectueuse qui la conduit au marasme et à la phtisie.* Int., au réveil comme au coucher, de 3 à 5 grains de Verm^1, à sec, selon l'âge ; puis S^1 $\times$ N., 1re ou 2e dil. chaque demi-heure ; de 3 à 5 grains des mêmes remèdes, aux repas, en mangeant, et à tour de rôle ; ext., application de El. A. $\times$ El. J. aux 6 grands points et au sacrum, 14 secondes par point, comp. de El. B. à l'occiput ; grands bains avec 40, 60, 75 ou 100 grains de S^5, selon l'âge.

Matrice, *douleur, chute de matrice, antéversion, rétroversion, rétraction, accidents d'origine syphilitique et trahis par les pertes blanches.* Int., $S^1 \times A^1$ ou $A^2 \times C^1$, 1re, 2e ou 3e dil. chaque demi-heure, un grain à sec, de S^1 ou L. chaque heure ; les mêmes remèdes à sec, en mangeant, aux repas, de 3 à 5 grains pris à tour de rôle ; ext., application d'El. R. $\times$ El. J. au pubis, au sacrum, au périné; entre les deux issues, 15 secondes par point, matin et soir, et inj. avec 5, 10, 15 ou 20 grains de C^5, eau tiède ; ou bien avec 10 ou 20 gouttes d'El. B. dans le verre d'eau tiède ou encore avec El. V. ; onct. légères de C^5 à tout le ventre, au pubis, périné, sacrum et aux reins ; bains de siège chaque jour ou chaque 2 jours, avec 15 ou 25 grains de $C^5 \times C^1 \times A^2$, à tour de rôle, chaque soir ; supp. ou boule vaginale au C^5 ; en cas de résistance, même traitement que pour *Leuccorrhée*. — *Pour les autres affections de la matrice* (voir Age critique, Aménorrhée, Cancer, Dysménorrhée, Métrorrhagie).

Mêmes observations que pour la leuccorrhée, bon nombre de guérisons ont été obtenues par ce traitement rigoureusement suivi, il a fortifié les ligaments affaiblis, et amené la matrice dans sa position naturelle, quelle qu'en soit la cause.

Mauvais goût de la bouche (voir Bouche).

Maux de dents (voir Dents).

Mélancolie, *tristesse.* Int., $S^1 \times F^1 \times C^1$, 1re ou 2e ou 3e dil. chaque demi-heure ; aux repas, en mangeant, de 3 à 5 grains des mêmes remèdes pris à tour de rôle ; ext., onct. légères avec F^2 aux hypocondres ; grands bains avec 60, 75 ou 100 grains de $S^5 \times C^5 \times F^2$, à tour de rôle.

Méléna, *vomissement de sang noir* (voir Hémoptysie, Hématémèse).

MÉNINGITE, *inflammation aiguë des méninges du cerveau, qui se déclare par douleur de tête, malaise, vertiges, saignement de nez, puis mal de tête atroce, insomnie, agitation et fièvres internes, parfois vomissement et constipation, délire même furieux ou quelquefois calme, soubresauts, mouvements convulsifs, yeux louches, sommeil comateux, après le malade tombe en un assoupissement profond. Les contusions ou blessures au crâne, un coup de soleil (insolation), abus de boissons ou d'émotions violentes, sont ordinairement la conséquence de cette maladie, si peu que le malade y soit prédisposé.* Int., au réveil comme au coucher, 2 grains de Verm¹, à sec, puis S¹ × F¹, 2ᵉ ou 3ᵉ dil. goutte par goutte, ou par demi-cuillerée à café, ou par cuillerée à café chaque 5, 10 ou 15 minutes ; en cas de résistance, remplacer le S¹ par A¹ et ajouter N. × C¹, 2ᵉ ou 3ᵉ dil. administrée de la même manière, 1, 2 ou 3 grains des mêmes remèdes dans les aliments et sont donnés à tour de rôle ; ext., comp. avec 10, 15 ou 20 grains de A² × C⁵ et 10 gouttes de El. A. sur toute la tête, renouvelées souvent en changeant le linge à chaque fois, légères frictions matin et soir, avec El. A. × El. B. sur le crâne et application des mêmes électricités ou bien avec El. R. × El. J. ; à l'occiput, aux grands sympathiques, aux tempes et aux petits hypogloses, 15 secondes par point, onct. légères de F² aux hypocondres et à tout le ventre.

On ne saurait trop engager à la persévérance de ce traitement, afin de vaincre cette maladie, et la *guérir radicalement*, et afin d'en éviter les conséquences ayant pour résultat de conduire le malade à l'idiotisme comme à la folie, quand la guérison est imparfaite.

MÉNOPAUSE, *cessation de la menstruation* (voir AGE CRITIQUE).

MÉSENTÉRITE, *inflammation aiguë ou chronique du mésentère* (voir CARREAU).

MÉTRITE, *inflammation de la matrice* ; si la lésion est légère, elle ne se borne qu'à une partie de l'organe, et ne donne lieu qu'à de la chaleur, du gonflement et de la sensibilité, mais si l'inflammation envahit l'utérus en totalité ou dans sa plus grande partie, on ressent bientôt des frissons, de la céphalalgie, de la soif, des douleurs aiguës à l'hypogastre, au ventre et dans la région lombaire, aux aines, aux cuisses, abaissement du diaphragme dans la toux. Le toucher est douloureux, c'est ce qui fait reconnaître la chaleur du vagin et du col utérin qui est tuméfié, plus dur ou plus mou que dans l'état sain, besoin fréquent d'uriner, l'émission est difficile ainsi que la défécation et augmente à chaque fois la souffrance, fièvres, nausées, vomissements, oppression et constipation. Int., $A^2 \times C^1 \times F^1$, 2e ou 3e dil. chaque demi-heure, un grain de S^1, à sec, chaque heure, en cas de résistance, remplacer le A^2 par A^1 et le C^1 par C^5 ou C^6 ou T. B. ou Lord ; les mêmes remèdes aux repas, en mangeant, de 3 à 5 grains pris à tour de rôle ; ext., application de El. R. ou El. A. $\times$ El. B. ou El. J. au sacrum, au pubis et au périné entre les deux issues, 15 secondes par point, matin et soir, et inj. avec 50 ou 10 grains de C^1 ou de C^5 ou C^6 ou T. B. ou Lord par verre d'eau tiède ; bains de siège chaque jour ou chaque 2 jours avec 15 ou 20 grains de C^5 ou C^6 ou T. B. ou Lord, y séjourner 10 minutes et chaque soir un supp. ou boule vaginale C^5 ; grands bains, un par semaine avec 60, 75 ou 100 grains de C^5 ou C^6 ou T. B. ou Lord $\times S^5 \times A^2 \times F^2$, à tour de rôle.

L'abus des plaisirs vénériens, la fréquence des injections que certaines femmes font trop volontiers, l'irritation causée par l'introduction d'un pessaire ou d'un corps étranger, comme à la suite d'une blénorrhagie vaginale, ou plus fréquemment encore, après un accouchement laborieux, quand la matrice est atteinte de métrite puerpérale ordinairement accompagnée de la terrible péritonite ; toutes ces causes sont la conséquence de cette maladie, qui se *guérit parfaitement* en suivant exactement ce traitement ; et si on observe ponctuellement les prescriptions dictées à l'article spécial grossesse, pendant la gestation, la femme est exempte des incommodités de la métrite perpuérale et des suites.

MÉTRORRAGIE, ou *hémorragie* provenant de l'utérus. Int., un grain de A^1, à sec, sur la langue, chaque 2 heures, puis $A^2 \times C^1$, 2e ou 3e dil. quelquefois 4e ou 5e dil. chaque 15 minutes ; aux repas, en mangeant, de 2 à 3 grains des mêmes remèdes pris à tour de rôle ; ext., comp. de El. A. sur le cœur et au sacrum, 4 fois dans les 24 heures ; onct. légères de A^2 sur tout le ventre au pubis ; inj. avec 10, 20 ou 30 grains de A^2 par verre d'eau ou bien comp. ou léger tampon interne trempé avec cette même solution ; en cas de résistance, faire les inj. comme les comp. ou tampons avec El. A. pure, répété aussi souvent que la situation du malade l'exigera, en changeant à chaque fois le linge servant aux comp. ou tampons ; chaque soir un supp. vaginale au A^2, puis grands bains suivant la situation du malade avec 40, 60, 75, 100, 150 ou 200 grains de C^5 ou de A^2 ou bien avec un flacon entier de El. A., un ou deux bains par semaine.

Voir *hémorragie* pour les observations et les effets miraculeux de cette nouvelle science qui se reproduiront ici ; on prolongera la persévérance de ce traitement pour atteindre la *complète guérison*, aussi longtemps que durera la gravité du mal ; on aura soin de choisir la dose du remède convenant le mieux au malade, certain de rencontrer celle qui amènera la *guérison absolue ;* prendre toutes les précautions momentanées de position et d'immobilité, nécessitées par la situation du malade ; suivre aussi l'hygiène tracée dans ce livre.

Migraine, *douleur ou maux de tête*, commencer par l'application aux tempes, à la nuque, occiput, à la racine du nez, sous les oreilles, derrière les oreilles, aux deux côtés de l'atlas, au niveau des épaules à droite et à gauche de l'épine dorsale, à la plante des pieds, aux sus et sous-orbitaux et au frontal avec El. B. 15 secondes par point ; si cette électricité ne réussit pas, prendre El. R. ou El. A. × El. J. même temps d'application ; s'il y a résistance, c'est qu'il y a engorgement dans la circulation, alors prendre int., si le malade est *lymphatique* ou *sanguin* S¹ × A³, 2ᵉ dil. chaque 15 minutes ; s'il est *nerveux* ajouter N., 2ᵉ dil. ; s'il y a embarras gastrique ou fébrilité, remplacer le A³ ou le N. par F¹, 2ᵉ dil. chaque 15 minutes, et un grain de C¹, à sec, chaque heure ; aux repas, en mangeant, de 3 à 5 grains des mêmes remèdes pris à tour de rôle ; ext., réapplication des électricités déjà indiquées et observer les mêmes points et le même temps d'application ; puis comp. sur le crâne avec 5, 10, 15 ou 20 grains de A³, renouvelée aussi souvent que l'exigera la situation du malade.

Ce mal est occasionné par l'afflux et le refoulement du sang vers le crâne, sous l'influence d'un trouble quelconque ; on peut avoir mal de tête jusqu'à en devenir fou ; comme on peut aussi avoir du délire, de la fièvre chaude, et des convulsions de l'ivresse du delirium tremens, par la force du calorique absorbé et développé dans le sang, poussé vers le cerveau. L'application des électricités au début est pour refouler le sang du cerveau et l'obliger à reprendre sa circulation normale ; si le résultat reste négatif, il faut appliquer ponctuellement le traitement, pour le dégager de l'engorgement qui obstrue sa circulation ; certain d'arriver à une prompte *guérison*.

MILIAIRE, *apparition sur la peau de petits boutons qui ressemblent à des grains de mil* (voir FIÈVRE).

MISANTHROPIE, *dégoût de la société, humeur bourrue, chagrine, etc.* (voir FOLIE, HYPOCONDRIE).

MISERERE, *coliques très violentes où l'on rend par la bouche des matières digérées ; tumeurs douloureuses au côté droit, cylindriques montant jusqu'aux fausses côtes.* Int., 10, 15 ou 20 grains de S^1 ou S^4 ou Giap. en une seule fois, à sec sur la langue, répétés chaque heure jusqu'à soulagement et $S^1 \times A^1 \times C^1$, 1re ou 2e dil. chaque demi-heure ; un grain de S^4 ou Giap. chaque heure à sec, de 2, 3 à 5 grains de $Verm^1$, selon l'âge, à sec, au réveil comme au coucher, ou dans les aliments, de 2, 3 à 5 grains à tour de rôle ; Ext., comp., avec 10, 15 ou 20 grains de F^2 ou de C^{10} ou C^7 ou de A^2 renouvelées souvent, en changeant le linge à chaque fois, appliquées à tout le ventre, ou faites, avec $Verm^2$; légères frictions, également sur le ventre, avec Él. R. ou Él. B. $\times$ Él. J., matin et soir ; clystère eau tiède une fois par vingt-quatre heures, avec 10 ou 20 grains de $F^2 \times C^{10}$ ou C^7 ou $Verm^2$, puis 5 à 8 granules laxatifs ou purgatifs, jusqu'à effet ; chaque soir supp. S^5 ; au besoin (voir COLIQUES).

La hernie étranglée, comme l'occlusion de l'intestin côlon par l'invagination de parasites donnent parfois lieu à une colique miserere de la pire espèce, car alors le malade vomit des matières complètement stercorées (insectes), se tord, se roule à terre en proie à des épreintes atroces, occasionnées par les larves. Il faut persister dans ce traitement, pour obtenir la guérison.

Moelle épinière (voir Myélite).

Morsures *venimeuses ou de serpents* (voir Piqûres d'insectes ou vipères).

Mouvements nerveux (voir Soubresauts).

Muguet, *granulations blanchâtres, caséeuses, à la surface interne des lèvres et de la bouche, remplies d'un parasite végétal* (voir Aphtes).

Mutisme, *impuissance d'articuler les sons, ou perte de la parole, par suite de coups, chute ou autre accident.* Commencer par appliquer les électricités El. R. $\times$ El. J., pour le malade *lymphatique* ; s'il est *sanguin*, El. A. $\times$ El. J., pendant trente secondes, aux 6 grands points et pour chaque point, comme aux grandes et petites hypogloses ; si les électricités restent sans effet. Int., $S^1 \times N.$ pour le *lymphatique*, 1re et 2e dil. chaque heure, et pour le *sanguin*, $A^1 \times N.$, 1re ou 2e dil. chaque demi-heure ; en cas de résistance, ajouter C^1 ou C^5 ou C^4 et remplacer le A^1 par A^2, mêmes doses ; aux repas, en mangeant, 3 à 5 grains des mêmes remèdes à tour de rôle ; Ext., réapplication des électricités citées plus haut, sur les mêmes points, de 15 à 20 secondes par point, matin et soir ; onct. légères de F^2 aux hypocondres, de C^5 ou S^5 à toute la tête et aux grands et petits hypogloses ; grands bains avec 60, 75 ou 100 grains de $S^5 \times C^5 \times A^2 \times F^2$, à tour de rôle, un par semaine.

Myélite, *inflammation de la moelle épinière, à l'état aigu, douleurs aux lombes, paralysie des jambes, de la vessie (rétention ou écoulement involontaire de l'urine), du rectum, déjections difficiles, vives coliques, respiration précipitée, haletante, palpitations violentes, souvent gêne pour avaler, rigidité des muscles du cou et des bras, fourmillement aux mains et aux doigts, trouble des sens, délire furieux, grincement de dents, langue rouge, sèche, vomissements et quelquefois hydrophobie, convulsions, hémiplégie et souvent paralysie générale. A l'état chronique, beaucoup plus lente, demeure parfois plusieurs années à se développer, douleur fixe dans l'épine dorsale, chaleur incommode, prurit et inquiétude dans les membres inférieurs, avec tous les symptômes à l'état aigu, ayant une marche beaucoup plus lente.* Int.; au réveil, 2 grains de $Verm^1$, à sec sur la langue; au coucher, 2 grains de $Vén^1$ ou Sy^1 et $S^1 \times A^1 \times N.$, 1re, 2e ou 3e dil. chaque demi-heure, un grain $C^1 \times F^1$, à sec, chaque heure; en cas de résistance, remplacer le S^1 par S^3, le A^1 par A^3 et le N. par C^4; les mêmes remèdes, par 3 à 5 grains, aux repas, en mangeant, pris à tour de rôle, en ajoutant le S^2, le S^5 et le C^5; Ext., application de Él. A. ou Él. R $\times$ Él. J. ou Él. B., aux 6 grands points et sous la plante des pieds, 15 secondes par point, de chaque côté et le long de l'épine dorsale, matin et soir; comp. avec 10 ou 20 grains de $S^5 \times S^3 \times C^5 \times C^4 \times A^3$, mélangé à 10 ou 20 gouttes d'Él. R. ou Él. A. ou Él. J. ou Él. B., suivant la constitution du malade, sur tout le long de l'épine dorsale et sur tous les points ou membres attaqués de paralysie, renouvelées souvent en changeant le linge chaque fois; onct. légères aux hypocondres de F^2, matin et soir et aussi de $C^5 \times A^2$ sur toute l'épine dorsale, comme aux membres et points attaqués de paralysie, à tout le ventre et aussi à la tête, très légèrement; grands bains, un par semaine ou par quinzaine, avec 60, 75 ou 100 grains de $S^3 \times S^5 \times A^3 \times C^5 \times F^2 \times C^4 \times Vén^2$ ou Sy^2, à tour de rôle.

La myélite est une affection intime de la substance du cerveau, du cervelet, causée par l'action désorganisatrice des poisons, surtout arsenicaux et mercuriels; les organes animés par les nerfs cérébraux et cérébelleux et de la moelle épinière, en éprouvent une paralysie progressive à mesure que l'atôme destructeur pénètre plus profondément au cœur de l'articulation nerveuse. — Cependant la paraplégie ou paralysie des membres inférieurs peut tenir à une lésion tout autant des embranchements des nerfs sciatiques que de l'extrémité elle-même de la moelle épinière. — Il arrive que la 1re dil. du remède réussit dans la myélite aiguë, alors que pour celle en état chronique il faut administrer la 2e ou 3e dil.; en tout cas, la recherche de la dose qui convient le mieux au malade est à faire, à cause des diverses constitutions qu'on rencontre et auxquelles il faut donner le remède le plus en rapport avec les causes assez multiples qui ont déterminé cette maladie. De là la nécessité de tracer dans ce traitement l'application des remèdes réclamés par cette circonstance et qui sont à suivre scrupuleusement à l'extérieur pour arriver à une *guérison absolue* sans négliger ceux à prendre à l'intérieur.

Nausées (voir Aigreurs), *même pendant la grossesse* (voir le paragraphe spécial Grossesse).

Nécrose, *désigne la mortification d'une partie d'os ou cancer des os* (voir Carie des os).

Néphralgie, *irritation nerveuse, douleur plus ou moins vive de la région lombaire avec tremblement, refroidissement, urine nerveuse, parfois vomissements* (voir Névrose).

Néphrétique *(coliques), névralgie due à la présence d'un calcul développé dans les reins, les bassinets, ou parcourant les uretères* (voir Calculs, Coliques).

NÉPHRITE, *Inflammation aiguë ou chronique des reins avec calculs ou avec rhumatismes chroniques* (voir CALCULS, REINS).

NERFS, *altération des nerfs* (voir NÉVROSE).

NÉVRALGIE, *douleur vive poursuivant le trajet d'une branche nerveuse et de ses ramifications, sans rougeurs, ni tension, ni gonflement.* Ext., commencer par application au point douloureux avec Él. R. ou Él. A. ou Él. B. $\times$ Él. J., 15 secondes par point ; si elles restent sans effet, int., N., 2e ou 3e dil. chaque demi-heure, ou bien $S^i \times N.$, 2e ou 3e dil. chaque demi-heure ; si le sujet est *sanguin*, ajouter A^3, même dil., un grain de C^1, à sec, chaque heure ; si elle est fébrile, intermittente, remplacer ou ajouter au C^t le F^1 par un grain à sec chaque heure ou bien en 1re ou 2e dil. chaque demi-heure ; s'il y a impureté syphilitique, au réveil comme au coucher, 2 grains à sec de $Vén^t$ ou Sy^t, aussi en 1re ou 2e dil. chaque demi-heure $\times$ avec les remèdes précédents ; de 3 à 5 grains des mêmes remèdes à sec aux repas, en mangeant, à tour de rôle, ajouter au besoin le A^1 et le S^2 ; ext., réapplication des mêmes électricités sur les points douloureux et onct. légères de $C^5 \times S^5$, sur les mêmes points matin et soir ; onct. légères de F^2 aux hypocondres ; grands bains avec 60, 75 ou 100 grains de $C^5 \times S^5 \times A^2 \times N. \times F^2 \times Vén^2$ ou Sy^2, à tour de rôle ; si elle est *dentaire* (voir DENTS), si elle est liée au *rhumatisme* (voir GOUTTE) ; si elle tient à un état *névrotique* (voir NÉVROSE) et (voir MIGRAINE) pour l'application des électricités sur les points.

La névralgie a son siège spécialement au centre d'un rameau nerveux ou dans un organe des sens, extrémité papillaire d'un rameau nerveux, occasionnée par un trouble proportionnel dans ses fonctions ou par la cessation complète ; on y remédiera par l'application des électricités conductrices de la vitalité des régions du système nerveux. — Mais si les électricités ne produisaient aucun effet, on mettra sur le point à électriser une petite compresse de 10 grains A^2 dans le verre d'eau pendant 15 minutes et par point; après, on réappliquera l'électricité voulue ; si le résultat demeurait encore négatif, c'est qu'il y aurait engorgement dans la circulation de cette vitalité ; on la rétablira en suivant exactement le tracé ci-dessus jusqu'à parfaite guérison.

Névrite, *inflammation des nerfs avec altérations plus ou moins graves* (voir Névralgie, Névrose).

Névrose, *affection du système nerveux qui se traduit par un trouble fonctionnel sans cause apparente ayant des symptômes différents ; la dose du remède se recommande d'autant plus atténuée que le système nerveux est plus malade.* Int., au réveil comme au coucher, 2 grains $Verm^t$ et $S^1 \times A^2 \times N.$, 2e, 3e, 4e, 5e ou 6e dil., une cuillerée à café chaque heure, un grain de $F^1 \times C^1$ chaque deux heures à un intervalle de 15 minutes à sec sur la langue ; aux repas, en mangeant, 2 à 3 grains des mêmes remèdes, à sec sur la langue à tour de rôle ; ext., application d'Él. R. ou Él. A. ou Él B. $\times$ Él. J., aux 5 grands points, 15 secondes par point et aux deux côtés de l'épine dorsale et tout le long ; onct. légères de $F^2 \times C^5$ sur les points malades et aux hypocondres, matin et soir ; grand bain, un par semaine ou par quinzaine avec 40, 60, 75 ou 100 grains de $C^5 \times S^5 \times A^2 \times F^2$ ou bien un demi-flacon Él. B. à tour de rôle.

On entend par névrose les affections du système nerveux, concourant à la circulation vitale de l'organisme, dans les régions cérébrales, la moelle épinière, les troncs et dans les embranchements de cette partie active du corps. (Voir l'article spécial : Névrose.)

Nez *(Coryza), inflammation des fosses nasales*. Int., S^1 ou S^5 ou S^6 ou Giap. × A^1, 1re dil., chaque 15 minutes, un grain ou deux à sec de C^2 ou C^4 chaque heure, au réveil comme au coucher 3 grains à sec de S^1 ou Giap.; de 3 à 5 grains des mêmes remèdes aux repas, en mangeant, à tour de rôle; ext., asp. avec 5 ou 10 grains de C^5 ou C^7 ou C^{10} ou T. B. par verre d'eau, matin et soir; application de Él. R. ou Él. A. au moyen d'un petit pinceau trempé de cette électricité et passé à la racine, le long et de chaque côté du nez; avec onct. légères de C^5 × S^5, matin et soir. *Ozène ou odeur fétide*. Int., S^1 ou S^2 ou S^5 × C^1 × A^2, 1re ou 2e dil. chaque heure, un grain de C^4 ou C^7 ou C^{10} ou T. B., à sec, chaque heure; s'il y a résistance, 1 ou 2 grains de Vén^1 ou Sy^1, au réveil comme au coucher, pris à sec; les mêmes remèdes aux repas, en mangeant, pris à tour de rôle; ext., app. avec 5, 10, 15 ou 20 grains, selon la gravité du mal, de C^5 ou C^4 ou Lord, 3 à 4 fois dans les vingt-quatre heures, avoir bien soin de rejeter à chaque fois, et fortement, les sécrétions qui se produisent à l'intérieur du nez; application de Él. R. ou Él. A. × Él. J., au moyen du petit pinceau, à la racine, le long et de chaque côté du nez matin et soir, avec onct. légères de C^5 sur les mêmes points; grands bains avec 60, 75 ou 100 grains de C^5 ou C^4 ou Lord × S^5 × A^2 × Vén^2 ou Sy^2, à tour de rôle. — *Saignement du nez* (voir Epistaxis).

Nostalgie (voir Hypocondrie, Mélancolie).

Notalgie, *maux de reins* (voir Lumbago).

Noyés, *asphyxie par submersion*. Int., 10 à 20 grains de S^1 à sec sur la langue, répétés de 10 en 10 minutes, jusqu'à effet et le même remède à dose 1re dil., chaque 15 minutes, quelquefois 20 grains de A¹ à sec sur la langue ont été excellents ; ext., application fréquente au début de Él. R. ou Él. A. × Él. J. aux 6 grands points et sous la plante des pieds, 20 secondes chaque point et frictions à tout le corps d'une solution de 10 grains Cᵉ, 10 grains Aᵉ et une demi-cuillerée à café d'Él. R. dans le verre d'eau additionné avec 100 grammes d'alcool.

Coucher immédiatement, sans perdre une minute, l'asphyxié sur le flanc incliné pour faciliter l'écoulement de l'eau, et non pas le suspendre par les pieds, ce qui exposerait à compléter l'asphyxie ; le soulever et le pencher alternativement, une fois dépouillé de ses vêtements ; employer le massage en prenant avec les mains chaque membre, le ventre et les flancs et s'efforcer de produire la respiration artificielle en plaçant le malade sur le dos avec un coussin sous les épaules, et en saisissant, dans cette position, le coude des bras, qui sera élevé et abaissé doucement, horizontalement et successivement jusqu'à effet ; en cas de non réussite on peut infiltrer l'air dans les poumons avec un tube au moyen d'un soufflet, dans ce cas il faut agir avec modération pour ne pas remplir la poitrine outre mesure jusqu'à provoquer l'écartement de la cellule pulmonaire ; il serait mieux de pratiquer cette insufflation bouche à bouche, en appliquant les lèvres sur celles du malade pour souffler l'air dans la bouche, ce moyen a souvent obtenu de bons effets ; avec l'emploi du traitement et en y persistant, on est certain de le rappeler à la vie.

Nuque, *crampe à la nuque* (voir Torticolis).

NYMPHOMANIE, *ou fureurs utérines, caractérisées par un penchant irrésistible et insatiable à l'acte vénérien* (voir ÉPYLEPSIE, HYSTÉRIE).

OBÉSITÉ, *hypertrophie du tissu adipeux, soit sous-cutané ou de toute l'économie.* Int., $S^1 \times S^7$ ou L., 1re ou 2e dil., chaque 15 minutes, emploi de granules laxatifs ou purgatifs chaque 8 ou 15 jours (voir CONSTIPATION) et un grain de A^1 à sec sur la langue chaque heure, en cas de résistance, ajouter C^1 ou C^5 ou C^2, 1re ou 2e dil., chaque 15 minutes, et de 3 à 5 grains des mêmes remèdes en mangeant, aux repas, à sec et à tour de rôle ; ext., application de Él. R. ou Él. A $\times$ Él. J., aux 6 grands points, 15 secondes par point, matin et soir, avec onct. légères aux hypocondres de $F^2 \times C^5$; grands bains de S^7 ou L. $\times C^5 \times A^2 \times F^2 \times C^2$, 60, 75 ou 100 grains, pris à tour de rôle, un ou deux bains par semaine. Ne pas confondre l'obésité avec une constitution naturellement forte, et qui ne doit pas se détruire.

La fleur de santé qui colore l'obèse n'est qu'une apparence trompeuse ; il respire comme s'il étouffait, il digère comme s'il en souffrait, il dort comme s'il se fatiguait ; il écoute comme s'il rêvait, il répond comme s'il se taisait ; tous ses plaisirs sont des malaises, tous ses efforts sont des menaces d'asphyxie et de coup de sang. L'air n'arrive presque plus par les pores ; il sue la graisse tant il en produit, la peau se tend en s'épaississant ; les organes sont paralysés dans leurs fonctions, n'ayant plus le jeu et l'alternance de leurs mouvements ; les poumons sont guindés et comprimés dans la cavité thoracique, le cœur dans le péricarde, les viscères dans l'abdomen, et les urines subissent le même sort dans la défécation ; sous l'influence de ce traitement, tous ces symptômes disparaissent peu à peu et l'obèse reprend la constitution naturelle qu'il doit avoir, comparée à celle existante dans sa famille.

ODEUR de la bouche (voir BOUCHE).

ODONTALGIE (voir DENTS et NÉVRALGIE).

ODORAT (perte de l'). Int., $S^1 \times C^1$, 2e ou 3e dil. chaque demi-heure, un grain A^1, à sec, chaque 2 heures ; les mêmes remèdes aux repas, en mangeant, de 3 à 5 grains pris à sec et à tour de rôle ; ext., application de El. R. à la racine du nez $\times$ El. J. de même de chaque côté du nez, 20 secondes par point ; asp. avec 10, 15 ou 20 grains de $S^1 \times C^5$ et bain 3 à 4 fois dans les 24 heures ; comp. de $S^5 \times A^2$, 10, 15 ou 20 grains le soir au lit., renouvelée souvent en changeant chaque fois le linge ; onct. légères de $S^5 \times C^5$, matin et soir.

ŒDÈME de la glotte, gonflement œdémateux de la membrane muqueuse qui circonscrit l'ouverture supérieure du larynx. Int., $S^1 \times A^2 \times C^2$, 2e, 3e dil. chaque demi-heure, s'il est du poumon, remplacer le S^1 par P^2 même dil. ; aux repas, en mangeant, de 3 à 5 grains des mêmes remèdes pris à tour de rôle ; ext., application de El. R. ou El. A. $\times$ El. J. aux 6 grands points et aux hypogloses, 15 secondes par point, matin et soir ; gar. avec 5, 10, 15 ou 20 grains de C^2 ou C^5 selon la gravité du mal, 3 à 4 fois dans les 24 heures ; comp. au-dessous du cou avec 10, 15 ou 20 grains de S^5 ou C^5, renouvelée souvent en changeant le linge chaque fois ; onct. légères matin et soir de S^5 ou C^5, au-dessous du cou pour le larynx, et sur la poitrine pour le poumon ; grands bains avec 60, 75 ou 100 grains de $C^2 \times C^5 \times A^2$, à tour de rôle.

En suivant très exactement ce traitement avec persistance, on est certain de détruire la cause qui aura déterminé le mal et d'arriver à la *guérison* assez rapidement.

Œil (voir Yeux).

Œsophagite, *inflammation de l'œsophage provenant de l'abus de substances pharmaceutiques.* Int., S¹, 1ʳᵉ dil. chaque demi-heure et A², 2ᵉ dil. chaque heure (voir Brule-Cou).

Onanisme *volontaire ou involontaire, dégénère en habitude et même en maladie, avec gonflement périodique des glandes spermatiques avec douleurs croissantes ne cédant qu'à l'émission* (voir Masturbation, Spermatorie).

Onyxalgie, *affection de l'ongle, atteint dans son organisation intime par l'action d'une substance désorganisatrice, coloration artificielle ou décoloration de l'ongle ; ou bien difformité de l'ongle, étalé en écaille, arrondi en griffe qui le contourne en arrière ou le fait rentrer dans les chairs ; il peut avoir été arraché, fendu, écrasé ; dans ces trois derniers cas l'ongle se refait de lui-même, par une nouvelle végétation, et il ne reste pas trace de la blessure si toutefois la bulbe n'a pas été comprise dans ce genre d'altération ; mais si l'extrémité ou région unguéale du doigt est affectée par l'introduction d'une esquille, d'une épine, d'une arête, de la dent d'un brochet, du parasitisme d'un acare ou du dragonneau, il se détermine en mal d'aventure, tourniol ou tourniotte, panaris* (pour traiter toutes ces affections, voir Panaris).

Ophtalmie aigue (granuleuse) ou chronique, *rougeur dans l'œil et de l'intérieur des paupières* (Conjonctives), *sensation de sable ; rougeur des paupières avec larmoiement continu (surtout à l'air), cuisson, mal de tête, crainte du grand jour ;* Ophtalmice, Chronique catarrhale, *mêmes symptômes sans douleurs avec écoulement de chopie plus ou moins abondante ;*

SCROFULEUSE (QUASI SYPHILITIQUE), *paupières gonflées et rouges, chassie épaisse s'agglutinant sur les bords, taches grisâtres, chute des cils, ulcérations, renversement de la paupière montrant la partie intérieure, quelquefois engorgement continu des glandes sous la mâchoire, teint jaune, terreux ou bien face bouffie.* Int., usage des spécifiques, ophtalmique ou marine ou S^1, 1re ou 2e dil. chaque 15 minutes ; si elle est *congestive* ajouter A^1, 2e dil. chaque 15 minutes ; un grain C^1 chaque heure ; en cas de résistance, remplacer le S^1 par S^2 ou S^5 ; si elle est *syphilitique*, au réveil comme au coucher de 1 à 2 grains de $Vén^1$ au Sy^1 à sec, ou bien en 1re ou 2e dil. chaque demi-heure, avec les remèdes précédents ; aux repas, en mangeant, de 3 à 5 grains des mêmes remèdes pris à tour de rôle ; ext., matin et soir faire des bains d'yeux, avec 3 ou 5 grains de opht. ou de marine ou de S^1 dissous dans le verre d'eau, au moyen d'un godet spécial en verre et pendant 5 minutes en ayant soin d'ouvrir l'œil pour mettre la pupille en contact avec l'eau, ne pas s'arrêter au léger picotement qu'on ressent, cela passe rapidement ; application d'El. R. ou El. A. ou El. B. aux tempes, au frontal, aux sus et sous-orbitaux, 15 secondes par point ; comp. avec la même solution sur les deux yeux, chaque soir, une fois au lit et renouvelée souvent en changeant le linge à chaque fois ; si l'inflammation est congestive faire les comp. comme les bains d'yeux, avec 1 ou 3 grains de A^1 dans le verre d'eau ; onct. légères matin et soir de $S^5 \times C^5$; au *caratère syphilitique*, faire les comp. comme les bains d'yeux avec 1 à 3 grains de $Vén^2$ Sy^2. *Les dispositions organiques des yeux exigent que le traitement s'étende aux deux yeux, alors même qu'il n'y aurait qu'un œil de malade.*

Bon nombre d'ophtalmies très opiniâtres a été guéri, par la persistance dans ce traitement, dans une période relativement courte, sans jamais plus se reproduire.

Oppresssion (voir Étouffements).

Orchite, *inflammation du testicule*. Int., S^1 ou S^2 ou S^7 ou L. $\times A^1 \times C^1$, 2e ou 3e dil. chaque demi-heure ; en cas de résistance, remplacer le S^1 par $Vén^1$ ou Sy^1, même dil., les mêmes remèdes aux repas, en mangeant, de 3 à 5 grains pris à tour de rôle ; ext., comp. avec 10, 15 ou 20 grains de S^5 ou $C^5 \times Vén^2$ ou Sy^2, renouvelée souvent en changeant le linge à chaque fois ; onct. légères matin et soir de $C^5 \times Vén^2 Sy^2$; bains de siège chaque 2 jours avec 15 ou 25 grains de $S^2 \times C^5 \times Vén^2$ ou Sy^2, y séjourner 10 minutes.

Oreilles (voir Bourdonnements, Oreillons, Otalgie, Otorrhée).

Oreillons, *parotite, inflammation des glandes salivaires placées sous les oreilles*. Int., $S^1 \times A^1$, 2e ou 3e dil. chaque demi-heure ; s'il y a résistance, S^7 ou L. $\times A^1 \times C^1$; 2e ou 3e dil. chaque demi-heure ; de 3 à 5 grains des mêmes remèdes aux repas, en mangeant, pris à tour de rôle ; ext., comp. avec 5, 10, 15 ou 20 grains, selon l'intensité du mal, renouvelée souvent en changeant chaque fois le linge ; application de El. R. ou El. B. $\times$ El. J. aux nerfs intéressés et autour de la tumeur avec onct. légères de S^7 ou L. $\times S^5$ ou C^5 matin et soir, et aussi aux hypocondres ; grands bains avec 60, 75 ou 100 grains de S^7 ou L. $\times C^6 \times A^2$, à tour de rôle.

Orgelets ou *prédisposition aux orgelets* (voir Yeux).

Ostéite, *inflammation du tissu osseux* (voir Carie des os).

Otalgie, *névralgie ou névrose du tympan et du nerf acoustique* (voir Bourdonnement) avec El. A. à l'ext.

Otite, *inflammation de la membrane muqueuse de l'oreille, qui débute par une douleur plus ou moins aiguë, un bourdonnement insupportable ou des élancements violents* (voir

Bourdonnement) avec El. V. à l'int., au moyen d'un tampon imbibé de cette électricité, le matin et le soir ; supp. auriculaire et Bg. aux cancéreux.

Otorrhée ou *otite chronique de l'oreille qui produit souvent un écoulement par le canal auditif* (voir Bourdonnement, Otite) avec supp. auriculaire angiotique.

Ouïe, *perversion de l'ouïe* (voir Bourdonnement) avec F^1 à l'int. et F^2, onct. légères aux hypocondres.

Ovarite, *inflammation de l'ovaire ou des ovaires, suite de couches ou de métrite ou d'irrégularité dans les fonctions menstruelles; douleur à la matrice avec enflure sensible d'un côté, dans les reins, dans les cuisses, parfois constipation opiniâtre.* Int., $S^1 \times A^1 \times C^1$, 2e ou 3e dil. chaque demi-heure ; un grain de S^7 ou L. chaque heure ; s'il y a résistance, C^2 ou T. B. $\times A^2$, 2e ou 3e dil. chaque demi-heure ; de 3 à 5 grains des mêmes remèdes aux repas, en mangeant, pris à tour de rôle ; ext., comp. avec 10, 15 ou 20 grains de C^5 ou T. B. $\times A^2$, renouvelée souvent en changeant le linge à chaque fois ; frictions sur l'ovaire malade matin et soir avec El. B. ou El. R. $\times$ El. J. faites très légèrement et onct. légères avec $C^5 \times A^2$; bains de siège un ou deux par semaine avec 15 ou 25 grains de C^5 ou T. B. $\times A^2$, un grand bain par semaine ou par quinzaine avec 40, 60, 75 ou 100 grains de S^7 ou L. $\times C^2 \times C^5 \times A^2$, à tour de rôle ; chaque soir supp. ou boule vaginale et supp. A.

Que d'affections de ce genre ont été vaincues assez rapidement par l'application de ce traitement chez la jeune fille, et surtout chez la femme qui en a été préservée, même avec les couches, en suivant exactement l'hygiène de la grossesse ! (Voir l'article spécial Grossesse.)

Ozène, *ulcère du nez qui communique à l'haleine une odeur fétide.* (voir Nez).

PAEDARTRHOCACE, *enfants noués* (voir RACHITISME).

PALATITE, *inflammation très commune de la membrane muqueuse du palais, produite par une variation brusque de la température du corps.* Int., $S^1 \times A^1$, 1re ou 2e dil. chaque demi-heure ; un grain C^1 à sec, chaque heure ; de 3 à 5 grains des mêmes remèdes, à sec, aux repas, en mangeant et à tour de rôle ; ext., gar. avec 5, 10, 15 ou 20 grains de S^5 ou de C^5 répétés 4 à 5 fois dans les 24 heures ou bien avec 10 ou 20 gouttes de El. R. ou El. B. dans le verre d'eau ; *s'il y a tumeur* (voir POLYPES).

Cette médication bien suivie a guéri assez rapidement un bon nombre de personnes qui en étaient atteintes.

PALES *couleurs (chlorose), pâleur de la face, des lèvres, des gencives et de la langue, douleur de tête, essoufflement, perversion du goût, palpitations du cœur et du cou, enflure des jambes, disparition ou insuffisance et décoloration des menstrues, tristesse, inquiétude, morosité, pleurs et énervement, etc.* (voir ANÉMIE).

PÂLEUR *simple*. Int., $S^1 \times C^1 \times A^1$, 1re ou 2e dil. chaque demi-heure ; 5 grains des mêmes remèdes aux repas, en mangeant, pris à tour de rôle ; ext., application de El. R. ou El. A. $\times$ El. J. aux 6 grands points matin et soir, 15 secondes par point.

PALPITATIONS, *battements de cœur, plus fréquents ou plus forts et plus étendus qu'à l'état normal, maladie organique du cœur* (voir CŒUR).

PANARIS, *inflammation phlegmoneuse des doigts ou des orteils.* Int., $S^1 \times C^1$ ou C^3 ou C^4 ou Lord, 1re ou 2e dil. chaque demi-heure ; de 3 à 5 grains des mêmes remèdes aux repas, en mangeant, à tour de rôle ; ext., plonger immédiatement le doigt dans El. V. pure, ou bien appliquer en comp. renouvelée souvent, et alternée avec un bain local de 20 grains C^5 ou de C^4 ou de Lord dans le verre d'eau, laisser mûrir le mal et savoir endurer la douleur que ce moyen rend très brève ; la nuit comp. de El. V. × comp. de C^5 ou de C^4 ou de Lord, 10 grains dans le verre d'eau, et onct. légères avec C^5. En persistant à ce traitement, le panaris perce de lui-même. Il est bien rare si on a recours au bistouri, une fois percé ; laisser couler la matière aussi longtemps qu'elle se produit, pour en éviter le retour sur un autre point ; une fois guéri, continuer encore quelque temps le S^1, 1re dil. chaque demi-heure, à l'int., de même 5 grains du même remède aux repas, en mangeant ; et, à l'ext., onct. légères de S^5 matin et soir.

Aux premières douleurs, appliquer sans hésiter ce traitement, et on est presque certain de faire avorter le mal ; mais s'il persiste il faut le laisser suivre son cours, pour détruire et déraciner le germe qui est profondément établi par la diathèse cancéreuse de l'os. La *guérison*, avec ce traitement bien suivi, est d'autant plus certaine, qu'on évite toute opération chirurgicale, ainsi que la rétraction des nerfs ; il ne laisse même pas de trace.

PARALYSIE, *abolition de la motricité volontaire ou involontaire, soit par une hémorragie cérébrale ou méningie, soit par des troubles fonctionnels de l'appareil nerveux ; elle est partielle ou générale* (voir APOPLEXIE, MYÉLITE). *Au début de l'attaque.* Int., 10, 20 ou 30 grains de S^1 ou de A^1 à sec, sur la langue, et ext., application de El. R. ou El. A. aux 6 grands points, 20 secondes par point répétés 2 à 3 fois à 10 minutes d'intervalle, puis int., $S^1 \times N. \times A^1$, 1re ou 2e ou 3e dil. chaque demi-heure ; un grain de C^1, à sec, sur la langue chaque heure ; en cas de résistance, remplacer le S^1 par S^3 et le A^1 par A^3 ; les mêmes remèdes aux repas, en mangeant, ou dans les aliments, de 2 à 3 grains pris à tour de rôle ; ext., application d'El. A. ou El. R. $\times$ El. J. aux 6 grands points, 20 secondes par point, matin et soir et El. B. en friction le long de l'épine dorsale, et onct. légères de $C^5 \times A^2$ sur tous les points attaqués et à l'épine dorsale ; grands bains de S^5 ou de $S^3 \times C^5 \times N. \times A^2$, 60, 75 ou 100 grains pris à tour de rôle.

La *paralysie* est une affection musculaire par suppression partielle ou complète de l'influx nerveux ; *partielle*, elle est limitée à un certain nombre de muscles ; *générale*, elle affecte toutes les masses musculaires à la fois. Elle peut être complète et simultanée par la suppression de la motilité et de la sensibilité à la fois ; c'est alors la *paralysie* proprement dite. — On ne doit pas désespérer de rétablir l'influx nerveux, tant que le muscle est à sa sensibilité, et qu'aucune blessure n'a établi une suspension de continuité irréparable sur le trajet du cordon nerveux d'où ce faisceau musculaire émane. Car tant qu'il reste un bourgeon au cordon nerveux, il peut faire pousser un rameau capable, et animer de nouveau le muscle en se ramifiant dans sa substance et y ramener la double propriété de la contractilité et de la sensibilité. On ne doit donc pas hésiter à aborder une médication qui a la puissance de rouvrir les canaux à toute espèce de circulation du corps humain, en remettant à flot les coagulations qui lui faisaient obstacle ; il ne faut pas craindre de persister dans le traitement, malgré les fluctuations inévitables souvent pénibles et opiniâtres, certain, malgré tout, d'arriver à une *guérison parfaite*, quelle que soit la durée du temps à franchir avant d'atteindre ce but.

Parole *empêchée* (voir Mutisme).

Parotite (voir Oreillons).

Parties génitales (voir Spermatorrhée).

Paupières, *inflammation des paupières* (voir Blépharite); *s'il y a spasme* (voir Blépharospasme) *où les yeux s'ouvrent et se ferment continuellement avec rapidité*, comme Blépharite et ajouter : int., S^3 × F., 1re ou 2e dil. chaque demi-heure, aussi aux repas ; à l'ext., même traitement ; *mais s'il y a chute ou relâchement de la paupière supérieure* (voir Blépharoptose).

Peau, *maladie de la peau* (voir Dermatoses).

Pellagre. *La pellagre atteint les individus vivant de substances avariées, surtout de maïs. Rougeurs, boutons durs, épaississement de la peau qui se fendille dans les régions exposées à l'air, aux mains, aux pieds (face dorsale), pesanteur de l'estomac, vomissement, diarrhée, troubles nerveux, vertiges, tintouins, défaillance, tremblement de tête surtout, paralysie et parfois aliénation mentale, maladie très longue, qui a presque toujours un dénouement funeste. Cette maladie accorde pendant l'hiver quelques jours de répit aux malheureux qu'elle a frappés ; mais elle redouble d'intensité aux premières chaleurs.* Traitement (voir Atonie, Efflorescence).

Pemphigus, *sortes de bulles variant de la grosseur d'un pois jusqu'à celle d'une noix, séparées ou réunies, arrivant à la dimension d'un œuf, rondes, transparentes, contenant un liquide jaunâtre ou roussâtre et donnant quelques jours de malaise ; elles apparaissent à la paume de la main et à la plante des pieds chez les personnes affaiblies ou chez certains nouveau-nés ; après deux jours elles se rident, s'affaissent, se crèvent, forment une croûte mince couleur de miel, qui* aisse après sa chute une tache rouge vive ou sombre (voir Efflorescence), et s'il y a fièvre, ajouter int., F^1, 1ʳᵉ ou 2ᵉ dil., chaque demi-heure, et ext., onct. légères F^2 aux hypocondres, matin et soir.

Périosteite ou Périostite (voir Carie des os); *l'os carié du périoste, au moyen de l'application des compresses renouvelées souvent, est éliminé sans aucune opération chirurgicale et en très peu de temps, par la seule reconstitution de lui-même à l'intérieur, alors même qu'on se trouverait en présence d'un état de névrose avancé.*

Péritonite, *inflammation de la coiffe des intestins (Péritoine). Elle débute à l'état aigu, par un frisson violent, douleur à l'abdomen sur un point fixe, pongiture lancinante et vive à ne pouvoir supporter les couvertures, vomissements, pouls fort et fréquent, visage profondément altéré, respiration courte et fréquente. Lorsque la maladie s'aggrave, le pouls atteint et dépasse 120 pulsations par minute; la face se grippe, nausées et vomissements plus rapprochés; le ventre se développe par l'épanchement péritonal; la douleur diminue et cesse parfois, faisant éprouver au malade un calme illusoire, car il révèle un péril plus grand et prochain.* Int., $F^1 \times C^1 \times A^1$, 2ᵉ, 3ᵉ, 4ᵉ ou 5ᵉ dil., chaque 15 minutes, un grain de S^4 ou Giap. ou de C^2, chaque 2 heures; ou bien remplacer le S^4, le Giap., le C^3 par F. ou B. ou S^1, au besoin substituer le A^2 au A^1 en dil., 1 ou 2 grains des mêmes remèdes dans les aliments, à tour de rôle; ext., comp. de 10, 15 ou 20 grains de C^2 ou A^2 ou F^2 sur tout le ventre, renouvelée souvent, en changeant le linge chaque fois, frictions légères sur le ventre avec El. B., trois fois en 24 heures; application d'El. A. ou El. R. $\times$ El. B. ou El. J., aux 3 points de l'estomac, 15 secondes par point; onct. légères sur le ventre avec C^5, et aux hypocondres avec F^2, matin et soir; au besoin clystère avec 20 gouttes d'El. B. dans le verre d'eau; bains de siège avec 15 ou 25 grains de $C^5 \times C^2 \times$

$S^5 \times A^2 \times F^2$, pris à tour de rôle, fait chaque jour ou chaque deux jours, y séjourner 10 minutes; un grand bain par semaine avec 40, 60, 75 ou 100 grains des mêmes remèdes pris à tour de rôle.

Voir *Métrite*, et mêmes observations : certitude d'arriver à la *guérison complète*, malgré la gravité de cette maladie, si l'on suit exactement et en tout point ce traitement.

Péripneumonie ou *fluxion de poitrine* (voir Bronchite).

Pertes de sang (voir Hémorragie, Hémorroïde, Métrorragie).

Pertes blanches (voir Leucorrhée).

Pertes séminales (voir Spermatorrhée).

Perversion du gout, *même traitement*, Pales couleurs.

Petite vérole, *fièvres éruptives* (voir Variole).

Pharyngite, *inflammation du pharynx, angine glanduleuse*. Int., S^7 ou L. $\times A^1$, 2e ou 3e dil., chaque demi-heure, un grain C^1 à sec chaque heure; au besoin remplacer le S^7 ou L. par S^1 ou S^5, et le A^1 par A^2 ou A^3, en dil., et le C^1 par C^5 à sec; les mêmes remèdes aux repas, en mangeant ou dans les aliments de 2 à 3 grains, à tour de rôle; ext., gar. avec 5, 10, 15 ou 20 grains de S^7 ou L. ou de S^5 ou de C^1 ou de C^5, 3 à 4 fois dans les 24 heures; comp. avec 10, 15 ou 20 grains de S^5 ou de C^5 sous la gorge, au-dessous du cou, renouvelée souvent, en changeant chaque fois le linge; application de El. A. $\times$ El. B. aux grands hypoglosses, 15 secondes par point, matin et soir, avec onct. légères de S^7 ou L. ou de $S^5 \times C^5$, sur la gorge. S'il y a fièvre, donner int., F^1, 1re ou 2e dil., chaque demi-heure, à ajouter au traitement, et ext., onct. légères de F^2 aux hypocondres, matin et soir.

Poursuivre ce traitement infaillible sans relâche, et jusqu'à la parfaite guérison, qui s'obtient assez rapidement.

Phimosis, *engorgement du prépuce* (voir Prépuce).

Phlébite, *inflammation des veines, cordons durs et douloureux, toujours grave par ses conséquences*. Int., $S^1 \times A^2$, 1re ou 2e dil., chaque demi-heure, 1 grain C^1 à sec chaque heure; de 3 à 5 grains des mêmes remèdes à sec, aux repas, en mangeant, à tour de rôle; ext., comp. avec 5, 10, 15 ou 20 grains de $A^2 \times C^5$, renouvelées aussi souvent que possible, en changeant chaque fois le linge; légères frictions sur la partie malade avec El. A. et aussi sur le cœur, matin et soir, avec onct. légères sur les mêmes points de $C^5 \times A^2$; grands bains avec 60, 75 ou 100 grains $C^6 \times A^2$, à tour de rôle. — Pour la *phlébite utérine*, int., $C^1 \times A^2$, 2e ou 3e dil., chaque demi-heure, 1 grain T. B. à sec chaque heure; les mêmes remèdes aux repas, en mangeant, de 3 à 5 grains, à tour de rôle; ext., supp. ou boule vaginale A., chaque soir. — Pour la *phlegmasia alba dolens*, ajouter à l'ext., au traitement ci-dessus l'El. B. $\times$ El. A.

Dame, âgée de trente-neuf ans, atteinte depuis huit mois. Jambe violette avec plaies suppurantes. Après quelques jours de traitement la plaie s'égalise, les suppurations cessent, et au bout de quinze jours est entièrement guérie.

Phlegmasia alba dolens, *sorte de phlébite, enflure blanche unie, chaude au toucher, occupant les jambes, vient lentement, souvent sans fièvre, mais peut avoir des suites graves, des suppurations intermittentes, décollement, fistules et finalement gangrène* (voir Phlébite).

Phtisie, *veut dire généralement consomption ou du poumon (pulmonaire), du larynx (laryngite), du foie (hépatique), des intestins (mésentérique), des reins (rénale), et de la colonne vertébrale, etc.* (voir au début ANÉMIE, ATONIE), *au besoin y joindre le traitement de la maladie qui l'aura provoquée. Mais dans le cas spécial, le mot phtisie est attribué à toute lésion du poumon qui tend à produire une désorganisation progressive de ce viscère, à la suite de laquelle survient son ulcération. Ici, il faut observer la dose qui convient le mieux au malade, comme aussi choisir le pectoral qui correspondra le mieux à la constitution. En commençant :* Int., par P^1 ou P^2 ou P^3 ou $P^4 \times A^1 \times C^1$, 1re, 2e, 3e, 4e, 5e ou 6e dil., chaque 15 ou 30 minutes, ou chaque heure, selon l'intensité du mal; de 2 à 3 grains de $S^1 \times S^5 \times F^1$ à sec, en mangeant, ou dans les aliments, à tour de rôle; ext., application de El. B. ou El. A. ou El. B. $\times$ El. J., aux 6 grands points et sous la plante des pieds, 10 secondes par point et aussi légèrement sur le crâne, une ou deux fois par 24 heures; onct. légères avec le $S^5 \times C^5$, sur le dos, épine dorsale, la poitrine et à toute la tête, et de F^2 aux hypocondres, matin et soir; et si l'état du malade le permet, ainsi que la température, grands bains avec 40, 60, 75 ou 100 grains de $S^5 \times C^5 \times A^2 \times F^2$, à tour de rôle, en prenant les précautions utiles à la sortie du bain. *La persistance de ce traitement, avec les pectoraux et l'usage constant du* C, *qu'on remplace au besoin par* C^1 *ou* C^3, *a suffi pour détruire complètement la tuberculisation du poumon;* cependant, on peut faire usage des injections hypodermiques pour en activer l'effet.

PHTISIE INTESTINALE (voir INTESTINS, PHTISIE).

PHTISIE PULMONAIRE (voir PHTISIE).

PHTISIE RÉNALE (voir REINS, PHTISIE).

PIEDS (voir SUEURS FÉTIDES, ENTORSE, ANASARQUE, BLESSURE, FRACTURE).

PIERRE (voir VESSIE).

PIQURES D'INSECTES, *abeilles, guêpes, mouches charbonneuses,* scorpions, tarentules, etc., ou morsures venimeuses. Int., S^1 ou $S^5 \times C^1$, 1re ou 2e dil., chaque 15 minutes; si le sujet est sanguin, ajouter A^1, 2e dil., chaque heure; les mêmes remèdes aux repas, en mangeant de 3 à 5 grains pris à tour de rôle; ext., comp. d'El. Verte $\times$ comp. avec 10, 15 ou 20 grains de C^5, renouvelées souvent, en changeant le linge chaque fois, surtout si la piqûre a une apparence noirâtre violacée; pour la mouche charbonneuse en particulier, El. A. a aussi réussi; onct. légères C^5 matin et soir; dans ce dernier cas on insistera à l'int., avec C^1, 1re dil.

PISSEMENT AU LIT, *émission inconsciente des urines provenant de la faiblesse ou de la paralysie de la vessie, comme elle peut aussi provenir des vers chez les enfants.* Int., au réveil comme au coucher, de 1 à 2 grains $Verm^1$ à sec, puis N. $\times S^6$, 1re ou 2e dil., chaque 15 ou 30 minutes, en cas de résistance, $S^1 \times C^1$ ou T. B., 1re ou 2e dil., chaque 15 ou 30 minutes, et aussi F^1, 1re ou 2e dil., chaque 30 minutes ou chaque heure; les mêmes remèdes aux repas, en mangeant, de 3 à 5 grains pris à tour de rôle; ext., frictions aux reins et à toute l'épine dorsale avec 10, 15 ou 20 grains de C^5 ou de C^6 ou de T. B. et 20 gouttes d'El. R. dans le verre d'eau, matin et soir; application de El. R. $\times$ El. B., aux 6 grands points, au sacrum, au périné, 15 secondes chaque point, avec onct. légères de C^5 sur le pubis et de F^2 aux hypocondres, matin et soir; grands bains avec 60, 75 ou 100 grains de S^5 ou $S^6 \times C^5$ ou C^6 ou T. B. $\times$ N. $\times F^2$, à tour de rôle.

PITYRIASIS, *inflammation chronique superficielle du cuir chevelu qui se caractérise par des petites écailles semblables à du son* (voir EFFLORESCENCE, TEIGNE).

PLAIES (voir BLESSURES, BRULURES, GANGRÈNE, HÉMORRAGIES, ULCÈRES).

Plaques cuivrées, *de nature syphilitique* (voir Efflorescence, Syphilis).

Pleurésie, *inflammation de l'enveloppe du poumon (plèvre)* (voir Bronchite).

Pleurodynie, *point de côté, d'origine plutôt rhumatismale.* Int., S^1 ou S^7 ou L. $\times$ A^1 $\times$ C^1, 1re, 2e ou 3e dil., chaque demi-heure, 1 grain de F^1 chaque heure; les mêmes remèdes à sec, aux repas, en mangeant, de 3 à 5 grains à tour de rôle; ext., légères frictions sur le point douloureux avec El. R. ou El. A. ou El. B., 20 secondes par point; s'il y a résistance avec El. V.; onct. légères de C^5 sur les mêmes points matin et soir, et de F^2 aux hypocondres.

Pneumonie, *fluxion de poitrine, inflammation du tissu du poumon* (voir Bronchite).

Poignet (voir Entorse, Anasarque, Blessures, Fractures).

Point de côté (voir Pleurodynie).

Poireaux, *végétations molles, humides, glaireuses, rougeâtres* (voir Verrues).

Poitrine (voir Bronchite).

Pollutions *involontaires ou pertes séminales hors du rapprochement* (voir Spermotorrhée, Impuissance, Stérilité).

Polypes, *tumeurs ou excroissances charnues, fongueuses, fibreuses, etc., qui se développent dans les fosses nasales, la matrice, le vagin, la vessie ou dans le canal auditif, suite d'otite grave,* radicalement guéris sans opération par int., A^2 $\times$ C^1, 1re ou 2e dil. chaque demi-heure; s'il y a résistance, au réveil 2 grains à sec de $Verm^1$, et au coucher 2 grains de $Vén^1$ ou Sy^1, remplacer le A^2 par A^1 ou A^3, et le C^1 par C^3 ou C^7 ou C^{10} ou T. B. ou Lord, mêmes doses; 1 grain de F^1 à sec chaque heure; les mêmes remèdes aux repas, en mangeant, de 3 à 5 grains à sec, pris à tour de rôle;

ext., selon l'organe atteint, comp. avec 5, 10, 15, ou 20 grains de C^5, et 10 ou 20 gouttes El. R. ou El. V., renouvelées souvent, en changeant le linge chaque fois, ou bien inj. eau tiède avec 5, 10, 15 ou 20 grains de C^5 ou T. B., et 5, 10 ou 20 gouttes de El. V. ou El. A. de cinq à six fois dans les 24 heures ; application d'El. V. sur la tumeur, 10 secondes matin et soir, et onct. légères de $C^5 \times S^5$, et de F^2 aux hypocondres ; bains locaux ou de siège avec 10, 15 ou 25 grains de C^5 ou C^3 ou C^7 ou C^{10} ou T. B. ou Lord, chaque jour ou chaque deux jours, y séjourner 10 minutes, et grands bains avec les mêmes remèdes, 60, 75 ou 100 grains, un par semaine ou par quinzaine.

Que le polype soit muqueux ou fibreux, il appartient à la famille des tumeurs greffées par la diathèse cancéreuse de l'organisme sur le point qui convient le mieux à son développement. — L'extirpation chirurgicale n'étant faite que sur la partie fongueuse ou fibreuse du mal, elle reste imparfaite, car elle laisse le germe qu'elle ne peut extraire, puisqu'il est dans le *sang* ; de sorte qu'après un certain temps, la tumeur reparaît de plus belle, en changeant de forme et de position sous des symptômes nouveaux, le plus souvent funestes. — Ce traitement, suivi très exactement, a l'avantage, non seulement de fondre, de dissoudre la tumeur et ses adhérences, sans pratiquer aucune opération, mais de la mettre dans l'impossibilité de se reproduire, car on a détruit le germe par la régénération du *sang*, ce qui rend radicale la *guérison* de cette maladie.

Poumons (voir Emphysème, Bronchite, Phtisie).

Prépuce, *engorgement du prépuce, s'il n'est pas syphili-*

tique. Int., $S^1 \times A^1$, 1re ou 2e dil., chaque demi-heure, 1 grain de C^1 sec chaque heure; de 3 à 5 grains des mêmes à sec aux repas, en mangeant, pris à tour de rôle; ext., comp. avec 5, 10, 15 ou 20 grains de S^2 ou $S^5 \times C^5$ ou A^2, et 10 gouttes d'El. R. renouvelées souvent, en changeant le linge chaque fois; bain local avec les mêmes remèdes et mêmes doses, une ou deux fois par 24 heures; inj. légère avec 5 ou 10 grains de S^5 ou C^5 ou C^1, matin et soir, et onct. légères de $S^5 \times C^5$; s'il y a résistance, ajouter $Vén^1$ ou Sy^1, à l'int., même dilution; et à l'ext., $Vén^2$ ou Sy^2; mêmes doses (voir SYPHILIS).

PROLAPSUS ANI (voir CHUTE DE L'ANUS).

PROLAPSUS UTERI (voir MATRICE).

PROSOPALGIE *rhumatismale, ou névralgie hémifaciale* (voir MIGRAINE, NÉVRALGIE).

PROSTATE, *glande importante entre le col de la vessie et l'urêtre qui lui fait suite, le rectum, le périné et le pubis, exposée à l'inflammation, abcès, tuméfaction, ou hypertrophie générale ou partielle et quelquefois paralysie, écoulement limpide et transparent, pesanteur au rectum, urines fréquentes et pénibles, etc.* Int., $S^1 \times A^1 \times C^1$, 1re ou 2e dil., chaque demi-heure; au réveil 2 grains de $Verm^1$ à sec, au coucher 2 grains de $Vén^1$ ou Sy^1 à sec; en cas de résistance, remplacer le S^1 par S^2, le A^1 par A^2 et le C^1 par C^2 ou T. B., mêmes dil.; de 3 à 5 grains des mêmes remèdes aux repas, en mangeant, à sec, et pris à tour de rôle; ext., application en comp. de El. R. ou El. A. ou El B. au sacrum, au périné, aux aînes, au pubis, trois fois dans les 24 heures, et aussi sur le cœur avec El. A; onct. légères de $C^5 \times S^5$, matin et soir sur les mêmes points et aux hypocondres, avec inj. de 5, 10, 15 ou 20 grains de S^1 ou de C^1 ou de T. B., matin et soir; le soir supp. A. ou Bg., V. ou B. bains de siège avec 15 ou 25 grains de S^5 ou C^5 ou T. B chaque jour ou chaque deux jours, y séjourner 10 minutes; un grand bain par semaine ou par quinzaine avec 60, 75 ou 100 grains de S^5 ou $S^2 \times C^5$ ou C^2 ou T. B. $\times$ A^2, à tour de rôle; s'il y a paralysie, application d'El. R. ou El. A. ou El. B. $\times$ El. J. aux 6 grands points, aux sus et sous-orbitaux, au sacrum, au périné (entre les deux issus), au pubis.

L'affection à la glande prostate, organe de l'appareil générateur mâle, forme pour ainsi dire un isthme entre les cordons spermatiques, le bulbe de l'urètre et le col de la vessie et peut, par conséquent, intercepter l'un ou l'autre passage par son développement anormal, qui, en dehors de la souffrance locale et des ravages des produits de la décomposition provenant d'un empoisonnement mercuriel-arsenical, — le plus souvent employé pour détruire l'invasion de parasites aux parties pudiques, comme par exemple le poux du pubis (morpions), ou par une prédisposition d'un sang mercurialisé, — est un obstacle plus ou moins grave et douloureux pour l'émission de la liqueur prolifique et des urines; de là peuvent résulter les plus dangereuses complications. Il est donc nécessaire de persévérer dans l'application de ce traitement qui ne s'est jamais démenti, et qui procurera aussi promptement que possible la *guérison complète*.

Prostration *en général*, souvent 2 ou 3 grains de S^1 à à sec sur la langue suffisent, avec une comp. d'El. R. à l'occiput; mais si elle est en état chronique, prendre int., S^1, à la 1re dil., chaque demi-heure, 1 grain C^5 à sec chaque heure; 3 grains des mêmes remèdes aux repas, en mangeant et à tour de rôle; ext, application de El. R. ou El.

A. ou El. B. × El. J. aux 6 grands points, sous la plante des pieds, à tous les nerfs de la tête, le long de l'épine dorsale et des deux côtés, matin et soir, avec onct. légères de C^5 sur les mêmes points.

PRURIGO, *éruption cutanée locale ou générale, produisant une démangeaison très vive, parfois intolérable* (voir EFFLORESCENCE).

PRURIT, *éruptions ou petits boutons à la surface de la peau et à peu près de même couleur, atteignant les muqueuses nasales, buccales et génitales, souvent chez les enfants à la mamelle.* Int., S^1, 1re ou 2e dil., chaque demi-heure; de 2 à 3 grains du même S^1 aux repas, en mangeant ou dans les aliments; ext., légères lotions matin et soir avec El. B. sur les points attaqués, et avec onct. légères de S^5; *s'il y a persistance* (voir EFFLORESCENCE).

PSORIASIS, *inflammation chronique de la peau, non contagieuse, mais héréditaire; les éruptions se changent en squames sèches, dures et blanches qui, en se détachant, remplissent les vêtements et le lit du malade* (voir EFFLORESCENCE, PRURIT, GALE).

PUBIS, *éruption de polypes au pubis* (voir POLYPES).

PUERPÉRALE (voir FIÈVRE, MÉTRITE).

PUNAIS, *mauvaise odeur du nez, Ozène* (voir NEZ).

PURPURA, *pourpre* (voir ANÉMIE, ATONIE, SCORBUT).

PUSTULE ou PUCE MALIGNE *(charbon), à tendance gangréneuse donnant la mort dans les 24 heures si elle n'est arrêtée immédiatement. A l'origine, elle passe inaperçue et produit une simple démangeaison à la peau, précisément sur le point où elle aura son siège; mais bientôt apparaît une vésicule aplatie, ombiliquée, remplie de sérosité, qui repose sur une base indurée, entourée d'une tuméfaction œdémateuse. Le malade, sur le moment, n'éprouve aucune douleur, seulement le prurit l'incommode; il se gratte jusqu'à produire la déchirure de la pustule qui devient rougeâtre, livide ou noire. L'œdème s'accroît en même temps et prend une teinte violette, la démangeaison disparaît, mais la douleur apparaît dans les ganglions voisins de la tumeur. Plus tard, l'escarre qui entoure l'auréole est nettement formée, la partie œdémateuse devient de plus en plus noire; les parties affectées deviennent le siège d'un engourdissement sensible. Au quatrième ou cinquième jour, l'intoxication charbonneuse commence à se montrer. La fièvre est précédée de malaise, de courbature, pesanteur de tête, le pouls s'accélère, vertige, manque d'appétit, langue pâteuse, douleur d'estomac, vomissements, nausées, puis faiblesse extrême, abattement profond, diarrhée, oppression, anxiété, syncopes, tuméfaction du ventre avec douleur, teinte cholérique de la peau, soif ardente, suppression des urines, agitation et enfin la mort.* Int., au réveil, 2 grains Verm¹ à sec sur la langue comme au coucher, 2 grains de Vén¹ ou Sy¹, puis A^1 ou $A^2 \times C^1 \times S^3$ ou S^1, 1re dil., un tiers de verre de chaque remède bu dans les 24 heures, et par gorgées ou cuillerées à café chaque 15 minutes; 1 grain $C^3 \times F^1$, chaque heure, en prenant l'un une fois et ensuite l'autre, a sec; les mêmes remèdes 5 grains aux repas, en mangeant et à tour de rôle; ext., comp. El. V., 4 fois dans les 24 heures, et comp. avec 20 grains de C^5, renouvelées souvent, en changeant chaque fois le linge, puis onct. légères de C^5, matin et soir, avec onct. aussi légères de F^2 aux hypocondres; grands bains avec 60, 75 ou 100 grains de $C^5 \times F^2 \times Vén^2$ ou Sy^2, à tour de rôle.

En appliquant immédiatement ce traitement et en le suivant en tous points, on enraye l'action du mal et la *guérison* de cette vilaine maladie se fait très promptement.

Pyrosis (voir Brule-cou).

RACHITISME, *croissance défectueuse des enfants, provenant d'une grave viciation de la lymphe chez les parents, se guérit radicalement en reconstituant même les déformations.* Int., aux enfants de *un à cinq* ans, un grain Verm¹ à sec, sur la langue, au réveil comme au coucher ; S¹ 1ʳᵉ ou 2ᵉ dil., de 3 à 10 cuillerées à café par jour, selon l'âge ; de même aux repas, en mangeant ou dans les aliments de 1 à 3 grains de S¹ ; ext., application de El. B. aux 6 grands points et sous la plante des pieds, de 5 à 10 secondes par point ; onct. légères aux articulations et le long de l'épine dorsale de S⁵ ; grands bains avec 15 ou 25 grains de S⁵, au-dessus de *cinq ans*. Int., S¹ × A¹ ou A³ × C¹, 1ʳᵉ ou 2ᵉ dil. de 6 à 10 cuillerées à café de chaque remède dans les 24 heures, selon l'âge ; les mêmes remèdes aux repas, en mangeant, de 3 à 5 grains pris à tour de rôle ; au réveil comme au coucher, 2 grains Verm¹ à sec ; Ext., application de El. R. ou El. A. × El. J. aux 6 grands points et sous la plante des pieds, 10 à 15 secondes par point, avec onct. légères de S⁵ ou de C⁵ aux articulations et à l'épine dorsale et de A² sur le cœur, matin et soir, onct. légères de F² aux hypocondres ; grands bains, selon l'âge, avec 15, 25, 40 ou 60 grains de S⁵ × C⁵ × A² × F², pris à tour de rôle.

C'est ici le triomphe de cette nouvelle science. Son traitement, appliqué à tous les âges, redresse et reconstitue absolument tout ce que l'organisme a de défectueux. — L'emploi d'appareil orthopédique devient plutôt nuisible qu'utile ; on l'enlèvera au malade qui en fait usage pour rendre à la liberté la partie qu'un emprisonnement imprévoyant empêche précisément de se développer ; c'est surtout chez l'enfant où la sève se renouvelle à chaque instant qu'il faut laisser librement agir la nature, seule souveraine pour rectifier les erreurs commises le plus souvent par l'insouciance des parents. Cette nouvelle médication ne réagit pas sur la croissance, on ne doit y ajouter qu'une manipulation raisonnée, consistant à ramener avec douceur par la pression des mains, sans efforts, ni violence, ni contrainte, la difformité présente dans le sens voulu. — Mais chez l'adulte, où la vitalité organique est plutôt en décroissance, ce traitement fait merveille. Il dégage en principe les matières ankylosant la conformation vicieuse, ce qui procure une amélioration sensible en très peu de temps. Puis, dans une période plus ou moins longue, suivant l'âge, il favorise le redressement de la partie atteinte pour prendre une forme plus naturelle et plus harmonique avec l'ensemble de la situation créée. — Il ressort que la partie préventive, indiquée dans ce livre, appliquée à l'enfant durant sa minorité, non seulement arriverait à éviter ces irrégularités en lui assurant une existence pure, mais ferait rayer de l'ordre médical le *rachitisme*.

Rage (voir Hydrophobie).

Raideur *des muscles* (voir Tétanos).

Ramollissement *du cerveau, paralysie d'un seul côté du corps avec déviation de la face, étonnement, stupeur, visage pâle, couvert d'une rougeur qui descend vers le cou, mal de tête et affaiblissement des facultés, perte de la mémoire, difficulté de parler, irritabilité ou attendrissement non motivé; délire, lourdeurs dans les mouvements, paralysie du rectum, de la vessie avec urines et selles involontaires.* Int., $S^1 \times A^2 \times N.$ 2e, 3e ou 4e dil. chaque demi-heure ; un grain de F^1 chaque heure, à sec $\times$ avec un grain de C^1 à sec, chaque

2 heures ; en cas de résistance, remplacer le A^2 par A^1 ou A^3, le S^1 par S^3 ou S^7 ou L. ; au réveil 2 grains de $Verm^1$ à sec, et au coucher 2 grains de $Vén^1$ ou Sy^1 ; les mêmes remèdes aux repas, en mangeant, de 3 à 5 grains à sec, pris à tour de rôle ; ext., application à tous les nerfs de la tête de El. A. ou El. R. ou El. B. $\times$ El J., 10 secondes par point et sur le crâne ; et de 20 à 40 gouttes d'El. V. dans un verre d'eau en bain sur la tête, matin et soir ; onct. légères de S^5 ou de C^5 ou de A^2, à toute la tête et le long de l'épine dorsale avec onct. légères de F^2 aux hypocondres ; tenir le ventre libre, au besoin se servir de granules laxatives ou purgatives.

Ce traitement rigoureusement suivi *guérira* radicalement cette affection du cervelet qui provient de l'abus des fonctions prolifiques et des excès de libertinage qui conduisent l'imprudent à l'épuisement, à l'impuissance et à l'inhabileté aux fonctions du mariage ; car épuiser les ressources en prodiguant les dépenses, c'est de l'intempérance, contre laquelle il faut réagir si l'on ne veut frapper d'impuissance le cerveau, cette grande officine d'idées.

RATE. *Comme le ténia, les affections de la rate produisent des phénomènes bizarres, simulant toutes sortes de maladies graves occasionnées simplement par l'exagération de son volume et par la pression irritante qu'elle exerce sur les viscères environnants* (voir SPLÉNITE).

RECTUM (ou chute du) (voir CHUTE DE L'ANUS).

REFROIDISSEMENT. *On le coupe aux premiers frissons* (comme pour les rhumes) *et suivant l'âge*, par int. de 2 à 4 grains de S^1 à sec, sur la langue, mais si la période fébrile est arrivée, on prend F^1, 1re dil. chaque 15 minutes et une fois la fièvre tombée on continue S^1 à sec, sur la langue, pendant quelques jours ; de 3 à 5 grains des mêmes remèdes aux repas, en mangeant ; ext., application de El. R. ou El. B. × El. J. aux 6 grands points et sur la tête, 15 secondes par point, matin et soir, avec onct. légères de C^5 × F^2 aux hypocondres.

RÈGLES, *suppression du flux menstruel chez la femme en âge d'être réglée.* Int., 5 grains de S^1 à sec, au réveil et A^1 ou A^2 × C^6 ou C^1 ou T. B., 1re dil. chaque 15 minutes ; 5 grains des mêmes aux repas, en mangeant, à tour de rôle ; ext., onct. légères de C^5 sur l'abdomen et au pubis, matin et soir ; bain de pied avec 10 ou 20 grains de A^2 ; s'il y a seulement difficulté des règles (voir DYSMÉNORRHÉE), et s'il y a abondance du flux menstruel ou hémorragie (voir MÉTRORRAGIE).

REINS, *maux de reins, inflammation aiguë ou chronique des reins (néphrite), douleur au niveau des reins ou d'un seul se prolongeant vers l'urètre, la vessie, l'aine, la cuisse, le testicule ou ligament chez la femme, urine rare ou supprimée, pouls accéléré, fièvre, inappétence, soif, nausées, vomissements, souvent abcès, quelquefois issue de pus abondant et subite par les urines, souvent l'abcès perce dans le rectum ou vers les lombes. A l'état chronique, douleurs sourdes dans les lombes augmentant par la pression ou la marche forcée, surtout en voiture, diminution de l'urine avec fréquence, faiblesse des jambes, trouble de digestion, se rattache chez les vieillards à l'existence de calculs ou au rétrécissement de l'urètre ou des affections de la vessie, de la prostate, de l'utérus, de la moelle épinière, etc.* Int., S^6 × A^1, 2e ou 3e dil. chaque 15 minutes, un grain de C^6 ou T. B. à sec, chaque heure ; en cas de résistance, ajouter N. 2e ou 3e dil. et remplacer le S^6 par S^1 ou S^2 ou S^7 ou L. ; le A^1 par A^3 et un grain de B. × C^6 ou T. B. à sec, chaque heure ; au réveil 2 grains de Verm¹ à sec, et au coucher 2 grains de Vén¹ ou Sy¹ à sec ; les mêmes remèdes aux repas, en mangeant, de 3 à

5 grains à sec, à tour de rôle ; ext., application de El. R. ou El. A. ou El. B. × El J. aux reins des deux côtés et le long de l'épine dorsale et au sacrum, 20 secondes chaque point ; onct. légères matin et soir, de S^5 ou de C^5 sur les mêmes points, bains de siège chaque jour ou chaque deux jours, avec 15 ou 20 grains de C^5 ou de C^6 ou T. B. × A^3 × A^5, à tour de rôle, y séjourner 10 minutes ; un grand bain par semaine avec les mêmes remèdes, en ajoutant $Vén^2$ ou Sy^2 à tour de rôle, 60, 75 ou 100 grains. *L'inflammation du bassinet des reins (pyélite) qui se reconnaît à la présence de mucosités et de pus dans les urines, se traite de même* (voir CALCULS, LUMBAGO).

L'appareil des voies urinaires est l'analogue de l'appareil salivaire ; les reins secrètent le liquide qui, par chaque uretère (canal de communication entre les reins et la vessie), vient s'accumuler dans la vessie jusqu'à ce que, par son volume ou par son poids, l'urine force le passage du méat urinaire, pour arriver au dehors par le canal de l'urètre. La sécrétion urinaire est la fonction complémentaire de la transpiration cutanée, l'une compense l'autre. Par conséquent, plus on transpire, moins on urine, et réciproquement ; l'émission des urines est plus abondante par une température froide que par une température plus élevée. Donc, pour détruire le trouble existant dans la partie rénale et la rendre plus habile à son fonctionnement, il suffit de suivre exactement le traitement ci-dessus, certain d'obtenir la complète *guérison* dans une période assez courte.

RENVOIS (voir AIGREURS, BRULE-COU).

RESPIRATION COURTE (voir ASTHME, BRONCHITE).

RÉTENTION D'URINE (voir DYSURIE, SCHURIE).

Rétrécissements *en général et quels qu'ils soient*. Int., S^6 ou C^6 ou T. B. $\times A^2$, 1re ou 1e dil. chaque demi-heure; les mêmes remèdes aux repas, en mangeant, de 3 à 5 grains, à tour de rôle; ext., comp. avec 5 ou 10 grains de C^6 ou T. B. $\times S^6$, renouvelée souvent en changeant le linge à chaque fois; et inj. avec 2, 3 ou 5 grains de $S^6 \times C^6$ ou T. B. le matin et le soir; et onct. légères de $C^5 \times A^2$ aux parties intéressées; le soir dans le canal Bg. verte et jaune; bains de siège chaque jour ou chaque deux jours, avec 15 ou 25 grains de C^6 ou T. B. $\times S^6 \times A^2 \times C^5$, y séjourner 10 minutes et un grand bain par semaine ou par quinzaine avec les mêmes remèdes, 60, 75 ou 100 grains, à tour de rôle.

Ce traitement, rigoureusement suivi, a *guéri* bon nombre de personnes atteintes de cette maladie qui est presque toujours la conséquence d'un abus de remèdes mercuriels ou arsenicaux, par la destruction de cet empoisonnement dans une période plus ou moins longue, suivant l'usage qui en a été fait et la constitution du malade.

Rhumatisme. *Provient en général d'un vice du sang, car on voit fréquemment un rhumatisme faire place à une éruption de la peau et reparaître aussitôt que l'éruption disparaît* (voir Douleurs, *et choisir pour l'application des électricités les points les plus rapprochés du siège du mal indiqués à la planche de cette brochure). Les remèdes seront pris à la 2e dil. s'il n'y a pas de crise, mais s'il y a crise, ils seront pris à la 3e dil. De même pour l'A, si la constitution l'exige, on le donnera à la 3e dil. dans le premier cas et à la 4e dil. dans le second. Pour les articulaires* (voir Goutte), *l'Él. V. mise en comp. sur les articulations douloureuses, entre les deux os, les dégagent instantanément; en cas de résistance, les remèdes sont pris à la 4e, 5e ou 6e dil. — Pour celui des reins* (voir

Reins) *et joindre en onct. légères le* S^1 *ou* C^4 *et aux hypocondres le* F^2. — Pour les observations (voir. Goutte).

Rhumes *de cerveau ou de poitrine* (voir Nez, Coryza, Bronchite, *traitement spécial*, Influenza). *L'usage un peu prolongé de* S^1 *finit par rendre invulnérables les personnes qui s'enrhument facilement; et si, lorsqu'on sent les premières atteintes d'un rhume ou d'un simple enchifrènement, on a la précaution de prendre 2 à 4 grains de* S^1 *à sec sur la langue, on est presque instantanément délivré, le rhume est coupé.* — La Coqueluche, *affection terrible par une toux violente et convulsive, revenant par quinte, surtout la nuit, le matin et le soir, se termine fréquemment chez les enfants par un vomissement glaireux. Cette affection a un caractère plutôt contagieux, souvent épidémique et probablement parasitaire.* Int., *quel que soit le remède, on doit en général le prendre à la* 3e *dil.*, au réveil comme au coucher, 2 grains de Verm. à sec sur la langue, puis $A^1 \times P^1 \times N.$, 2e ou 3e ou 4e dil., donné par 2 ou 4 ou 6 ou 8 ou 10 cuillerées à café de chaque remède, et par 24 heures, et selon l'âge ; au moment des crises, 2, 3 ou 5 grains dans une cuillerée à café d'eau de P^3, pour activer le vomissement glaireux et éviter la congestion sur les bronches ; en cas de résistance, remplacer le A^1 par A^2 ; le P^1 par P^2 ou P^4 ; le N. par S^2 ou C^1 ; 2, 3 ou 5 grains de P^2 dans du lait chaud fait du bien ; aux repas en mangeant, ou dans les aliments, 2, 3 à 5 grains des mêmes remèdes pris à tour de rôle ; ext. comp., avec 10, 15 ou 20 grains, selon l'âge, de S^5 ou de C^5 au-dessous du cou renouvelée souvent en changeant le linge chaque fois ; onct. légères sous la gorge, sur la poitrine, à tout le thorax, matin et soir ; application d'El. B. aux trois points de l'estomac 10 secondes par point.

Combien d'enfants et de personnes ont été *guéris* assez rapidement par ce traitement, malgré l'état endémique et la durée que tout le monde connaît à cette terrible maladie quand elle apparaît, surtout chez l'enfant! Comme toujours, il faut pour atteindre ce but, poursuivre le traitement jusqu'à ce que toutes perturbations, en bien comme en mal, soient complètement vaincues.

Rigidité (voir Contraction, Courbature).

Rires convulsifs, *faciles à couper* par Int., S^1, 2ᵉ ou 3ᵉ dil. chaque 15 minutes, un grain de N. à sec chaque heure ; de 3 à 5 grains des mêmes remèdes aux repas en mangeant à tour de rôle ; ext., El. R. ou El. B. × El. J., aux 6 grands points 20 secondes par point ; grand bain avec 40, 60, 75 ou 100 grains de S^5 × N. × C., à tour de rôle, un par semaine.

Roséole, *éruption cutanée, petites taches roses sans élevures ni papules.* Int., F^1 × S^2., 1ʳᵉ ou 2ᵉ dil., chaque quinze minutes ; s'il y a persistance, F^1 × C^1, 1ʳᵉ ou 2ᵉ dil., chaque demi-heure ; si la roséole est de nature syphilitique F^1 × Ven¹ ou Sy¹, 1ʳᵉ ou 2ᵉ dil., chaque demi-heure ; ext., onct. légères hypocondres de F^2 matin et soir.

Rougeole (voir Fièvre).

Saburrale, *embarras de l'estomac entravé dans son action par l'accumulation de matières muqueuses appelées saburres, provenant d'abord d'un état particulier de la sécrétion biliaire et des résidus mal digérés* (voir Aigreurs).

Saignement de Nez, *écoulement du sang par les narines ; on doit l'arrêter quand il provient d'atonie ou d'anémie ou quand il devient trop abondant* (voir Epistaxis) ; on alternera l'A. avec C^5 pour les Comp. comme pour les Asp. Mais fort souvent, surtout chez les enfants, le saignement de nez ne provient que d'une faiblesse d'estomac. Il convient, quand on a arrêté le saignement, de donner le S^1 en 1ʳᵉ ou 2ᵉ dil., chaque demi-heure pendant un certain temps, avec 2 à 3 grains du même S¹ à sec aux repas en mangeant pour en corriger la cause.

Salivation, *surabondance de la salive, envie de cracher, indice de vers ou d'une influence nerveuse.* Int., au réveil, de 3 à 5 grains de Verm¹ à sec et S¹, 1ʳᵉ ou 2ᵉ dil. chaque demi-heure. Si elle provient des glandes ou d'une influence nerveuse, S⁷ ou L. ×N., 1ʳᵉ ou 2ᵉ dil., chaque 15 minutes ; si c'est par un empoisonnement d'un traitement mercuriel, au coucher 2 grains Ven², Sy² ; aux repas en mangeant de 3 à 5 grains des mêmes remèdes à tour de rôle ; ext., gar. 3 fois par jour avec 5, 10, 15 ou 20 grains de S⁷ ou L. dans le verre d'eau, ou bien avec C⁵ ou T. B. ou 20 gouttes d'El. B. et onct. légères de S⁷ ou L. ou S⁵ ou C⁵ aux grands hypogloses au-dessous du cou. — Pour *les Enfants*, au réveil comme au coucher, 2 grains de Verm¹, à sec, et S¹ × Verm¹, 2ᵉ dil. ; chaque heure, 2 à 3 grains des mêmes remèdes au repos, en mangeant, en y ajoutant le S⁷ ou L. et les mêmes onct. légères comme pour adultes aux grands hypogloses, matin et soir.

Sang. *Les maladies du sang proviennent ou de surabondance avec effervescence, ou de rareté avec paresse de circulation. La surabondance porte à la congestion active, cérébrale, pulmonaire, aux crachements de sang et à toutes les hémorragies congestives.* — *La pauvreté et la paresse de circulation portent aux congestions passives, à l'engorgement du poumon, à la pneumonie, aux maladies du cœur, aux varices.* — *La paresse du sang dans la* Chlorose *et l'*Anémie *n'est que le résultat d'un état maladif de la lymphe.* — *Voir ces diverses maladies dans l'ordre alphabétique.*

Sanglots, *avec flatulence ou incessants.* Int., S¹ ; 1ʳᵉ ou 2ᵉ dil., selon l'âge, chaque 15 minutes ; s'il y a résistance, ajouter C⁵, 2ᵉ dil., chaque 15 minutes. Les mêmes remèdes aux repas de 2 à 3 grains en mangeant, à tour de rôle ; ext., application d'El. R. aux trois points de l'estomac et à l'occiput, 15 secondes par point matin et soir, ou bien légères comp. avec Él. B. aux mêmes points ; onct. légères de S^5 ou de C^5 sur les mêmes points, matin et soir.

SARCOCÈLE, *orchite chronique ou cystique, ou encéphaloïde, ou syphilitique* (voir ORCHITE).

SCARLATINE, *fièvre contagieuse, parfois épidémique, éruptions prurigineuses et un mal de gorge constant*. Int., $F^1 \times S^5$, 1re, 2e ou 3e dil., chaque 15 minutes. Si la fièvre apparait nerveuse, ajouter N., 2e ou 3e dil., chaque demi-heure ; s'il y a persistance ou délire, remplacer le S^5 par S^1 ou S^2 $\times A^1 \times C^2$., 2e ou 3e dil., chaque demi-heure et supprimer le N. S'il y avait toux, ajouter P^3, 2e ou 3e dil., chaque demi-heure et un grain de F^1 à sec chaque heure ; pour les enfants, les doses seront graduées faibles selon l'âge ; au réveil comme coucher, 1 ou 2 grains de $Verm^1$ à sec ; de 1, 2 ou 3 grains des mêmes remèdes aux repas en mangeant ou dans les aliments à tour de rôle ; ext., comp. à la tête avec 5, 10, 15 ou 20 grains de S^5 ou de C^5 dans le verre d'eau, selon l'âge ; renouvelées souvent, en changeant le linge chaque fois ; également comp. au-dessous du cou, à la gorge ; comme aussi de 3 à 4 gar. dans les 24 heures avec les mêmes remèdes et mêmes doses, s'ils peuvent se faire ; application aux 6 grands points avec Él. R. ou Él. A., 10 secondes par point ; onct. légères sur les éruptions, à la gorge, à la tête, à tout le ventre avec S^5 ou C^5, et de F^2 aux hypocondres, matin et soir. *Pendant la convalescence, préserver le malade du froid et de l'humidité, et ne le laisser sortir qu'après que l'épiderme tombé a eu le temps de se reproduire.*

SCIATIQUE, *ou névralgie du nerf sciatique, 19 fois sur 20 la sciatique est produite par le manque de vitalité ou de conductivité dans le nerf, facilement rétablie* par l'application de Él. R. sur les trois points sciatiques pendant 20 secondes par point. Si le malade est *sanguin*, on emploiera Él. A. ;

mais s'il y avait excès de *vitalité*, ce qui n'arrive qu'une fois sur 20, on emploiera Él. J. sur les mêmes points, et 20 secondes par point ; et si le sujet est *mixte*, on appliquera Él. R. ou Él. A. × Él. J. ; l'action électrique ne fait que chasser la douleur du nerf dans le sang ; pour en détruire le principe, il faut y joindre celle du traitement interne (voir Calculs, Goutte, Névralgie, Reins et les observations pour chacune de ces maladies).

Sclerème *des nouveaux nés* (voir Grossesse).

Sclero-Choroïdite (voir Yeux).

Sclero-Conjonctivité (voir Yeux).

Scléro-Kératite (voir Yeux).

Scorbut, *affaiblissement notable de l'énergie musculaire, légère bouffissure du visage, la peau prend la coloration d'un jaune affaibli, lassitude, tristesse, palpitations, vertiges, douleurs vagues aux membres inférieurs, les gencives se gonflent, elles deviennent livides, molles, spongieuses, saignantes au niveau de chaque dent où se forment des végétations violacées ; mastication difficile et douloureuse, odeur fétide. Dans certains cas, la bouche et les gencives sont épargnées de toute altération, les ulcérations et les ecchymoses sont nombreuses ailleurs, mais le vice-versa n'en reste pas moins fréquent. Petites taches hémorragiques sur les jambes et les cuisses avec œdème qui s'étend de plus en plus ; puis ecchymoses profondes, étendues et infiltration sanguine qui se reconnaissent à de légères plaques ou des tumeurs plus ou moins saillantes, quelquefois du volume d'un œuf. Peau d'une coloration diverse ressemblant à du marbre, sèche, rude et très sensible au toucher. Douleurs dans les os, dans les jointures, dans les genoux, qui deviennent enflés, et dans les lombes. Les jambes ne peuvent plus supporter le poids du corps, le pouls devient filiforme, selles diarrhéiques et sanguinolentes, de même les urines, les dents se déchaussent et tombent, les os maxillaires se carient, une salivation abondante achève l'épuisement, l'intelligence s'altère et le malade ne tarde pas à succomber soit subitement après quelques hémorragies, soit par suite de gêne croissante de la respiration. Une fois la guérison obtenue, la convalescence est toujours longue.* Int., au réveil, 2 grains Verm¹ à sec, puis $S^1 \times A^1 \times C^1$, 1re ou 2e dil. ou 3e dil., chaque demi-heure, 1 grain F¹ à sec chaque heure ; en cas de résistance, S^5 ou $S^2 \times A^3 \times C^2$, 1re, 2e ou 3e dil., chaque demi-heure ; au coucher, 2 grains de Vén¹ ou Sy¹, à sec ; aux repas, en mangeant de 3 à 5 grains des mêmes remèdes à tour de rôle, ou dans les aliments ; ext., application de Él. R. ou Él. A $\times$ Él. J., aux trois points de l'estomac, à l'occiput, au petit muscle, au haut de la mâchoire, au-dessous de l'oreille et de chaque côté, 15 secondes par point ; comp. sur les points atteints avec 5, 10, 15 ou 20 grains de $S^5 \times C^5$, faites alternativement en changeant le linge chaque fois ; gar. 4 fois dans les 24 heures avec les mêmes remèdes et les mêmes doses, matin et soir ; onct. légères de F² aux hypocondres ; grands bains avec 60, 75 ou 100 grains de $S^5 \times C^5 \times A^2 \times C^2 \times F^2 \times$ Vén² ou Sy², à tour de rôle.

Le scorbut est le développement d'un parasite aux parois buccales, aux gencives et aux poumons, provenant de l'atmosphère salée et humide de la surface des mers. D'origine arsenicale, il est propagé par l'air, comme le mercure, non seulement ingéré, mais respiré en vapeur, il procure également le même mal, occasionnant parfois une rage de dents atroce, jusqu'à jeter des cris affreux, avoir du délire, se rouler par terre ; et, si une dent est fatalement plombée, la rage devient intolérable, et aucun moyen ordinaire ne peut la calmer, parce que le plombage forme un bouchage à l'émeri qui empêche à la dent d'évaporiser la dose de mercure qu'elle contient. — Le déplombage de la dent devient une nécessité. On s'efforcera d'appliquer le traitement ci-dessus pour *guérir* complètement cette terrible maladie. — Au besoin (voir Dents).

Scrofules, *maladie constitutionnelle, souvent héréditaire, d'une durée ordinairement longue; elle se manifeste par des tumeurs irrégulières, dures, indolentes, qui occupent les ganglions du cou et de l'aisselle et qui s'accroissent peu à peu, se ramollissent et présentent de la fluctuation.* Int., au réveil 2 grains de $Verm^1$ à sec, puis $S^1 \times A^1 \times C^1$, 1re ou 2e dil., chaque demi-heure, un grain de F^1 à sec chaque heure, en cas de résistance, remplacer le S^1 par S^2 ou S^7 ou L., et le C^1 par C^4 ou Lord; au coucher, 2 grains de $Vén^1$ ou Sy^1; les mêmes remèdes aux repas, en mangeant de 3 à 5 grains à tour de rôle; ext., application de Él. R. aux 6 grands points, 15 secondes par point et autour de la tumeur; comp. avec 5, 10, 15 ou 20 grains de S^5 ou de C^5 renouvelée souvent en changeant le linge chaque fois; s'il y a persistance, comp. Él. V. sur la tumeur avec onct. légères de S^5 ou de C^5, matin et soir et de F^2 aux hypocondres; grands bains avec 40, 60, 75 ou 100 grains de S^5 ou S^7 ou L. $\times A^2 \times C^5$ ou Lord $\times F^2 \times Vén^2$ ou Sy^2 à tour de rôle. — Observations (voir Rachitisme).

Scrotum (voir Hydrocèle, Orchite).

Seins (*mastite*), *engorgement et inflammation.* Int., C^1 ou $C^2 \times A^2$, 2e ou 3e dil., chaque demi-heure; les mêmes remèdes aux repas, en mangeant, de 2 à 3 grains à tour de rôle; ext., comp. avec 10, 15 ou 20 grains de $C^5 \times S^5$, renouvelées souvent, en changeant le linge chaque fois, et onct. légères de $C^5 \times S^5$, matin et soir; s'il y a *gerçures, crevasses*, même traitement; s'il y a *abcès* (voir Abcès); s'il y a *écoulement de lait ou d'humeur blanche* (voir Lait, Galactorrhée).

Serpigineuses (*croûtes*) (voir Lupus vorace).

Somnambulisme, *affection des fonctions cérébrales, conduisant à marcher pendant le sommeil, ou à exécuter divers mouvements et actions contractés par l'habitude, sans qu'il reste après le sommeil aucun souvenir de ce qui s'est passé.* Int., au réveil comme au coucher, 2 grains de $Verm^1$ à sec, puis S^1 ou $S^5 \times A^1 \times N.$, 1re ou 2e ou 3e dil., chaque demi-heure, 1 grain de F^1 à sec chaque heure; pour la femme, remplacer le S^1 ou S^5 par C^1; de 2 à 5 grains des mêmes remèdes aux repas, en mangeant, pris à tour de rôle; ext., application de El. B. $\times$ El. J., aux 6 grands points, 15 secondes par point; onct. légères aux hypocondres, matin et soir, avec $C^5 \times F^2$; grands bains par semaine ou par quinzaine avec 60, 75 ou 100 grains de C^5 pour la femme, et de S^5 pour l'homme $\times A^2 \times F^2$ pour les deux sexes. Beaucoup d'exercice pendant le jour allant jusqu'à la fatigue.

Cette affection touchant à un sens tout à fait particulier, demeuré indéfini par la science, peut rester réfractaire à cette nouvelle méthode. En ce cas on se trouve en présence d'une nature d'âme supérieure à la généralité, qu'une puissance occulte fait agir à son gré et il n'y a qu'à s'incliner; il faut bien se garder de réveiller le malade durant cet instant, afin de lui éviter des suites assez souvent funestes. Dans tous les cas, en administrant ce traitement ponctuellement on rétablira l'équilibre du fonctionnement organique de la partie atteinte, en diminuant de beaucoup, sinon totalement, l'acte du somnambulisme.

SOUBRESAUTS, *mouvements nerveux*. Int., au réveil comme au coucher et selon l'âge, de 2 à 5 grains de Verm¹ à sec, puis S¹ × A¹ × N., 2ᵉ ou 3ᵉ dil., chaque demi-heure ou chaque heure (selon l'âge), 1 grain à sec chaque 2 heures de F¹ ou de C¹; de 2, 3 ou 5 grains des mêmes remèdes aux repas, en mangeant, pris à tour de rôle; ext., application de El. B. × El. J. aux 6 grands points, 5, 10, 15 ou 20 secondes par point et selon l'âge, et onct. légères de F² aux hypocondres, matin et soir; grands bains avec 15, 25, 40, 60, 75 ou 100 grains, selon l'âge, de S⁵ × C⁵ × N. × F², à tour de rôle.

SPASMES, *phénomènes convulsifs et contractures involontaires des différents muscles, s'ils ne viennent pas des vers*. Int., S¹ × C¹, 2ᵉ, 3ᵉ ou 4ᵉ dil., chaque demi-heure, 1 grain à sec chaque heure; les mêmes remèdes aux repas, en mangeant, de 2 à 3 grains à tour de rôle; ext., application de El. R. ou El. B. × El. J. au périné et sacrum, 15 secondes par point et onct. légères de F² ou C⁵ aux hypocondres, matin et soir; en cas de résistance, inj. avec 5 ou 10 grains de S⁵ ou de A² ou de C⁵; grands bains avec 40, 60, 75 ou 100 grains de S⁵ ou de C⁵.

SPERMATORRHÉE, *perte involontaire de la liqueur prolifique*. Int., au réveil, 2 grains de Verm¹ à sec, puis S¹ × C¹, 2ᵉ ou 3ᵉ dil. × A¹, 3ᵉ ou 4ᵉ dil., chaque demi-heure; 1 grain C⁵ à sec chaque heure × avec 1 grain F¹ à sec chaque 2 heures; s'il y a résistance, remplacer le S¹ par S³ ou S⁴ ou Giap; au coucher, 2 grains de Vén¹ ou Sy¹ à sec; les mêmes remèdes au repas, en mangeant, 2 à 3 grains pris à tour de rôle; ext., application de El. R. ou El. B. aux 6 grands points, au périné et au sacrum, 15 secondes par point, matin et soir; onct. légères de S⁵ × F², sur la colonne vertébrale et aux hypocondres; grands bains par semaine ou par quinzaine avec 60, 75 ou 100 grains de S⁵ × C⁵ × F², à tour de rôle.

Spina-ventosa, *tumeur cancéreuse dilatant lentement l'os jusqu'à lui donner l'apparence d'un vase en verre soufflé et prenant parfois des proportions plus rapides; s'il se forme un abcès dans le canal moëllien de l'os* (voir Carie des os).

Spinite, *boursoufflure ou enflure de l'os spinal, colonne vertébrale, accompagnée de douleurs vives et piquantes, comme pour la spina-ventosa* (voir Carie des os, Myélite).

Splénite, *inflammation aiguë ou chronique ou névralgique de la rate, douleurs plus ou moins vives au niveau de l'hypocondre gauche, allant jusqu'à l'épaule gauche, augmentation de volume, inappétence, soif, nausées ou vomissements, la douleur s'augmente sous la pression et l'action respiratoire, mouvements de fièvre à récurrence irrégulière, parfois avec agitation, délire, angoisse ou suffocation, constipation* (voir Foie); usage de laxatif ou purgatif au besoin. — Il importe ici de bien choisir la dose, on appliquera comme pour le foie, les doses d'une extrême faiblesse, 3e, 4e, 5e ou 6e dil., et encore au-dessus, jusqu'à ce que la dose qui surexcite le mal n'offre plus cet inconvénient.

La physiologie de la rate reste encore à élucider ; d'après la science, elle deviendrait nulle, à l'entier développement de l'organisme, puisqu'elle est considérée comme étant une glande sans fonction, n'apportant chez l'adulte aucun contingent à l'élaboration générale. Cependant, elle subit les effets de croissance organique du corps ; car elle devient assez souvent le siège d'une cause morbipare, aussi bien chez l'enfant que chez l'adulte, jetant le trouble dans toutes les autres fonctions par contagion, et par son contact avec les tissus, ou par viciation de la circulation sanguine qui puise sur son passage et charie les mauvais comme les bons

produits. Elle est spécialement le siège de la cause des fièvres intermittentes, miasmatiques, où dans bien des circonstances elle acquiert un volume peu ordinaire.
— Par conséquent, à toute maladie résistant au spécifique qui lui est direct, on traitera cet organe sans hésiter en lui appliquant le traitement ci-dessus.

Squirre (voir traitement spécial, Cancer).

Staphylôme, *bosselures bleuâtres sur le globe de l'œil en forme de grain de raisin, avec opacité de la cornée, même traitement que pour la cataracte.* Insister pendant la nuit avec comp. sur les yeux de S^1 ou S^5, de C^1 ou C^5, de A^1 ou A^3, et les onct. légères aux hypocondres de F^3.

Stérilité, *provient presque toujours d'une affection de matrice se traduisant par des pertes blanches, chez la femme* (voir Matrice, Leuccorrhée). Insister à l'intérieur avec $C^1 \times$ Vén^1 ou Sy^1, 2e dil., chaque demi-heure ; ext., Vén^2 ou Sy^2, ou bains avec supp. vaginale C^5, et *chez l'homme par un vice constitutionnel, même traitement* (voir Impuissance, Spermatorrhée).

Les causes de la stérilité chez la femme et de l'impuissance chez l'homme sont : 1° L'atrophie du faisceau nerveux qui anime les fonctions des testicules et ovaires émanant du plexus du bassin ainsi que des cordons lombaires ; 2° troubles survenus dans les fonctions naturelles et périodiques des testicules et ovaires, sous l'influence des mouvements lunesticiaux ou mois lunaires qui se dénoncent par des pertes involontaires ou par l'irrégularité des règles ; 3° affection des testicules et ovaires étouffés dans leur toute-puissance et privés de cet échange d'air qui les vivifie et les féconde, conséquence d'une privation forcée, lutte de la vertu contre les besoins du célibat imposé; 4º affections à la suite d'une intoxication désorganisatrice par l'arsenic ou le mercure, émaciation ou ulcération des testicules, 5º ou bien squirrhe de l'ovaire et du testicule; 6º l'ablation ou castration d'une partie quelconque des organes génitaux, motivée par la dégénérescence ulcéreuse ou squirrheuse du testicule; 7º l'hydropisie des testicules et des ovaires ou par les kystes des deux; 8º le manque d'énergie des trompes de Faloppe, chez la femme, qui cessent d'aspirer le fluide fécondant pour le transmettre aux ovaires dont elles sont séparées. L'interruption accidentelle et pendant l'acte de la faculté érectile de l'épididyme chez l'homme, soit par l'abus de copulation ou d'excès de boissons. Toutes les causes de la stérilité chez la femme comme de l'impuissance chez l'homme se *guérissent* radicalement, si on persiste dans les prescriptions hygiéniques dictées dans ce livre, et si on applique le traitement tracé à chacune de ces causes, telles que : *Hydrocèle, Impuissance, Kystes, Leucorrhée, Matrice, Névrose, Orchite, Ovarite, Prépuce, Règles, Spermatorrhée.*

Stomacace, *fétidité de la bouche* (voir Bouche).

Stomatite (voir Bouche, Salivation).

Strabisme, *yeux louches* (voir Yeux).

Strangurée, *difficulté d'uriner* (voir Dysurie, Ischurie).

Stupidité *causée par une frayeur ou un engorgement.* Int., au réveil comme au coucher, 2 grains de Verm^1 à sec, puis S$^1 \times$ A^1, 1re, 2e ou 3e dil., chaque demi-heure; s'il y a persistance, C$^1 \times$ A^2 ou A$^3 \times$ F^1, mêmes doses, 1 grain de N. à sec chaque heure; les mêmes remèdes en mangeant, de 3 à 5 grains à sec, pris à tour de rôle; ext., application de El. R. ou El. A. × El. J. aux 6 grands points, 15 secondes par point, matin et soir, et onct. légères de $S^5 \times C^5$ à toute la tête et le long de l'épine dorsale, et de F^2 aux hypocondres; grands bains avec 60, 75 ou 100 grains de $C^5 \times S^5 \times A^2 \times F^2$, à tour de rôle.

Suette miliaire (voir Fièvre).

Sueurs *surabondantes et fétides aux pieds et aux aisselles.* Int., S^1 ou $S^5 \times C^1$ ou C^2 ou C^4 ou C^5 ou Lord, 1re ou 2e dil., chaque demi-heure; 1 grain A^2 à sec chaque heure; les mêmes remèdes aux repas, en mangeant, à sec, de 3 à 5 grains, à tour de rôle; ext., comp. chaque jour aux pieds avec 20 grains de S^1 ou S^5 ou C^5 ou Lord, renouvelées souvent, en changeant le linge chaque fois, ou bien bain de pieds avec 10 ou 15 grains des mêmes remèdes, y séjourner 10 minutes; ce bain de pieds peut aussi se faire avec une cuillerée à café d'El. B.; les mêmes comp. peuvent s'appliquer aux aisselles; application de El. R. × El. J. à l'occiput et au grand sympathique au-dessus de l'épine dorsale, 15 secondes par point; grands bains avec 60, 75 ou 100 grains de S^1 ou de $S^5 \times C^5$ ou Lord, à tour de rôle.

Suffocation (voir Étouffements).

Suicide, *penchant au suicide* (voir Hypocondrie).

Surdité, *dysécie et difficulté d'entendre* (voir Bourdonnement, Otite).

Syncopes (voir Défaillance).

Synovie, *humeur albuminoïde comme du blanc d'œuf*, spéciale aux surfaces articulaires des os, sérosité osseuse (dite *synoviale*), plus phosphatée que celle qui s'exhale des autres cavités de l'organisation et des membranes dites séreuses, se coagulant et se réduisant en grumeaux par le froid ; il s'ensuit des écartements, tiraillements et éraillements plus ou moins considérables ; engourdissement des membres, refroidissement, douleurs articulaires et rhumatismales, douleurs goutteuses (voir GENOU, GOUTTE, CANCER).

SYPHILIS, *maladie héréditaire inoculée dans le sang et qui se développe ou peut se contracter au contact. Les phases successives qu'elle subit lui font donner les distinctions de primaire, secondaire, tertiaire, etc., tout en n'étant qu'une seule et même maladie. On ne saurait trop s'attacher à détruire cet empoisonnement du sang, dont toute humanité est affligée, par une bonne hygiène surtout alimentaire et par les divers traitements indiqués dans la partie curative de ce livre, afin de régénérer l'espèce humaine, transformer les générations futures et arrêter aussi la marche progressive de cette maladie qui commence invariablement par la gonorrhée ou par le chancre* (voir BLENNORRHAGIE, BLENNORRHÉE, GONORRHÉE)

La syphilis primaire ou syphilis simple ou bénigne se distingue par le chancre mou, sans bubon, ou avec bubon et gangrène qui se reconnaissent peu de jours après l'acte inoculateur par de petites vésicules, ulcérations rondes, molles, cerclées de rouge, fond gris et bords à pic ; aux aines, enflure des glandes avec abcès qui suppurent, puis se cicatrisent ; ou bien il y a gangrène si la nuance grise de la plaie devient noire après quelques jours de l'apparition des chancres et des bubons, et se complique quelquefois d'inflammation du tube digestif.

Quand la syphilis est maligne ou rongeante (phagédénique), l'ulcération se met à voyager, se cicatrisant d'un côté, s'agrandissant de l'autre, pouvant parcourir ainsi le corps pendant des années avec d'horribles souffrances, et laissant sur son passage de hideuses et irréparables difformités.

Le siège du chancre est presque toujours aux organes génitaux, quelquefois aux lèvres buccales et à l'anus.

La syphilis est confirmée ou grave par le chancre dur des parties sexuelles, qui n'est qu'une transformation du chancre mou en une plaie entourée d'un bourrelet dur, surélevée, en forme de coupe à centre mou, avec suppurations abondantes. — Par le chancre dur des lèvres buccales formant une plaie allongée, en forme de fente, à bords saillants, ou en forme de bouton, ou grenue, ou croûteuse. — Ou par le chancre dur de la tête, plaies plutôt arrondies, la forme ronde étant la forme presque constante de toutes les manifestations externes dues à la syphilis. Quelquefois le chancre dur se transforme en plaque muqueuse, phénomène nouveau qui le fait classer à la période secondaire.

La période primaire se traite par int., $S^1 \times Vén^1$ ou $Sy^1 \times A^2$, 1re ou 2e dil., chaque demi-heure, 1 grain de C^1 ou de C^5 ou de C^4 ou de Lord ou de T. B. chaque heure, à sec; s'il y a fébrilité, 1 grain de F^1 à sec chaque 2 heures; les mêmes remèdes aux repas, en mangeant, de 3 à 5 grains pris à tour de rôle, en y ajoutant le S^2 ou le S^5; au réveil, une goutte d'El. B. dans une cuillerée à café d'eau, et 2 grains de $Verm^1$ à sec; ext., application de El. R. ou El. A. ou El. B. $\times$ El. J. aux 6 grands points, au périné, au sacrum, 15 secondes par point; comp. sur la partie malade avec 10 ou 20 grains de $Vén^2$ ou S^2, renouvelées souvent, en changeant le linge chaque fois; s'il y a gangrène, $\times$ ces comp. avec C^5 ou C^4 ou Lord, mêmes doses; inj. avec 5, 10, 15 ou 20 grains, suivant la gravité du mal, de $Vén^2$ ou Sy^2, chez la femme, $\times$ ces inj. avec C^1, mêmes doses, et un supp. vaginal C^5 le soir; chez l'homme, s'il y avait gangrène, $\times$ ces inj. avec C^5 ou C^4 ou Lord, mêmes doses et Bg. jaune le soir; s'il y a persistance, chez les deux sexes, $\times$ les comp. avec de comp. de El. V. pure et autour du mal; onct. légères autour des plaies, sur les glandes, chancres, etc., avec $Vén^2$ ou Sy^2, et s'il y a gangrène, $\times$ ces onct. avec onct. légères de C^5, et onct. légères de F^2 aux hypocondres, matin et soir. Bains de siège avec 15, 25 ou 40 grains de $Vén^2$ ou $Sy^2 \times C^5$, chaque jour ou chaque deux jours, y séjourner 10 minutes; grands bains avec 60, 75 ou 100 grains de Vén² ou Sy² × C⁵ ou C⁴ ou Lord × A² × F², à tour de rôle, un par semaine. Après la guérison, poursuivre le traitement pendant quelque temps avec le seul S¹, 1ʳᵉ dil., chaque demi-heure; aux repas, en mangeant, 5 grains de S⁵ × S¹, à tour de rôle; ext., comp.. 10 à 20 grains de S⁵; matin et soir, et aussi inj. du même S⁵ avec 5, 10, 15 ou 20 grains, selon le cas, et onct. légères de S⁵ sur les points intéressés, matin et soir.

La syphilis dite secondaire se développe particulièrement dans les maladies de la peau; elle apparaît en éruptions syphilitiques diverses, arrondies, couleur cuivre, ou chair de jambon, ou rouge orange, sans prurit ni douleur; plaques muqueuses, excroissances diverses, crêtes de coq, condylômes ou fongosités, choufleurs, poireaux, verrues de préférence à l'anus, l'ophtalmie, le coryza (rhume de cerveau), la pharyngite (avec perte de la voix) syphilitiques; ulcérations des paupières, des fosses nasales, des oreilles, de la bouche, de la langue, de la gorge, du larynx, des parties génitales, du col de l'utérus et du rectum; roséole syphilitique (plus lente et plus longue que la roséole ordinaire), lichen, varicelles, croûtes du cuir chevelu, couronne de Vénus, mentagre, angine syphilitique, taches brunes et larges, éruptions écailleuses (syphilide cornée), notamment à la paume des mains ou à la plante des pieds; pustules syphilitiques, ampoules syphilitiques, tubercules syphilitiques, semblables à une cerise, dures, rouge-sombre; lupus facial, maladie des ongles (onyxis syphilitique), iritis syphilitique, sarcocèle syphilitique. Au traitement syphilis, ajouter le traitement pour chacune de ces maladies.

La syphilis tertiaire s'adresse aux maladies chroniques des grands organes et des os, étant demeurée en état latent dans le sang; ainsi, après certaines manifestations à la peau (rupia, pemphigus, tumeurs tuberculeuses, gommes) apparaissent des phénomènes précurseurs plus graves (gommes à l'intérieur, rétrécissement des passages, douleurs ostéoscopes), après quoi arrivent les maladies des os, des entrailles, des organes respiratoires, du cœur, du foie, des reins, de la matrice (et ovaires), de la peau, etc.; on fera donc bien d'appliquer d'abord le traitement ordinaire de ces maladies tracé dans la partie curative de livre, afin de coopérer au traitement syphilis qu'on appliquera ensuite.

Les malades de la syphilis tertiaire sont atteints dans cette dernière phase, plus encore que dans les deux précédentes, des symptômes cachectiques suivants, qui servent à faire connaître l'origine de leur souffrance.

Symptômes cachectiques : amaigrissement, perte de l'appétit et des forces, trouble de la digestion, l'insomnie, les douleurs obstinées, la suppuration persistante des caries, les lésions gommeuses.

Contrairement à cette *criminelle* habitude de faire passer en quelques jours l'infection syphilitique chez un sujet atteint de ce mal, on s'efforcera d'activer tout écoulement, que l'on se gardera bien d'arrêter, jusqu'à ce qu'il cesse de lui-même, période plus ou moins longue, suivant l'impureté du corps. — C'est précisément cette imprévoyance, suite d'un faux calcul, qui a fait déplorer à bien des familles la défectuosité de leur progéniture et de son état maladif; ainsi que des maladies invétérées qui les rendent elles-mêmes chroniques et incurables en les conduisant à la décrépitude prématurée.

On fera donc bien d'y porter toute son attention et de prendre la ferme résolution de ne pas cesser le traitement tracé pour chacune de ces maladies, qui ne peut réussir qu'à cette condition, si l'on tient réellement à se *guérir radicalement.*

Taches, *Éphélides à la cornée* (voir Yeux); *Hépatiques à la peau, indice d'une affection du foie* (voir Foie); *au visage, variqueuse couleur lie de vin* (voir Acné); *Syphilitiques violacées* (voir Syphilis).

Taie, *taches à la la cornée de l'œil* (voir Yeux).

Teigne, *éruption chronique dans le cuir chevelu avec écailles, pustules visqueuses, tuberculeuses et croûtes groupées ou disséminées*. Int., $S^1 \times C^1 \times A^1$, 1re ou 2e dil., chaque demi-heure; s'il y a résistance, remplacer le S^1 par S^2 ou S^5; le C^1 par C^2 ou C^4 ou C^5 ou Lord, et le A^1 par A^2, mêmes doses; aux repas, en mangeant, de 2 à 3 grains à sec des mêmes remèdes, à tour de rôle ou bien dans les aliments; ext., application de El. R. ou El. B. $\times$ El. J. à l'occiput, aux sympathiques au-dessus de l'épine dorsale, 10, 15 ou 20 secondes par point, selon l'âge; comp. avec 10, 15 ou 20 grains, selon l'âge, de $S^2 \times C^4$ ou Lord, renouvelées souvent, en changeant le linge chaque fois; au besoin, comp. avec El. B. ou El. A. ou El. R.; onct. légères de $S^5 \times C^5$ sur les éruptions, le tout fait matin et soir; grands bains de S^1 ou $S^5 \times C^3$ ou C^4 ou C^5 ou Lord $\times A^2$, 25, 40, 60, 75 ou 100 grains selon l'âge et à tour de rôle.

La teigne est contagieuse comme la gale, il suffit de se peigner avec le peigne dont se sera servi préalablement un teigneux, même une seule fois, pour gagner cette affection du cuir chevelu, si peu que l'on soit prédisposé à cette affection.

On prendra en conséquence les précautions pour éviter la contagion et on appliquera scrupuleusement le traitement, certain d'obtenir la *guérison* parfaite, dans une période plus ou moins longue, en rapport à la constitution du sujet; sauf de rares exceptions, il est inutile de couper la chevelure, on peut très bien la préserver de cet inconvénient sans nuire à la guérison. Il suffira de répéter aussi souvent que possible les compresses pour détruire le parasite, sorte de pou analogue à celui qui engendre la plique dans les contrées froides, ne pas s'arrêter aux intermittences de bien ou de mal procurées par le traitement et le poursuivre jusqu'au bout ; l'efficacité se traduit par la dissécation des croûtes ; les sécrétions cessent d'alimenter le parasite qui en est la cause.

Ténèsme, *envie continuelle et inutile d'aller à la selle, avec tension et contraction douloureuse de l'anus* (voir Entérite et Hémorroïdes), insister, Int., sur le $S^1 \times A^1 \times F^1 \times C^1$, 2ᵉ dil., chaque demi-heure ; et de 2 à 3 grains des mêmes remèdes, aux repas, en mangeant, pris à tour de rôle ; et à l'ext., ajouter supp. au $C^5 \times$ supp. A., le soir, à tour de rôle.

Ténia *(armé ou non armé), genre de vers de forme rubanée et d'une grande longueur, connu sous le nom vulgaire de ver solitaire. Il peut exister pendant plusieurs années dans le tube digestif sans provoquer de souffrances ou de troubles intestinaux sérieux. Cependant, à la longue, parfois il occasionne diverses incommodités, comme évacuations vermiculiformes, yeux cernés, pâleur du visage, regard mat, inappétence ou faim parfois extraordinaire, nausées, vomissements à jeun ou après certains mets, étouffements, ardeurs, glaires, mal de de tête, évacuations irrégulières, prurit à l'anus, sensation d'ondulation d'un corps qui se meut dans l'estomac, quelques fois diarrhée.* Int., au réveil, 5 gouttes Él. J. dans une cuillerée à café d'eau, puis $Verm^2$, 1ʳᵉ ou 2ᵉ dil., chaque demi-heure, aux repas, en mangeant 5 à 10 grains de $Verm^2$; au coucher 5 grains de $Verm^2$ et 20 gouttes Él. J. dans le verre d'eau, une fois par jour, jusqu'à effet. Après quelques jours de traitement, prendre le soir, une infusion de 20 grammes de feuilles de séné. *En général, l'effet se produit au bout d'un temps (1 à 4 mois environ). Impossible de le déterminer à l'avance, il faut donc prendre le remède jusqu'à ce qu'il produise son effet en réalisant la guérison par la disparition des symptômes. Car il n'y a pas toujours expulsion de vers ; on l'a vu expulser d'une seule pièce, ou par fragments ; dans d'autres cas, le malade a guéri sans aucune expulsion parce que les remèdes, dissolvant les matières grasses et gélatineuses dont il est composé, passent inaperçus.*

Mme P..., trente-trois ans, atteinte du ténia avec affection du cœur, compliqué de varices et avec circulation du sang. Après quinze jours de traitement le ténia ayant été expulsé, les crampes d'estomac ont complètement cessé et aujourd'hui elle ne se ressent plus de rien.

Testicule (voir Hydrocèle, Orchite).

Tétanos, *rigidité et tension convulsive de tous ou presque tous les muscles volontaires et qui amènent souvent la mort par asphyxie.* Int., N. $\times$ A^1 $\times$ S^1, 1re, 2e ou 3e dil., chaque 15 minutes ; s'il y a résistance, ajouter C^1, 2e dil., chaque demi-heure ; au besoin, remplacer le S^1 par S^3 et le A^4 ; on peut donner les mêmes remèdes à sec sur la langue, par un grain à froid, toutes les heures, à tour de rôle et aussi 2 à 3 grains dans les aliments ou aux repas, en mangeant, des mêmes remèdes, et à tour de rôle ; ext., application d'El. J. aux 6 grands points et aux nerfs intéressés 20 secondes par point, matin et soir, frictions sur toute la longueur de l'épine dorsale, avec 10, 15 ou 20 grains de S^3 ou de N., et 10 à 20 gouttes d'El. J. mélangées dans le verre d'eau ; si la cause est la suite d'une blessure (voir Blessure).

Tête. *Pour agir sur la tête avec les électricités, on les*

applique aux tempes, à la nuque, à la racine du nez, sous les oreilles, aux deux côtés de l'atlas, à droite et à gauche de l'épine dorsale en commençant au niveau des épaules, à la plante des pieds, aux sur et sous orbitaux et au frontal (voir la planche à la fin de ce livre). *L'électricité qui convient le mieux à la tête et surtout aux femmes, pour toutes sortes de douleurs, est en comp. El. B. ; mais l'El. R. ou l'El. A, comme l'El. J., ont fait aussi du bien.* Douleurs ou maux de tête, Migraines, Névralgie, Hémicranie, Céphalalgie, Méningite, Encéphalite, Hydrocéphalie, Tuberculisation du cerveau, Ramollissement du cerveau (voir à leur lettre alphabétique ces divers traitements). — *Fatigues de tête, suite de travaux intellectuels continus.* Int., $S^1 \times A^1 \times C^1$, 1re ou 2e dil., chaque demi-heure ; un grain F^1 à sec sur la langue, chaque heure ; de 2 à 3 grains des mêmes remèdes aux repas, en mangeant, à tour de rôle ; ext., application de El. R. ou El. A. $\times$ El. J., aux points indiqués plus haut, 20 secondes par point avec onct. légères S^5 à toute la tête, matin et soir, et de F^2, onct. légères aux hypocondres.

Tic *douloureux, mouvement convulsif de certains muscles, particulièrement de ceux du visage.* Int., $S^1 \times N. \times A^1$, 1re, 2e ou 3e dil., chaque demi-heure ; un grain de F^1 à sec, chaque heure ; en cas de résistance, ajouter C^1 ou C^4 ou Lord, à la 2e ou 3e dil., chaque demi-heure ; de 3 à 5 grains des mêmes remèdes, aux repas, en mangeant, à tour de rôle ; ext., application de El. B. ou El. A. $\times$ El. J., sur les points douloureux, comme aux nerfs intéressés, 15 secondes par point ; avec onct. légères de C^5 sur les mêmes points, matin et soir, et onct. légères de F^2 aux hypocondres (voir Névralgie).

Torticolis *et autres suites d'un refroidissement.* Int., de 3 à 5 grains de S^1 à sec sur la langue, puis $S^1 \times A^2$, 1re ou 2e dil., chaque 15 minutes ; s'il y a *fièvres*, F^1 1re dil., chaque 5 ou 10 minutes ; s'il y a résistance, remplacer le S^1 par S^2

ou L.; un grain C¹ à sec, chaque heure; de 3 à 5 grains des mêmes remèdes, aux repas, en mangeant, à tour de rôle; ext., application de El. R. × El. J., 15 secondes par point, aux nerfs intéressés, comme aussi comp. de El. B. sur les mêmes nerfs et à la nuque; onct. légères de C⁵ sur les mêmes points, matin et soir, avec onct. légères de F² aux hypocondres; grands bains avec 50, 75 ou 100 grains de C⁵.

TOURNIOLS, *tours d'ongles*, *panaris* (voir ONYXALGIE, PANARIS).

TOUX (voir BRONCHITE).

TRANSPIRATION *surabondante* (voir SUEURS).

TRESSAILLEMENTS *de l'estomac* (voir ESTOMAC).

TRICHINES, *vers microscopiques habitant les muscles de certains animaux, comme le rat, la souris, le chat, le porc, etc.; ils peuvent aussi se développer chez le lapin et être inoculés à l'homme par l'absorption de viande crue ou mal cuite, et produire la* TRICHINOSE; *celle-ci se reconnaît par de légers troubles à l'estomac, inflammation des intestins avec constipation, quelquefois diarrhée, sensation douloureuse dans les muscles envahis par l'éclosion des myriades de ces parasites; malaise, fièvre, rhumatismes, enflure de la face et des paupières, voix rauque, mastication et déglutition difficiles; les muscles augmentés de volume, deviennent plus douloureux jusqu'à arracher des cris au moindre mouvement; inappétence, amaigrissement rapide, diarrhée persistante, mort entre la 3ᵉ et la 4ᵉ semaine. La convalescence est très longue chez ceux qui en échappent, les cheveux et quelquefois les ongles tombent, de grands lambeaux d'épiderme se détachent des mains et des pieds.*

Comme cette maladie peut être confondue avec beaucoup d'autres affections ayant des symptômes semblables, il faut le remède Verm¹ *ou* Verm² *appliqué à toute maladie qui résiste* à son spécifique. Int., S¹ × Verm¹, 1ʳᵉ et 2ᵉ dil., chaque demi-heure (voir Vers).

Trimus, *resserrement tétanique des mâchoires provenant d'une altération des fonctions digestives, agissant par action réflexe sur la bouche motrice du Trifacial;* commencer ext., par application à l'occiput de El. J., 20 secondes; si cela ne suffit pas, appliquer le même El. J. au sympathique de l'estomac, au haut de la joue, près de l'oreille (petits muscles) et aux tempes, 20 secondes par point; au besoin × cette El. J. avec El. R., sur les mêmes points; puis int., S¹, 1ʳᵉ dil., chaque 15 minutes; s'il y a résistance, N. × S⁵, 1ʳᵉ dil., chaque 15 minutes; de 3 à 5 grains des mêmes remèdes, aux repas, en mangeant à tour de rôle; ext., comp., avec 10, 15 ou 20 grains de C⁵ renouvelées souvent en changeant le linge, chaque fois; réapplication de El. J. sur les mêmes points, 20 secondes par point, × au besoin avec El. R.; frictions légères à toute la tête et sur la joue avec El. B., matin et soir, et onct. légères C⁵ ou S⁵; grands bains de C⁵, avec 60, 75 ou 100 grains (voir Tétanos).

Tristesse (voir Hypocondrie).

Trousse-Galant (voir traitement spécial, Choléra).

Tumeurs (voir Abcès, Adénite, Cancer, Syphilis; *fibreuses,* voir Kystes, Polypes, *et les mêmes observations*).

Typhus (voir Typhoïde).

Ulcérations (voir Cancer, Ulcères).

Ulcères *ordinaires.* Se traitent par int., S¹ × A¹ × C¹, 1ʳᵉ ou 2ᵉ dil., chaque demi-heure; les mêmes remèdes au repas, en mangeant de 3 à 5 grains à tour de rôle; ext., comp. sur la partie compromise avec 5, 10, 15 ou 20 grains de S⁵ ou C⁵ renouvelée souvent, en changeant le linge à chaque fois; s'ils sont établis à l'intérieur de la *gorge* ou de la *bouche*, les mêmes remèdes et mêmes doses en gaz, 3 à 6 fois dans les 24 heures, avec onct. légères matin et soir, de S^5 ou de C^5, au dehors ou dessous le col, grands bains avec 60, 75 ou 100 grains de $C^5 \times S^5 \times A^2$ à tour de rôle; ulcères à la *matrice*, inj. 3 fois par 24 heures, avec 5, 10, 15 ou 20 grains de $C^1 \times S^5 \times C^5$ à tour de rôle; *pour les ulcères cancéreux, variqueux ou autres, consulter l'article concernant l'organe ulcéré.*

Urétrite, *inflammation du canal sans cause vénérienne* (voir Blennorrhagie, Rétrécissement).

Urine (voir Albuminurie, Calculs, Diabète, Dysurie, Enurésie, Hématurie, Ischurie, Incontinence, Spermatorrhée).

Urticaire, *inflammation de la peau produisant un prurit comparable à celui causé par les piqûres d'orties. Cette affection est fréquente dans les pays chauds, chez les personnes non acclimatées; elle est aussi causée par des substances toxiques, comme l'opium, ou vénéneuses comme les moules* (voir Fièvres, Empoisonnement).

Utérus-Utérite (voir Matrice).

Vaccination. *La vaccination obligatoire a le but de préserver ou d'atténuer les générations modernes de toute atteinte de la petite vérole ou variole. Malheureusement, son application reste difficile, par les précautions vigilantes, qui sont à prendre, et défectueuse, par l'impossibilité de se procurer un vaccin suffisamment pur, pour éviter la décomposition du sang, des humeurs et de l'organisme du vacciné et le déplacement des humeurs qui s'opèrent après l'inoculation du vaccin, introduisant dans l'organisme le germe de certaines maladies qui n'existait pas chez le vacciné; de cette façon, pour empêcher un petit empoisonnement, on en crée un autre incontestablement plus grand.* On y remédie par int., $S^1 \times C^1 \times A^1$, 1re ou 2e dil., chaque 15 minutes; *pour les enfants*, selon l'âge, de 1 à 10 cuillerées à café de chacun des remèdes, dans les 24 heures ; au-dessous de 1 an, et selon le nombre de mois, de 3 à 10 gouttes de chacun des remèdes, dans les 24 heures ; en cas de résistance, remplacer le S^1 par S^5, le C^1 par C^5, le A^1 par A^2, et de 1 à 5 grains des mêmes remèdes, selon l'âge, dans les aliments, ou aux repas, en mangeant, à tour de rôle. *Pour les adultes*, au réveil comme au coucher, 2 grains à sec de $Vén^1$ ou Sy^1 ; aux *enfants*, selon l'âge, 2 gouttes jusqu'à une cuillerée à café, matin et soir de $Vén^1$ ou Sy^1 à la 3e dil. ; ext., application de El. B. ou El. R. ou El. A. $\times$ El. J., occiput, lymphatique, sacrum, et le long de l'épine dorsale 5, 10, 15 ou 20 secondes par point, selon l'âge ; grands bains, avec 10, 15, 25, 40, 60, 75 ou 100 grains de $S^5 \times C^5 \times A^2$, selon l'âge, et à tour de rôle.

VAGINITE, *inflammation du vagin* (voir BLENNORRHAGIE, RÉTRÉCISSEMENTS, SYPHILIS) avec supp. ou boules vaginales C^5 ; int., $S^1 \times C^1$, 1re ou 2e dil., chaque demi-heure ; les mêmes remèdes, de 3 à 5 grains, en mangeant, aux repas, à tour de rôle ; ext., application de El. B. ou El. R. $\times$ El. J. au périné, pubis, sacrum 20 secondes par point ; comp. sur les parties externes, avec 5, 10, 15 ou 20 grains de C^5 ou S^5 renouvelées souvent, en changeant le linge, chaque fois ; onct. légères de C^5 ou S^5, matin et soir et inj., avec 5, 10, 15 ou 20 grains de C^5 ou de S^5, grands bains, avec 60, 75 ou 100 grains de $C^5 \times S^5$, à tour de rôle.

VARICELLES, *modification de la variole* (voir FIÈVRES, VARIOLE).

VARICES, *accumulation de sang dans la cavité d'une veine, teinte bleuâtre, apparence de nodosités molles inégales cédant sous la pression du doigt*. Int., ordinaires, A^1 ou A^2, 2e ou 3e dil., chaque 15 ou 30 minutes ; s'il y a plaies, avec ou sans douleurs rhumatismales, $A^2 \times C^2$ ou C^5, 2e ou 3e dil., chaque demi-heure ; s'il y avait engorgement du foie, ajouter F^1,

1re ou 2e ou 3e dil.; les mêmes remèdes, aux repas, en mangeant, de 3 à 5 grains, à tour de rôle; ext., *ordinaires*, onct. légères, de $A^2 \times C^5$; s'il y a engorgement du foie, ajouter onct. légères de F^2 aux hypocondres; s'il y a plaie, comp. avec 5, 10, 15 ou 20 grains de $A^2 \times C^5$, renouvelées souvent en changeant le linge, chaque fois; puis onct. légères des mêmes remèdes sur la partie non ulcérée; grands bains, un par semaine ou par quinzaine, avec 60, 75 ou 100 grains de $A^2 \times C^5$ ou $C^2 \times F^2$, à tour de rôle.

Mme G. P..., quarante-deux ans, varices internes, guérie en huit jours.

Les varices survenues par la compression d'un obstacle qui dilate les parois de la veine pendant une gestation pénible, disparaissent le plus souvent d'elles-mêmes une fois l'obstacle franchi. Mais, si elles se forment par l'affaiblissement du tissu des vaisseaux veineux, conséquence d'un sang échauffé, arsenicalisé, mercurialisé, il est assez difficile à la science officielle de les faire disparaître, elle s'occupe plutôt de les maintenir afin de ne pas s'excorier ou s'ulcérer au moyen du bas fabriqué à cet usage, qui devient avec le temps plus nuisible qu'utile. Par contre, l'application du traitement de cette nouvelle science, au fur et à mesure de la régénération du sang, reconstitue le tissu du vaisseau veineux, le fortifie et oblige les varices à diminuer peu à peu et à ne laisser aucune trace de nodosité, pour disparaître complètement dans une période relativement courte; si elles sont ulcérées, le traitement est un peu plus long, mais en persistant on arrive à éviter tout danger, à cicatriser les veines et à les rendre aussi habiles dans leur fonctionnement que si elles n'avaient jamais subi d'altérations.

VARICOCÈLES, *varices du scrotum* (voir VARICES).

VARIOLE, *maladie fébrile et contagieuse, éruptions pustuleuses cutanées et muqueuses qu'on n'a ordinairement qu'une fois. C'est par la contagion directe du malade aux individus sains qui l'entourent, qu'elle se propage ; la contagion indirecte provient des miasmes transportés par l'air même à grande distance. Les croûtes de la dessiccation des pustules, les effets des varioleux sont des agents puissants de l'extension de la maladie.* Int., au réveil comme au coucher, 2 grains Verm^1 à sec, puis $S^5 \times A^1 \times F^1$, 2e ou 3e dil., chaque demi-heure ; 1 grain de C^1 à sec, chaque heure ; s'il y a persistance, remplacer le S^5 par le S^1 ou S^2 ou S^6 ; le A^1 par le A^2 et le C^1 par C^5 ; aux repas, en mangeant, de 3 à 5 grains des mêmes remèdes, à tour de rôle, ou bien dans les aliments ; ext., application de El. B. aux 5 grands points, 15 secondes par point et onct. très légères de $S^5 \times A^2$ sur les pustules, et en lavage eau tiède avec 10, 15 ou 20 grains des mêmes remèdes, une fois par 24 heures, en changeant le linge à chaque fois qu'il sert à cet usage. A la convalescence, onct. légères S^5 sur les pustules, une fois les croûtes desséchées et tombées ; pour éviter les signes qu'il en reste, les répéter 3 à 4 fois dans les 24 heures.

Au début de cette maladie, on éprouve un malaise général, puis des frissons, chaleur à la peau qui devient sèche ou moite, douleurs dans les membres, aux reins, dans le dos, lourdeurs de tête, accélération du pouls et battements de cœur. Les petits enfants s'assoupissent et se réveillent en sursaut en poussant des cris plaintifs. La face s'illumine, les vomissements surviennent ; mouvements convulsifs, tic à la face, respiration difficile, baillements fréquents, la peau commence à rougir et le troisième jour, au plus tard, on voit apparaître de petites papules cohérentes ou groupées gagnant la surface du corps, surtout les régions en contact avec l'air et la lumière, assez souvent elles envahissent les muqueuses et déterminent des troubles violents dans toutes les fonctions de l'économie. Les papules sont coniques, violacées et marquées d'un point noir au sommet et finissent pas se confondre en se multipliant; puis, elles augmentent de volume; de coniques qu'elles étaient elles deviennent ombiliquées; elles finissent par crever au dehors après avoir rongé la peau au dedans, elles se dessèchent et laissent en tombant par croûtes, une empreinte indélébile gravée en creux dans la peau. Le malade est alors pour toute sa vie *gravé, couturé de petite vérole, cotru, grêlé*. En appliquant rigoureusement le traitement ci-dessus, la maladie suivra son évolution sans symptômes alarmants et dans une période relative à la constitution du malade, et si on reste attentif au moment du dessèchement de ces tumeurs, on verra disparaître la maladie sans laisser aucune des traces indiquées plus haut.

Végétations (voir Condylèmes, Cors aux pieds, Tumeurs, Syphilis, Verrues).

Veines (voir Phlébite, Varices).

Vérole *ou maladie vénérienne* (voir Syphilis).

Verrues (*Poireaux*). Int., $S^1 \times C^1$, 1re ou 2e dil., chaque demi-heure; 5 grains des mêmes remèdes, alterner aux repas, en mangeant ; ext., comp. de El. V., matin et soir avec onct. légères de C⁵.

Vers. *Chaque organe de l'homme a son ver particulier, et les espèces qui y habitent sont innombrables et fort loin d'être toutes connues. Il y en a de toutes les formes et de toutes les grandeurs, le ténia, le lombric, l'ascaride, etc., habitent les intestins et produisent des troubles sérieux, comme douleurs d'entrailles, coliques, picotements, sensation, contraction, reptation dans l'abdomen ou dans la gorge avec haleine fade ou acide, salivation, enflure du ventre, soif, faim exagérée ou absence d'appétit, nausées, vomissements, selles sanglantes rarement, souvent des démangeaisons à l'anus.*

Dans les autres organes, toux sèche, pouls irrégulier, palpitations, défaillances, dilatation des pupilles, strabisme (yeux louches), amaurose, cécité, surdité ou exaltation de l'ouïe, perversion du goût, de l'odorat, vives démangeaisons au nez ; saignement de nez, prurit, fourmillements à la peau, sueurs abondantes, maux de tête, vertiges, douleurs vagues surtout aux articulations, agitation, grincements de dents, somnolence, convulsions.

Dans certaines maladies graves comme : manies diverses, hystérie, catalepsie, tétanos, convulsions épileptiformes, danse de Saint-Guy (chorée), tremblements, paralysies diverses, hydrophobie non rabique, méningite, etc., on les a vues disparaître, quelquefois par la simple expulsion des vers.

L'enfant, même au-dessous d'un an, peut être atteint de lombrics, et se distingue par la pâleur, teint plombé, yeux cernés d'un cercle bleuâtre, parfois brillants et dilatés. Ces vers sortent de l'intestin grêle, leur domicile, pour pénétrer dans d'autres parties du corps, remontant dans l'estomac et à la gorge ; ils sortent volontiers par la bouche ou par le nez, quelquefois par l'oreille, pénètrent dans les voies respiratoires où ils provoquent la suffocation ; on en a vu sortir par les voies urinaires. Les lombrics dans les voies biliaires ont donné lieu à des abcès vermineux des parois abdominales, à la colique hépatique (bilieuse) et même à la mort ; dans le péritoine (enveloppe des intestins) ils ont occasionné l'obstruction intestinale, l'hémorragie avec inflammation des intestins et la péritonite.

Une espèce de vers fort petits (les oxyures vermiculaires) ont leur siège dans le rectum et au pourtour de l'anus, et procurent au dehors des démangeaisons, surtout la nuit ; ils produisent quelquefois des douleurs vives. Chez les jeunes filles ils ont souvent envahi les parties génitales et produit une leucorrhée abondante ; ils provoquent fréquemment chez la jeunesse et même chez les adultes des habitudes funestes qui s'expliquent par les prurits sympathiques. Ils ont causé la contracture du sphincter très douloureuse, avec éructations, borborygmes, flatuosités, rétention d'urine, etc. Le ténia armé ou non armé produit les mêmes symptômes (voir TÉNIA*), sauf qu'il est rare chez les enfants ; cependant on l'a observé chez des sujets de 14 ans.*

On a rapporté la présence du tricocéphale, ver très petit et mince comme un fil, qui habite les intestins, dans certains accidents cérébraux, entre autres une méningite suivie de mort. Il y a aussi la douve du foie, qui obstrue les voies biliaires produisant une jaunisse très intense, sans fièvre, avec douleurs aiguës à l'hypocondre droit, vomissements, toux fréquente, amaigrissement, accidents scorbutiques, mort.

On ne s'étonnera plus, d'après ce qui précède, de la recommandation d'employer le Verm. *contre toutes les maladies, y compris le Cancer, quand elles résistent à leurs spécifiques naturels. Contre toutes les espèces de vers :* Int., Verm¹, 1re ou 2e dil. *chaque 15 ou 30 minutes ou bien chaque heure ou bien le matin et le soir seulement, selon l'intensité du mal ou l'âge du malade ; on peut prendre un ou deux grains à sec le matin et le soir, et aussi dans le cours des 24 heures, de 10 à 20 grains pris par un ou deux grains chaque heure ; mais s'il s'agit d'accidents nerveux, convulsions, épilepsie, histérie, etc., à* doses faibles*, il sera em-*

ployé à l'usage ext., en onct. légères, comp., inj., irrigations à la dose de 5, 10, 15, 20, 30, 40 ou 50 grains, selon l'insistance du mal et l'âge du malade, et en grands bains de 20, 30, 40, 60, 75, 100, 150 ou 200 grains. On peut alterner le F^1 à l'int., 1re ou 2e dil., et à l'ext., onct. légères F^2 aux hypocondres ou avec C^5. En cas de résistance, on remplacera le $Verm^1$ par le $Verm^2$.

VERTIGES *stomacaux, venant d'abstinence prolongée ou d'indigestion ou sympathique* (voir INDIGESTION); *s'ils sont nerveux* (voir NÉVROSE); *s'ils sont ténébreux* (voir APOPLEXIE); *s'ils sont rhumatismaux* (voir RHUMATISME).

VESSIE, *inflammation de la vessie (Cystite) provenant de catarrhes chroniques, d'excès ou d'opérations chirurgicales, difficultés dans la miction de l'urine, efforts répétés pour l'expulser; douleur vive à l'hypogastre, périné et aux reins, urine rougeâtre avec mucus clair, filant, sanguinolent ou purulent.* Int., $A^1 \times S^6 \times C^2$, 2e ou 3e dil., chaque demi-heure, 1 grain de F^1 à sec chaque heure; au réveil, 2 grains de $Verm^1$ à sec, et au coucher 2 grains de $Verm^1$ ou Sy^1 à sec; s'il y a persistance, remplacer le A^1 par A^2 ou A^3; le S^6 par S^1 ou S^2, et le C^2 par C^{10} ou C^7 ou C^6 ou T. B. mêmes doses; les mêmes remèdes de 3 à 5 grains à sec, aux repas, en mangeant et à tour de rôle; ext., application de El. R. ou El. B. $\times$ El. J. aux 6 grands points, au pubis, périné, sacrum, 15 secondes par point; inj. avec 2, 3, 5, 10, 15 ou 20 grains, selon l'intensité du mal, de C^1 ou C^2 ou C^5 ou C^6 ou C^{10} ou T. B., matin et soir, avec onct. légères de F^2 aux hypocondres, et de $A^2 \times C^5$ aux parties intéressées, aux 3 points de l'estomac, pubis, périné, sacrum, avec supp. vaginal A. pour la femme et Bcg. blanche A. pour l'homme; bains de siège chaque jour ou chaque deux jours avec 15, 25 ou 40 grains, selon l'intensité du mal, de $C^5 \times$ par $S^2 \times S^6 \times A^2$, y séjourner 10 minutes, et un grand bain par semaine avec 60, 75 ou 100 grains de $C^5 \times S^2 \times C^2$ ou C^6

ou T. B. $\times$ S^6 $\times$ A^2 $\times$ F^2 $\times$ Vén^2 ou Sy^2, à tour de rôle; s'il y a douleur nerveuse à la vessie (Cystalgie, Paralysie), ajouter traitement int., N., 2e ou 3e dil., et ext., inj. avec El. B., 5, 10, 15 ou 20 gouttes dans un verre d'eau tiède avec les précédentes inj., et application de El. A. $\times$ El. J. sur les mêmes points, et faire le reste du traitement.

Le nombre de personnes guéries de cette maladie est prodigieux. C'est ce qui a fait recommander tout particulièrement la rigoureuse application de ce traitement pour qui désirera *guérir radicalement*, et de supporter les fluctuations de bien et de mal qui se produisent suivant la cause qui détermine le mal, si l'on veut atteindre ce but.

Vipère (*piqûres de*) *et de serpent*. Int., pendant quelques heures et suivant l'âge, prendre à sec, et suivant l'intensité du mal, 10 ou 20 ou 30 ou 40 grains à la fois de S^1 répétés chaque demi-heure, et 10 ou 15 ou 20 gouttes El. A. dans le verre d'eau, bu par cuillerées à café chaque 15 minutes; puis 5 ou 10, 15 ou 20 grains à la fois de F^2 à sec, chaque heure, et de 5, 10, 15 ou 20 gouttes El. B. dans le verre d'eau, bu par cuillerées à café chaque heure; ext., frictions sur la partie compromise avec El. V., répétées souvent, et comp. en raison de l'intensité du mal avec 10, 15 ou 20 grains C^5 ou S^5, renouvelées souvent, en changeant chaque fois le linge. Passé la période d'inflammation, prendre int., S^1 ou S^5 $\times$ C^1 $\times$ A^1 ou A^3, 1re ou 2e dil. chaque 15 minutes; 1 grain F^1 à sec chaque heure; les mêmes remèdes de 3 à 5 grains, aux repas, en mangeant, à tour de rôle; et au réveil comme au coucher, 2 grains de Verm^1 à sec; on continuera l'ext., comp. matin et soir avec C^5 ou S^5; on fera des onct. légères de F^2 aux hypocondres et de C^5 sur le point attaqué; grands bains avec 60, 75, 100, 150 ou 200 grains de $C^5 \times S^5 \times A^2 \times F^2$, à tour de rôle.

Voix, *perte de la voix* (voir Aphonie, Enrouement).

Vomissements, *expulsion par la bouche des matières contenues dans l'estomac, sous l'influence d'une cause perturbatrice du système nerveux par la contraction simultanée du diaphragme et des muscles abdominaux.* Int., de 5 à 10 grains de B. $\times$ S^1 à sec, sur la langue à la fois, de 15 minutes en 15 minutes, pris séparément, et à un intervalle de 5 minutes, jusqu'à complète cessation des vomissements; ext., application aux 3 points de l'estomac, 20 secondes par point de El. R., répétée trois ou quatre fois, s'il est nécessaire, à un intervalle de 20 minutes. *Pour ceux des femmes enceintes* (voir Grossesse); *pour vomissements de sang ou crachements de sang* (voir Hématémèse, Hémoptysie); *pour ceux de sang noir* (voir Méléna).

Yeux (voir Amaurose, Cataracte, Glaucôme, Ophtalmie, Staphylôme), et pour les cas suivants :

Albinos, *cécité partielle ou entière pendant le jour* (voir Amaurose).

Chassie, *sécrétion de matières purulentes, avec le bord des yeux rouge, ordinairement syphilitique* (voir Ophtalmie), avec comp. et bains sur l'œil fermé.

Diplopée, *vue double, quelquefois triple ou quadruple du même objet* (voir Amaurose).

Ecchymose, *contusion bleue, yeux injectés* (voir Ophtalmie, Hémorragie des yeux).

Hémorragie des yeux (voir Ophtalmie) et int., A^1 ou A^2, 2e ou 3e dil. chaque 15 minutes; ext., application El. A. à l'occiput, au sympathique, au haut de l'épine dorsale et à tous les nerfs de la tête, 20 secondes chaque point, trois ou quatre fois par 24 heures; onct. légères à toute la tête de $A^2 \times C^5$, matin et soir, et de F^2 aux hypocondres; bains d'yeux avec 1 ou 2 grains C^3.

Héméralopie, *cécité partielle, mais souvent complète après le coucher du soleil, comme à la lumière la plus intense* (voir Amaurose).

Orgelets *ou disposition aux orgelets, sorte de furoncle, clou sous-orbital, probablement syphilitique* (voir Ophtalmie) et application des électricités aux sus et sous-orbitaux.

Sclero-Choroïdite, *affection du blanc de l'œil et de la cornée* (voir Ophtalmie, Staphylôme).

Sclero-Conjonctivite, *inflammation de la conjonctive oculaire, injection de la membrane et gonflement en rapport avec l'intensité de la rougeur, sensation de lourdeur et chaleur à l'œil et aux paupières, et de corps étrangers entre celles-ci* (voir Amaurose, Ophtalmie).

Sclero-Kératite, *altération de la cornée par infiltration sanguine ou lymphatique, en raison de la constitution* (voir Amaurose, Cataracte, Ophtalmie, Staphylôme).

Strabisme; *yeux louches*, commencer par l'application de El. R. aux tempes, à la nuque, aux sus et sous-orbitaux, 20 secondes par point; s'il y a résistance (voir Amaurose); mais persister régulièrement à l'application des électricités matin et soir.

Taie ou tache à la cornée, *commencement de cataracte* (voir Cataracte).

Ici encore est le triomphe de cette nouvelle science. Que de souffrances épargnées au physique comme au moral par la conservation de l'organe indispensable à l'existence du travailleur qui en a le plus besoin ! N'hésitez pas d'appliquer aux premiers symptômes les lavages, comp., bains que vous reconnaîtrez nécessaires et directs à l'une des descriptions ci-dessus, correspondant à votre mal, et vous verrez avorter, disparaître même toute aggravation. C'est ainsi qu'une fillette de deux ans à qui, pour un mal d'yeux insignifiant, on avait administré des collyres au nitrate d'argent, sulfate de zinc, etc., etc., est demeurée pendant huit mois aveugle et le serait peut-être encore sans cette nouvelle médication qui l'en a délivrée en cinq mois ; elle était atteinte d'une inflammation aggravée par des matières purulentes sortant des paupières restées accolées pendant ce temps, et compliquée d'une encéphalalgie monstrueuse, car l'enfant avait une tête comme un potiron. Aujourd'hui, grande fille, elle possède des yeux admirables. Combien d'autres enfants ont joui de ce même privilège, et que d'ouvriers et ouvrières ont pu continuer leurs travaux sans perdre une journée !

Zona, sorte d'herpès, qui siège ordinairement au côté droit, formant une demi-ceinture qui part de la colonne vertébrale pour gagner le milieu du ventre; boutons vésiculeux reposant sur un fond rouge, légèrement tuméfié, avec douleurs vives, élancements de fièvre (voir URTICAIRE).

L'application de l'un ou de l'autre des spécifiques indiqués à chaque traitement, ne veut pas dire qu'il faille les employer tous. Ils ne sont désignés ici que pour mieux faire connaître au malade ceux ou celui d'entre eux qui est le plus apte à la guérison ; c'est ainsi qu'il arrive à les trouver en suivant le système exposé, soit qu'il les ait en sa possession, soit qu'il se les procure chez un pharmacien. Ce n'est qu'après avoir appliqué les remèdes principaux qui y sont notés, qu'on pourra au besoin les employer successivement tout en se conformant aux instructions données.

Parfois le patient, dans les maladies invétérées chroniques et incurables, ne ressentant plus les effets morbides de son mal, se croit complètement guéri et suspend tout traitement ; mais il arrive qu'après une trêve plus ou moins longue, la médication, ayant atteint les profondeurs de l'organisme, fait ressortir tout ce qu'elle rencontre encore de défectueux afin d'en extirper le germe. Une recrudescence du mal se reproduit forcément, et il faut donc la traiter à nouveau.

Quelques malades, sans comprendre cette recrudescence, oublient trop facilement les bienfaits déjà reçus de cette merveilleuse médication, et sans aucun motif, ils l'attribuent à l'impuissance des remèdes, habitués qu'ils sont de voir refouler le mal à l'intérieur, au lieu d'être évincé au dehors, de sorte qu'ils négligent de continuer le traitement, et l'abandonnent en le critiquant inconsciemment, au moment même où la guérison devient certaine par le fait de cette recrudescence.

On fera bien de se rappeler que notre organisme représente absolument un appareil industriel, et que plus cet appareil a fonctionné, plus il est empreint de matières impures, saturant depuis nombre d'années les parois des tubes conducteurs de la circulation, de même que ses organes. Il n'est donc pas surprenant de voir la désincrustation ou mieux la détrempe de ces matières se faire à un moment plus éloigné que celle existant dans le sang ou dans la lymphe, expulsée par le premier traitement; il faut reprendre ou prolonger le traitement pour évincer le reste jusqu'à sa complète disparition.

Cette partie curative est suffisamment étendue pour démontrer l'importance d'attacher à l'usage quotidien la partie *préventive*, afin de prévenir, sinon détruire, toutes les maladies qui y sont mentionnées; de ré soudre le problème miraculeux de l'équilibre de la santé, recherché depuis bien des siècles et qui restera, incontestablement, une des merveilles de l'art médical, parmi toutes les innovations de ce siècle qui approche de sa fin.

La thérapeutique curative indique les maladies où sont appliquées exceptionnellement les doses fortes, soit en dilution, soit à sec sur la langue ; mais, pour celles, très rares, que l'on ne peut prévoir par les bizarreries de la nature, où l'effet des remèdes resterait inactif ou maintiendrait le malade dans un état comateux, on emploiera également les doses fortes, afin d'établir une réaction qui s'obtient assez promptement. On aura le soin, aussitôt l'effet obtenu, d'administrer immédiatement la dose faible (3ᵉ dilution), pour ramener la maladie à reprendre son cours normal et à continuer le traitement qui la concerne.

Ainsi qu'il est dit dans ce livre, la nature cherche d'elle-même à se délivrer de ce qui la gêne ; on sent le mal circulant dans tous les sens pour trouver une issue ; il faut donc lui préparer le chemin et l'aider à fuir par une médication légère, à doses faibles, quelquefois très faibles, pour éliminer les impuretés internes qui en sont la cause. A l'extérieur, administrer une médication plus active pour l'extirper, et non pas en dilution, des doses fortes, massives, qui produiraient les mêmes erreurs que la science officielle, en refoulant et en concentrant le mal à l'intérieur ; ce sont des habitudes funestes contractées par l'exigence du malade ; il oblige le médecin à paralyser l'action du mal, ne se doutant pas qu'il en devient la victime par l'incurabilité et la chronicité.

Par conséquent, les mots *résistance*, *persistance*, qu'on trouve relatés, à certaines maladies de cette thérapeutique, n'ont d'autre signification que de remplacer les premiers remèdes administrés par d'autres, mentionnés au traitement.

Car un mal, quel qu'il soit, suit toujours le cours d'une branche ou d'une région où il s'est implanté, se dirigeant aux extrémités au fur et à mesure qu'il est pourchassé du lieu qu'il occupe ; et ce n'est que l'*insistance*, la *persistance* dans le traitement qui font disparaître la cause du mal, lequel, arrivé aux points extrêmes, se perd définitivement, ne trouvant plus autour de lui de branches ou de régions défectueuses pour s'y greffer à nouveau.

Le bon résultat de ces instructions, suivies exactement, suffira pour décider la personne restée incrédule à effacer cette pensée : *Je n'ai ni foi ni confiance,* condamnation draconienne de soi-même, à cette époque de progrès où rien n'est impossible.

Ne pas en faire l'épreuve, ne serait-ce pas prouver une inintelligence inconcevable et méconnaître sa supériorité sur les êtres animés qui, par instinct naturel, recherchent si bien ce que nous évitons? ne serait-ce pas accepter gratuitement la médisance de personnes inconscientes ou intéressées à tenir dans l'ombre ce qu'il y a de plus pur et de plus capable pour notre défense contre les maladies de toutes sortes?

Pourquoi rester esclave d'une routine ténébreuse et impuissante, alors que le progrès a donné la lumière, afin que chacun apprenne à connaître ce qu'il est, ce qu'il vaut et ce qu'il peut, car *vouloir, c'est pouvoir*.

Si la science officielle, enrichie de salons somptueux, possédait la matière curative pour guérir radicalement comme elle s'en vante dans les discours et dans les descriptions de sa théorie, cette foi, cette confiance aveugles se comprendraient encore. Mais elle n'aurait alors pas besoin, pour rehausser le prestige de sa thérapeutique, comme si l'existence des êtres vivants lui appartenait, d'être doublée d'une législation peu en harmonie avec les principes de liberté chez une nation de progrès et en République, qui lui reconnaît le monopole de son impuissance et l'autorise à devenir, au besoin, délatrice envers quiconque se permettrait de se passer d'elle.

Comme avant tout c'est la substance médicamenteuse qui guérit, il faut la rechercher partout où elle est, alors même qu'elle se trouverait dans la plus humble chaumière, et l'accueillir sans arrière-pensée ; car si elle est vraie, elle s'impose d'elle-même.

La nature qui ne perd pas ses droits rend difficile la pratique de la théorie officielle, parce qu'elle s'est éloignée d'elle, et ne lui accorde que des résultats tout à fait opposés.

Plus modeste, l'Électro-homéopathie ou homéopathie complexe, par sa composition et sa préparation établies sur les bases naturelles de notre existence, est précisément subordonnée aux éléments capricieux de la nature, dont elle sait profiter en infiltrant avec douceur ses spécifiques dans l'organisme le plus défectueux qu'elle reconstitue ; car, *c'est au pied du mur qu'on voit le maçon, et c'est vraiment le cas de dire* : FAITES-LE SÉRIEUSEMENT ET VOUS JUGEREZ.

Cette nouvelle science résout non seulement les maladies compliquées connues, ainsi que celles restées inconnues, mais elle triomphe aussi de ce mal terrible qui fait la désolation des personnes qui en sont atteintes, principalement chez la femme, et qu'on appelle le *cancer*.

Le cancer, presque toujours héréditaire, est la conséquence d'un sang empoisonné, greffant l'infection dont il se dépouille sur la partie la plus faible de l'organisme. Il apparaît à l'extérieur sous forme de glande, quand celle-ci existe déjà à l'intérieur à l'état latent, depuis une période variant de trois à cinq ou dix années, sans que le malade en ait le moindre soupçon, puisqu'au début il est d'une apparence de santé à envier.

Cette glande devient le réceptacle des impuretés de l'organisme et prend des proportions volumineuses tantôt molles, tantôt dures qu'on appelle tumeurs, kystes, etc. Par sa circulation, le sang réabsorbe pro-progressivement ce dépôt toxique qui conduit le malade au terme fatal, une fois épuisé. La science officielle, pour en ralentir la marche, ne lui oppose qu'un régime alimentaire et une hygiène rigoureuse, sa thérapeutique étant impuissante à le guérir. Elle extirpe aussi la tumeur quand c'est possible.

Cette pratique est une erreur, car extirper n'est pas guérir, c'est détruire une partie de l'organisme nécessaire à la vie ; et le fait de l'opération chirurgicale, si réussie qu'elle soit, développe l'accès du sang à la partie malade ; la réabsorption toxique s'accomplit plus abondamment au fur et à mesure de la reconformation de la tumeur, qui se reproduit toujours au bout d'un temps plus ou moins long et sous un indice plutôt menaçant, quelle qu'en soit la nature.

La maladie des fumeurs, connue sous le nom de *chancre des fumeurs*, est aussi de ce nombre. Provoquée par la nicotine du tabac, dont l'usage est souvent immodéré, ou bien par la mauvaise qualité du tabac, elle attaque de préférence le larynx, la langue, la bouche, les lèvres, et devient plus persistante si le malade a des prédispositions naturelles.

En conséquence, on ne saurait trop recommander

l'application du traitement des glandes (adénite), alors même qu'elles apparaîtraient bénignes au début, parce qu'elles sont les précurseurs de cette terrible maladie, et qu'il est inutile de laisser empirer le mal pour s'assurer s'il y a *cancer ou non*.

Les signes et symptômes (d'après le traité de Bérard) qui peuvent faire soupçonner la présence du cancer sont *les troubles généraux*, *l'amaigrissement*, le *dépérissement*, la *pâleur*, la *couleur jaunâtre de la peau*, la *dyspepsie*..

Les troubles spéciaux se font sentir naturellement dans les fonctions de l'organe attaqué et dans celles des organes voisins ou dépendants. *Ces troubles sont :*

1. — *Dans le cancer de l'utérus* (non ulcéré) : hémorragies de matrice, en dehors des menstrues, douleurs de matrice, pesanteur vers le fondement, gonflement de l'orifice avec dureté, gêne en marchant et en s'asseyant, élancements dans les lombes et les aînes; écoulement souvent rosé, rougeâtre ou grisâtre, sanguinolent avec odeur fade, nauséabonde, plus tard fétide et pénétrante, seins volumineux et durs, malaise indéfinissable, plus tard douleurs vives par tout le corps (*cancer ulcéré*), douleurs augmentant à la palpation ou la percussion. A l'intérieur, ulcération, végétations variées, destruction du col, élargissement de l'orifice.

Écoulement abondant, d'une odeur particulièrement repoussante, qui devient intolérable lorsque le rectum et la vessie sont envahis. Le vagin n'est plus alors qu'un cloaque infect et hideux.

Dans les polypes de l'utérus, on a une anémie semblable, mais la fétidité manque.

Certains ulcères simples du col peuvent aussi être confondus avec l'ulcère cancéreux ; mais ici manquent la profondeur de l'ulcère, la saillie des bords et la fétidité.

2. — *Dans le cancer à l'ovaire*, qui est souvent la conséquence de celui de l'utérus, les symptômes sont les mêmes que ceux des kystes multiples de cet organe, en sorte que le diagnostic est à peu près impossible.

Ce cancer survient en général après cinquante ans, s'accompagne volontiers d'un enkystement des ovaires ; tumeur sur un des côtés de l'hypogastre, occupant bientôt aussi le centre ; douleurs sourdes et continues dans la région de la tumeur, douleurs vives à distance plus ou moins rapprochée, malaise continuel ; quatre ou six mois après l'apparition de la tumeur, ulcération générale ; maigreur, faiblesse, pâleur, face souffrante, augmentation de l'abdomen, inappétence, digestion difficile, garde-robes irrégulières, puis diarrhée, gêne de la vessie, urine gênée ou involontaire, utérus intact sans écoulement ; épanchement séreux dans les jambes, sans fièvre (pouls, 88), langue nette jusque vers la fin, où elle se couvre d'un enduit blanchâtre ; souffrance plus grave se compliquant par la distension de l'abdomen, marche rapide, dix à douze mois, au plus 20 mois.

3. — *Dans le cancer du sein :* apparition de la glande dans l'un des seins (l'autre ne se prend que par voie d'infection tardive). On distingue trois périodes : celle de la *formation* du dépôt cancéreux, celle d'*accroissement*, celle d'*infection générale* de l'économie avec ulcération profonde et de dépôts secondaires multiples à l'autre sein, à la peau, aux os, au foie, etc.

Forme squirrhe : petite glande dure, comme une noisette ou une amande, mobile d'abord, peau normale, douleurs rares, santé bonne, sauf dans quelques cas à marche rapide. Peu à peu la noisette est une noix ou un œuf de poule. La tumeur se fixe par des adhérences à sa base, se bosselle, s'étend et perd sa forme ronde. Elle peut arriver à la grosseur du poing et même au delà. Consistance presque cartilagineuse, rigide. La tumeur est d'un développement d'autant plus lent qu'elle est plus dure au début. Elle peut rester de quatre à dix ans sans envahir le système.

Forme encéphaloïde : tumeur molle, ronde, lobulée et irrégulière à sa surface, grandissant plus vite que le squirrhe et se ramollissant toujours plus. En six mois ou un an, elle arrive parfois à la grosseur de deux poings ou même d'une tête d'enfant (ne pas confondre avec certaines hypertrophies de la glande du sein).

L'encéphaloïde en ce moment est si molle et si près de la surface, qu'on sent en palpant comme un liquide intérieur. Après trois mois, six mois, quelquefois un an, commencent les douleurs lancinantes, augmentant d'intensité jusqu'à rendre tout sommeil impossible, même avant ulcération. Vers cette période, la santé jusque-là intacte s'altère, le teint se flétrit, l'embonpoint et les forces diminuent rapidement. Les adhérences qui fixent le mamelon, le rident et le contractent. La peau adhérente rougit tout autour du mamelon, devient cramoisie, puis violacée, une petite érosion superficielle se montre, s'agrandit, et la plaie se forme. L'ulcération du squirrhe a une tendance rongeante que n'a pas celle de l'encéphaloïde.

4. — *Dans le cancer de la gorge* (ou arrière-bouche) : déglutition de plus en plus difficile et des douleurs sourdes précoces. On le confond facilement avec une affection syphilitique beaucoup plus fréquente.

5. — *Dans le cancer de l'œsophage* : rétrécissement graduel avec induration sensible au toucher quand on presse la gorge, perte de la voix, douleurs.

6. — *Dans le cancer du larynx* (rare) : enrouement, aphonie, oppression avec menaces d'asphyxie, quelquefois rejet

de boissons par le nez, et de cartilages par la bouche. Déglutition difficile.

7. — *Dans le cancer de l'estomac* : douleurs vives, inappétence, dyspepsie, vomissements commençant vers le milieu de la maladie, et devenant de plus en plus fréquents, de matières acides, glaireuses, noirâtres (marc de café), rarement sanguinolentes ou bilieuses, tumeur près du nombril ou au niveau du nombril, comme un œuf ou comme le poing, bosselée, quelquefois mobile, montant quand l'estomac est vide, descendant quand il est plein. Cachexie. Les vomissements et la tumeur font parfois défaut.

Quand il y a vomissements noirs sans tumeur, on peut croire à un ulcère simple de l'estomac, surtout si le malade n'a pas dépassé trente ans, si la cachexie est lente à se déclarer ou si les symptômes s'amendent pour un temps et surtout s'il n'y a pas de tumeurs secondaires à la peau.

8. — *Dans le cancer des intestins* (qui n'est guère certain que quand on peut le palper, mais qui peut se dérober à toute recherche) : on a souvent des hémorragies rectales, constipation opiniâtre d'abord, puis diarrhée et même selles involontaires, avec matières sianeuses fétides, sang et pus, parfois occlu-ions intestinales ou coliques, diarrhée avec sang noir.

9. — *Dans le cancer du foie* (qui accompagne souvent celui de l'estomac) : augmentation du volume, avec voussure à l'hypocondre droit et sur l'organe, inégalités dures, bosselées, quelquefois douloureuses, à l'hypocondre droit douleurs sourdes lancinantes, s'étendant jusqu'à l'épaule ou au bras droit, augmentant au toucher. Jaunisse ou bien hydropisie à l'abdomen, pas toujours cependant. Dyspepsie, constipation ; plus tard diarrhée, hémorragie, saignement de nez, augmentation de douleurs pendant la nuit, anxiété, dyspnée, fièvre, sueurs, mal de tête, etc.

10. — *Dans le cancer du pancréas* (corps glanduleux placé

dans l'abdomen pour verser dans l'intestin un liquide semblable à de la salive) : les symptômes ressemblent beaucoup à ceux de l'estomac, dont il est d'ordinaire la conséquence, douleur, crachements de matières filantes ; parfois salivation très abondante, alternance de diarrhée et de constipation, selles graisseuses, tumeur au-dessus de l'ombilic, exerçant une pression sur les canaux biliaires (d'où jaunisse), sur le pylore (d'où symptômes du cancer de l'estomac), sur l'aorte (d'où symptômes d'anévrisme).

11. — *Dans le cancer du péritoine et du mésentère* (rare) : masses de tumeurs dures, marronnées, inégales, sensibles à la palpation sur l'abdomen, accompagnées de la cachexie ordinaire.

12. — *Dans le cancer de l'encéphale et de la moëlle épinière* : les indices ressemblent à ceux de toutes les autres tumeurs du cerveau et sont par suite peu concluants. Ce sont : douleurs de tête, troubles des sens, des facultés et des mouvements, paralysies, convulsions, etc.... Le cancer de la moëlle épinière se distingue par des accès épileptiformes et par la paralysie des jambes.

13. — *Dans le cancer des reins* : douleurs rhumatismales ou névralgiques, sourdes ou aiguës aux lombes, urine sanglante, tumeur de rein, lequel augmente de volume ; cette urine sanglante est un signe du cancer, surtout lorsqu'elle n'est pas accompagnée de douleurs néphrétiques ni d'émissions antérieures de graviers dans l'urine, mais au contraire d'un état cachectique.

14. — *Dans le cancer de la vessie* (causé d'ordinaire, chez la femme, par l'extension d'un cancer à l'utérus, et chez l'homme, d'un cancer du rectum) : émission douloureuse et difficile des urines, avec besoin fréquent, émises sous l'influence d'un obstacle interne ; apparition d'un peu de sang dans l'urine. Toutefois, l'existence de ce cancer n'est

bien démontrée que si on découvre un cancer de l'utérus ou du rectum.

15. — *Dans le cancer du poumon et de la plèvre* (peu fréquent) : douleurs dans la poitrine plus ou moins prononcées et persistantes, respiration difficile, toux, crachements de sang fréquents, crachats noirs ou couleur gelée de groseille ou nuls ; enflure de la poitrine et du bras du côté malade, quelquefois difficulté d'avaler. État cachectique comme dans tous les cancers. On observe souvent, autour des mamelles ou à l'aisselle, de petites glandes endurcies qui indiquent la présence du cancer; on en a vu de la grosseur d'une noix au front, au cou, aux lombes, etc., qui, accompagnant le développement du cancer interne, s'étaient fixées et indurées peu avant le terme fatal.

16. — *Dans le cancer du testicule* (qui peut se confondre avec beaucoup d'autres tumeurs) : tumeur ovale, allongée, à surface régulière, élastique, ne s'arrondissant que plus tard, en prenant de grandes dimensions; présence de kystes ou accumulation de liquide, pesanteur notable, dimension pouvant atteindre celle d'une tête de nouveau-né; teint jaunâtre, quelquefois rouge livide ; tendance à s'endurcir plutôt qu'à ramollir, grandissant. Le début est un engorgement avec lourdeur et induration partielle. Au bout de six mois à un an, les élancements commencent, quelquefois la marche est bien plus rapide. La peau rougit. La pesanteur du testicule soulevé avec la main est caractéristique. L'infection générale est presque constante.

17. — *Dans le cancer du palais* (dans l'os ou dans la partie molle) : le plus souvent, tumeur diffuse et sans contours arrêtés, tumeurs enkystées pouvant atteindre le volume d'un œuf de pigeon, teinte rouge, violacée, et en cas (rare) d'ulcération avec végétations fongueuses, molles,

rougeâtres, facilement saignantes. Gêne, d'abord légère, de la déglutition, augmentant rapidement, avec pesanteur et douleurs lancinantes, altération de la voix, gêne de la respiration, accès de suffocation, obstruction du fond de la bouche, difficulté de nutrition, inanition.

18. — *Dans le cancer des amygdales* : tumeur peu volumineuse au début et d'un seul côté, puis molasse et fongueuse, puis considérable, quelquefois ulcération vaste, fétide, à fond saignant et gris noirâtre, avec dépérissement rapide et gonflement des glandes du cou.

19. — *Dans le cancer du pharynx* : mêmes symptômes à peu près.

20. — *Dans le cancer de la langue* (facile à confondre avec l'hypertrophie syphilitique de cet organe) : petite tumeur à l'intérieur de la langue, inaperçue jusqu'au moment où en s'indurant et s'augmentant, elle commence à gêner la déglutition. Douleurs absentes au début et quelquefois jusqu'à la fin. Ulcération habituelle, marche généralement rapide. Démangeaison à la place où commence à se former la tumeur. Crachements de mucosités le matin, puis toux sèche et expectoration avec altération de la voix, haleine très fétide dès l'ulcération, cachexie, mort au bout de douze à quinze mois.

21. — *Dans le cancer de la peau* : petite tumeur plus ou moins résistante, avec induration graduelle des tissus rapprochés, incolore, légèrement rougeâtre, quelquefois molle, gris ardoisé ou noirâtre, tendant à se multiplier par la production de tumeurs plus petites autour de la première. La couleur noire indique la couleur cancéreuse, même quand la tumeur n'est grosse que comme une tête d'épigle. Pas de douleur au début, plus tard la douleur devient le siège d'élancements; puis ulcération ronde, bords à pic, durs, fond jaunâtre inégal, couverts de pus;

quelquefois au lieu d'ulcération, il n'y a qu'extension et multiplication de petites tumeurs dans la peau. Quelquefois les glandes voisines s'engorgent et peuvent devenir cancéreuses. Le siège est aux lèvres, au nez, au pénis, à la face, à la vulve, à la verge, etc., etc.

22. — *Dans le cancer des glandes lymphatiques* (bien plus fréquent dans les glandes superficielles que dans celles de l'abdomen ou de la poitrine, et provenant presque toujours de l'infection produite par un cancer voisin) : à la figure, au cou, aux aines, à l'aisselle ; tumeur quelquefois unique, plus souvent multiple, à surface inégale, lobulée, plus ou moins encéphaloïde (sous l'aisselle, quelquefois bien plus molle que la substance cérébrale), d'abord petite, indolente, mobile, accroissement d'abord lent, puis rapide, douleurs croissantes, pouvant quelquefois manquer tout à fait. La mobilité cesse, la peau devient adhérente, rougit et s'ulcère. L'ulcération peut également manquer; n'a jamais été observé avant l'âge de trente ans.

23. — *Dans le cancer de la glande parotite* (glande salivaire sous l'oreille) : rare, envahit l'os de la mâchoire ; diminution de l'ouïe, enraidissement de la moitié de la face, mêmes symptômes et marche que ci-dessus.

24. — *Dans le cancer de la glande thyroïde* (sur le larynx, celle dont l'exagération forme le goître) : tumeur dure, circonscrite, dimension d'une grosse pomme quand elle est squirrheuse, beaucoup plus grosse et tombant jusqu'au bas du cou quand elle est encéphaloïde ; d'origine très grave et mort prompte. Au début si elle est squirrheuse, elle peut avoir la dureté de l'os ; quand elle est encéphaloïde, elle peut être prise par sa mollesse pour un simple amas d'eau, et par ses battements ou pulsations pour un goître ordinaire ; douleurs sourdes et parfois lancinantes ; douleurs au larynx, déglutition difficile, toux, crachats purulents, parfois sanguinolents, voix altérée ou éteinte. Dyspnée croissante

avec accès de suffocation. Mort ordinairement par asphyxie. N'apparaît guère avant 40 ans, mais le plus souvent entre 55 et 60 ans.

25. — *Dans le cancer des os* (spontané surtout aux maxillaires inférieurs et supérieurs, au crâne, au bassin, aux vertèbres; et plutôt *secondaire*, aux côtes, au sternum, aux clavicules, aux jambes : fémur, tibia, etc., plus rarement aux bras) : pendant la phase de première formation, ce cancer est ignoré du malade ; sauf quelques douleurs sourdes, il n'y a pas de symptômes. Si le dépôt est dans la partie superficielle de l'os, une tumeur devient palpable. Les douleurs, fugaces ou bien sourdes et permanentes, s'accentuent. Tumeur molle, élastique avec fluctuation trompeuse. La cachexie vient ; l'ulcération ne se fait pas toujours. Si elle se fait, végétations cancéreuses bourgeonnantes, suppuration sanieuse, fréquentes hémorragies, infection générale, souffrances terribles, quelquefois fracture spontanée de l'os, amenée à l'intérieur. Mort.

26. — *Dans le cancer de l'œil* : Extra oculaire, petite tumeur à l'intérieur de la paupière, avec pesanteur, malaise dans le fond de l'orbite, mouvement douloureux, les paupières s'engorgent, la tumeur fait saillie au-devant de l'œil et le pousse vers le haut ; trouble, puis abolition de la vue ; quelquefois l'œil est chassé de l'orbite ; quelquefois la tumeur est mélanique et marche très rapidement, se reproduisant par l'extraction. — Grosseur d'une noisette, d'une noix, même d'un œuf de poule, sécrétion purulente, hypertrophie, ulcération profonde avec hémorragies fréquentes, disparition de l'œil, faisant place à un vaste champignon encéphaloïde.

27. — *Dans le cancer même du globe de l'œil* : Blépharite ordinaire, larmoiement, sensibilité à la lumière, un peu d'inertie dans la pupille. Puis, examiné à la lumière de la bougie, on voit au fond de l'œil, derrière le cristallin, une

tache profonde, à surface irrégulière, terne ou brillante, avec reflet opalin ou chatoyant, d'un blanc grisâtre, ou d'un blanc brillant, ou jaune d'ambre ou jaune verdâtre. Quelquefois elle est mélanique et on ne l'aperçoit pas. En grossissant elle devient multiple et se rapproche de l'iris, qui se bombe et remplit l'intérieur, vue abolie, le globe se déforme, la cornée s'infiltre de pus, alors quelquefois l'œil s'atrophie, se transforme en graisse et en sable, et le cancer se continue jusque dans le cerveau par le nerf optique ; le plus souvent la carcinome cancéreuse grandit, l'œil éclate et un hideux et énorme champignon noirâtre et boueux, prend la place de l'œil disparu et décomposé. Ce cancer peut atteindre les enfants depuis un an, les vieillards jusqu'à 75 ans.

Le cancroïde ou ulcère rongeant, a son siège à la peau et n'est qu'une dégénérescence de la peau. On y retrouve quelquefois des cellules qui ressemblent à la cellule cancéreuse, mais la présence de cette cellule n'y a jamais été démontrée jusqu'ici.

Il apparaît le plus souvent à la face, au col utérin, aux lèvres, à la verge, à la vulve, à l'anus, à la langue, à l'œsophage, à l'estomac, aux intestins, au rectum, etc., etc.

Il a parfois une tendance hypertrophique et végétante, parfois une tendance rongeante, envahissante, destructive ; sa marche est généralement plus lente ; il ne se diffuse et ne se multiple pas comme le cancer. Il est essentiellement *local* et ne produit pas d'infection générale de l'économie. Il ne se compose pas, comme le cancer, d'un tissu spécial, étranger au corps ; il n'est qu'une dégénérescence des tissus normaux qui s'hypertrophient, s'enflamment et s'ulcèrent. Partant toujours de la peau, le cancroïde peut se propager aux muscles, aux glandes et même aux os ; il peut s'infiltrer de parties granuleuses ou graisseuses et offrir beaucoup de ressemblance avec le cancer. Mais il n'est pas considéré comme nécessairement fatal.

Les principaux types de cancer, sont :

1° *Le cancer encéphaloïde*, cancer mou *(mou d'emb ée,* offrant une substance semblable à de la moëlle *(médullaire)* ou à de la matière cérébrale (encéphale), est le plus fréquent de tous.

2° *Le cancer gélatineux ou colloïde*, plus mou que le précédent ; ici au tissu cancéreux vient se mélanger une sorte de gelée transparente, incolore ou jaunâtre, quelquefois rougeâtre, semblable à de la colle ou de la gélatine.

3° *Le cancer hématode* ; dans ce dernier, les tissus vasculaires sanguins se multiplient dans la masse cancéreuse et lui donnent une tendance *sanguinolente* qui rend les hémorragies plus fréquentes.

4° *Le cancer mélanique* (noirâtre) ; dans ce cancer, une matière colorante noire s'ajoute au tissu cancéreux et lui donne une teinte variant du gris au noir.

5° *Le cancer squirrheux ou squirrhe*, cancer dur, dont la dureté varie aussi de la consistance du cartilage à celle de la pierre.

Les cancers dits *hémorragiques* et ceux qu'on appelle *tuberculeux* ou *granuleux*, n'étant que des variétés et non des formes nouvelles du cancer, ne sont pas ajoutés à l'énumération précédente.

Que le cancer soit plus ou moins mou ou plus ou moins dur, cela ne change rien à sa nature essentielle. Ces nuances n'empêchent pas tous ces cancers d'être une seule et même viciation, un seul et même mal. Ils ont tous la cellule cancéreuse.

Les organes exercent sur le cancer une influence qui fait que telle forme se présente plus fréquemment sur le même organe que telle autre.

Le *col utérin* donne toutes les formes, depuis l'encéphaloïde jusqu'au squirrhe, avec tendance prononcée à la vascularisation et à des fongosités végétantes ou hématodes d'une dimension parfois considérable. La forme gélatineuse y est rare.

Ovaires : forme ordinaire, l'encéphaloïde, tumeurs isolées ou confluentes, volontiers hémorragiques.

Sein : forme plus souvent dure ou intermédiaire entre le squirrhe et l'encéphaloïde ; quelquefois forme hématode, rarement la forme mélanique. Toujours très riche en graisse.

Testicule : souvent forme encéphaloïde avec épanchements sanguins ; volume parfois considérable.

Palais et *langue* : encéphaloïde, parfois enkysté.

OEsophage : mou ou à demi-mou.

Estomac : au pylore, plutôt le squirrhe ; ailleurs, encéphaloïde ou gélatiforme.

Intestins : forme squirrheuse, accompagnée de rétrécissement, ou forme encéphaloïde avec végétations.

Foie : forme encéphaloïde, produisant des tumeurs tantôt saillantes, tantôt rétractées, avec hémorragies fréquentes. Ici sont rares les formes squirrheuse, mélanique et hématode.

Péritoine : le plus souvent, forme encéphaloïde, fréquente, la forme mélanique est rare.

Glandes lymphatiques : forme encéphaloïde fréquente, la forme mélanique est rare.

Os : le cancer périostal (superficiel) est le plus ordinairement squirrheux ; mais le cancer médullaire (provenant de la moelle) est plus souvent colloïde ou gélatiniforme, granulé et lobulé, quelquefois très dur, d'autres fois extraordinairement mou. En général il est accompagné d'épanchements sanguins hémorragiques fréquents et étendus.

Cerveau : forme encéphaloïde et hématode, avec hémorragies fréquentes, squirrhe rare.

OEil : forme encéphaloïde, souvent mélanique, rarement gélatineuse, presque jamais squirrheuse, souvent hématode et de dimension souvent très volumineuse.

Reins : forme encéphaloïde, tumeurs très volumineuses, avec fréquentes hémorragies, forme squirrheuse rare.

Vessie : forme encéphaloïde, avec champignons végétants, forme squirrheuse rare.

Poumons : dans le poumon, forme encéphaloïde, à la plèvre, forme squirrheuse ; ailleurs, tumeurs mixtes.

Parotide : forme presque constamment encéphaloïde.

Tyroïde : les deux formes encéphaloïde ou squirrheuse, mais cette dernière y est très dure.

D'après ce qui précède, on aurait tort de continuer à prendre le cancer du sein comme type de cancer externe, et celui de l'estomac comme type de cancer interne, et d'en conclure, comme on le fait encore, que tout cancer doit s'amollir et finir par s'ulcérer. Cette vérité, d'ailleurs, ressortira encore davantage dans la suite.

La description des signes généraux et spéciaux qu'on vient de lire a pour but d'éclairer le malade sur le caractère vrai du cancer et de le convaincre que la guérison de cette terrible maladie s'obtient sans opération chirurgicale, par la nouvelle science Électro-homéopathique ou homéopathique complexe. Il saura mieux apprécier l'opposition de la science officielle à le reconnaître, quand les plus savants affirmeront que *ce n'était pas un cancer*, alors que l'inspection demeure impossible sur un cancer guéri, par l'absence du pus et la dissection de la tumeur.

On remarque qu'on n'a recours aux remèdes nouveaux qu'après avoir épuisé les anciens, jusqu'à l'opération, c'est-à-dire après le développement du mal qui atteint sa troisième phase par l'empoisonnement du sang souvent très avancé, où la guérison devient difficile. Voilà pourquoi il est recommandé d'employer cette nouvelle méthode dès la première ou la deuxième phase de ce mal (ordinairement fermé et non ulcéré), qui se guérit toujours.

Traitement : 1re *phase. Tumeur fermée dure ou molle.* Int., au réveil, 2 grains Verm^1 à sec. puis C^1 × A^1, 1er, 2e ou 3e dil. chaque demi-heure, un grain F^1 à sec chaque heure ; au coucher 2 grains de Ven^1 ou Sy^1 à sec ; s'il y a *douleurs vives*, et selon l'intensité du mal, de une à cinq gouttes de El. V. dans une cuillerée à café d'eau, prise matin et soir ; s'il y a *résistance*, remplacer le C^1 par C^5 ou Lord ou TB. ou C^2 ou C^3 ou C^4 ou C^6 ou C^7 ou C^{10}, et le A^1 par A^2 ou A^3 ; s'il y a *tendance nerveuse*, ajouter N. × F^1 chaque 2 heures en grains à sec ; s'il y a *toux*, P^2, 2e ou 3e dil. quelques cuillerées à café × avec les remèdes pris en dil. à distance relative dans les 24 heures, le supprimer aussitôt la toux passée ; les mêmes remèdes de 3 à 5 grains à sec aux repas en mangeant ou dans les aliments et à tour de rôle, en y ajoutant le S^1 ou S^g ou le B. ; ext., le traitement externe se fait en rapport de l'organe atteint, qu'il y ait tumeur apparente ou non ; on appliquera El. R × El. J. autour de la glande et à sa base au point le plus rapproché, 20 secondes ; s'il y a *douleurs lancinantes*, légères comp. de El. V. sur les points douloureux ; onct. légères avec C^5 ou de Lord ou TB. ou C^3 ou C^7 ou C^{10} matin et soir, et aussi onct. légères de F^2 aux hypocondres ; grands bains, un ou deux par semaine avec 60, 75, 100 ou 150 grains de C^5 ou Lord ou TB. ou C^3 ou C^7 ou C^{10} × S^5 × A^2 × F^1 × Ven^2 ou Sy^2 à tour de rôle.

Si la tumeur est à la gorge, au pharynx, amygdales, palais, bouche, langue, aux lèvres, faire des gar. avec 10,

15 ou 20 grains C⁵ 4 à 6 fois dans les 24 heures et avoir le soin de bien rejeter les matières qui se produiraient à chaque fois ; — si la tumeur est au nez, au cerveau, faire des asp. selon l'intensité du mal avec le même nombre de grains du même remède gradué dans le sens indiqué, répétées autant de fois qu'il est dit, tout en rejetant à chaque fois les matières qui s'en dégageraient ; il en sera de même des inj. à faire pour les tumeurs à l'utérus, à la vessie ; comme des clystères contre la tumeur aux intestins, au rectum et à l'anus. La même graduation de grains du même remède sera également observée pour les comp. à appliquer contre la tumeur des reins, de la moelle épinière et du testicule, qu'on renouvellera souvent en changeant à chaque fois le linge ; et matin et soir on appliquera en légères frictions El. B. × El. V. aux reins et le long de l'épine dorsale pendant 10 secondes. Pour tous ces cas les grands bains désignés plus haut sont des plus salutaires, on suivra l'échelle des remèdes prescrits à partir du C⁵.

2ᵉ *Phase*, même traitement, à dose faible à l'intérieur, en activant un peu plus l'application de celui externe.

3ᵉ *Phase*. *Tumeur ouverte ulcérée*, même traitement interne. Ext., où il y a plaie, après l'application des électricités prescrites à la 1ʳᵉ phase, comp. avec 10, 15 ou 20 grains dans le verre d'eau, au moyen de vieille toile, posée en *simple* et non double et renouvelée le plus souvent possible en changeant à chaque fois le linge ; onct. légères sur les points indiqués et non ulcérés ; mais si la plaie présente des bords élevés, déchiquetés, on introduira dans les cavités, de la charpie trempée d'une solution de 20 grains C⁵; où il y aura des douleurs vives y mettre de la charpie trempée avec El. V. pure ; et s'il y a hémorragie, mettre sur les points hémorragiques de la charpie trempée dans une solution de 20 grains de A¹, le tout recouvert avec la comp. habituelle abondamment arrosée de la solution de C^5 ; et si l'hémorragie persiste on trempera la charpie dans El. A. pure. Quand on renouvelle le pansement, avoir soin de bien humecter la comp. avec une solution de 10 grains A^1, dans un demi-verre d'eau tiède pour détremper et décoller la toile et la charpie qui adhéreraient à la plaie, pour éviter les excoriations et les complications d'hémorragies ; puis enlever les caillots de sang et les parcelles cancéreuses que le traitement interne pousse à se détacher, laver la plaie et la rendre aussi nette que possible avec la solution C^5 et continuer le pansement. Quand il n'y a pas d'hémorragie, le pansement se simplifie en supprimant l'intervention de l'A^1.

Pour la tumeur interne ulcérée : appliquer le pansement indiqué à la 1re phase aux points les plus rapprochés de l'organe attaqué ; s'il y a douleurs, se servir de l'El. V. ; s'il y a hémorragies, ajouter le A^1 au besoin El. A. pure et (voir EPISTAXIS, HÉMOPTYSIE, MÉTORRHAGIE). Ne pas oublier que les grands bains dans l'ordre prescrit à la 1re phase, forment la base du traitement pour les trois phases.

Les injections hypodermiques sont aussi d'un bon secours.

Pour connaître les *bons effets* de la médication, il importe de ne pas perdre de vue les principaux caractères du cancer.

GLANDE CANCÉREUSE

1° Dureté plus ou moins grande, quelquefois lapidaire ;

2° Absence de sensibilité au toucher ;

3° Tendance à grossir plus ou moins lentement après être restée peut-être des années stationnaire.

GRANDE OUVERTE. — PLAIE.

1° Bords élevés, déchiquetés, durs ;
2° Douleurs lancinantes ;
3° Couleur noire ou lardacée de l'intérieur ;
4° Suppuration limpide comme de l'eau ;
5° Odeur fétide.

Quand un cancer bat en retraite, il perd tous ces caractères à peu près dans l'*ordre inverse* qu'ils ont suivi pour paraître.

La glande devient moins dure, moins adhérente moins grosse, plus incolore, elle redevient mobile ; elle reprend une certaine sensibilité, elle se fond, se dissout, s'amoindrit et enfin elle disparaît entièrement.

La plaie perd sa fétidité, les douleurs sont diminuées, puis supprimées entièrement (on a vu ces deux bienfaits se maintenir dans beaucoup de cancers traités trop tardivement, si bien que les malades se sont éteints de faiblesse, sans souffrance aucune). La couleur passe graduellement du noir au rouge, plus tard au rose. Des fragments de chairs cancérées se détachent et tombent à chaque pansement, tandis que les bords s'abaissent, se régularisent et s'attendrissent. La suppuration tend à se transformer lentement en un pus épais, jaunâtre ou rose. Des chairs nouvelles se forment çà et là dans le fond de la plaie qui revêt peu à peu les caractères d'une plaie ordinaire, tendant à se cicatriser.

Tant qu'on verra s'accomplir le long travail de

déblayage et de reconstruction, on peut avoir la certitude que la médication opère et on se gardera bien de rien changer au traitement et surtout de l'INTERROMPRE UN SEUL JOUR.

Il est des cas (le cancer du sein, celui de la lèvre et celui de la matrice) où la tumeur tombe parfois d'un seul bloc, au lieu de s'en aller par fragments.

Il est d'autres cas où le cancer semble presque guéri et tout à coup il reprend une nouvelle vigueur. Le traitement doit alors chercher de nouvelles forces dans un abaissement de la dose ou dans l'emploi d'autres cancéreux.

Il est enfin des cas où la plaie se nettoie et où tout semble promettre le succès, lorsque survient un état de faiblesse si invincible que le malade meurt avec une plaie qui allait se cicatriser. Ceci arrive toutes les fois que la masse du sang a été trop envahie et finit par se trouver épuisée avant le terme de la guérison.

TRAITEMENT DE GUÉRISON

Lorsque toute la tumeur cancéreuse s'est détachée, soit en bloc, soit en détail, et qu'il ne reste plus qu'une plaie lisse ordinaire, on remplace les compresses de cancéreux par des compresses de scrofuleux (S^1 ou S^5) tout en continuant à donner C^1 à l'intérieur. La cicatrisation une fois obtenue, on continue le traitement intérieur avec C^1 pendant plus ou moins longtemps, après quoi on termine par une cure non moins prolongée de S^1, d'abord en dilution et finalement en grains à sec sur la langue deux à quatre fois par jour comme aussi de trois à cinq grains aux repas, en mangeant.

On ne doit pas oublier, en effet, de quelle profonde viciation constitutionnelle le cancer est l'indice. Il faut comprendre que cette viciation commence longtemps avant qu'on en puisse apercevoir le moindre vestige. Elle est même héréditaire parfois, et on l'apporte en naissant, pour n'en subir l'atteinte funeste qu'après 40 ou 50 ans. Il n'y a donc rien d'étonnant à ce qu'il faille continuer à purifier l'organisme longtemps après la guérison apparente. Les cancers graves ne sauraient même être combattus trop longtemps, et si le malade est d'un âge un peu avancé, le traitement ne doit prendre fin qu'avec la vie, au moins par des grains de $S^3 \times C^1$ à sec et dans la nourriture, aux repas, en mangeant.

La névrose. — Le système nerveux est le centre d'action et de développement de toute l'économie dont les cordons ou embranchements sont ralliés aux pupilles nerveuses, agents immédiats du tact et de la sensibilité, et qui sont autant de petits rameaux nerveux extrêmes qui s'étendent sur la surface du corps et des organes intimes pour se rattacher au rameau commun de cet arbre vital ; de sorte qu'un individu, en raison de cette sensibilité et de son état organique, peut se trouver atteint de névrose, soit constitutionnelle soit organique, comme par exemple *névrose cérébrale*, idiotisme, crétinisme, démence, aliénation mentale, folie ; *névrose céré-*

bro-spinale, nervosisme, hystérie, épilepsie, nymphomanie, satyriosis, convulsion des enfants, éclampsie, chorée, tics convulsifs, trimus, tétanos : *névrose des ramifications nerveuses*, névralgie, paralysie faciale, contractibilité musculaire, crampes : *névrose des organes*, du larynx, du cœur, de l'œil, de l'oreille, etc.

Toutes ces névroses, à quelque nature qu'elles appartiennent, exigent les dilutions faibles, 3e, 4e, 5e, 6e; pour atténuer l'inflammation et l'irritabilité du système nerveux, et éviter toute contractilité nerveuse à l'intérieur qui se produit spécialement sur la partie organique du cœur, ce qui empêche la libre circulation du sang. Ces dilutions seront prises à l'intérieur à une distance relative, par quantité de trois à dix cuillerées à café au plus, selon l'âge et l'état du malade ; prendre chacun des remèdes dans les vingt-quatre heures.

Le traitement externe, compresses, frictions, onctions, injections, etc., les grands bains surtout, seront multipliés autant que possible, en appliquant proportionnellement la quantité de remède nécessaire à cet usage et à celle prescrite à l'intérieur. Observer rigoureusement l'hygiène tracée dans ce livre et s'attacher à nourrir le système nerveux par une alimentation rationnelle et substantielle répétée dans les 24 heures, car l'alimentation est la principale médication de cette maladie.

Le sang, par son influence sur l'organisme, fait traiter de la même manière que pour la névrose les affections du *cœur* et toutes celles de la circulation.

L'existence de certaines maladies graves, souvent épidémiques, où des soins particuliers sont nécessaires, a fait tracer pour elles un traitement spécial, comme par exemple : le *choléra*, la *diphtérie*, l'*influenza*.

Choléra. — Les mesures prises par le gouvernement, en vue d'une épidémie, sont, sans doute, d'une certaine importance, mais elles ne peuvent qu'en atténuer les effets et non en détruire la cause propagatrice, par la raison que cette cause, d'où qu'elle provienne, reste cachée aux célébrités de la science médicale ; de là, cette divergence d'idées sur l'élévation de son degré épidémique, comme aussi sur le nom caractéristique à lui donner. Elles hésitent sur la précision d'une pharmacopée prompte et sûre, reconnaissant elles-mêmes que le remède est pire que le mal.

La panique, en présence d'une épidémie, ne se commande pas; et cependant, elle est due à l'empressement de confier le moindre bobo à l'examen du corps médical. On chercherait moins à fuir un lieu contaminé, si on était habitué à s'occuper de soi-même, si dans une famille chacun s'intéressait à tout ce qui procure une vie paisible, laborieuse et féconde, et était plus attentif aux bienfaits d'une hygiène bien combinée et en rapport avec sa constitution.

L'Électro-homéopathie ou homéopathie complexe, dont l'emploi est simple, facile et sans danger, est le préservatif et le curatif certain du fléau précité, auquel le petit grain pris avec confiance, dira comme le grain de sable à l'océan : *Tu n'iras pas plus loin.*

Observer rigoureusement l'*hygiène.*

TRAITEMENT PRÉVENTIF POUR ADULTES : Au réveil comme au coucher, 2 grains à sec sur la langue de S^1, et dans la journée 1 grain à sec toutes les heures; en mangeant, aux repas, 5 grains du même remède; si après 15 minutes, la digestion est difficile, une fois le repas terminé, en prendre 3 grains à sec. En cas de vertiges, congestions ou convulsions, 10 grains du même S^1 en une seule fois, à sec, sur la langue, répétés deux ou trois fois, à un intervalle de 10 minutes; aux premiers symptômes de diarrhée, prendre à la 1re dilution ou à la 2e, le Dia. ou S^4 ou Giap.

Pour les enfants, on donne à partir de la moitié des doses indiquées pour les adultes et proportionnellement à l'âge, jusqu'à quinze ans.

TRAITEMENT CURATIF AU MOMENT DE L'ATTAQUE, ADULTES : Int., 20 grains en une seule fois, à sec, de Chol. ou Giap. ou S^1, répétés chaque heure s'il est nécessaire; ext., fortes frictions à tout le corps avec 40 grains de l'un des mêmes remèdes, dissous dans un quart de verre d'eau et bien battus, avec un demi-litre d'alcool pur.

En cas d'attaque d'une violence ou d'une persistance extrême, boire en quatre ou cinq reprises une infusion aromatisée et additionnée de 20 gouttes d'Électricité végétale El. Rouge.

Après la cessation de l'attaque, adultes : Int., un seul petit grain de Chol. ou Giap. ou S^4, à la 1re dil. chaque 15 minutes, et 3 grains de S^1 en une seule fois, à sec, chaque heure; ext., application, trois fois par jour, matin, midi et soir, de El. R. au creux de l'estomac, au grand nerf sympathique y adhérent; onct. légères aux hypocondres, matin et soir, de F^1, avec grand bain, 75, 100 ou 150 grains de C^3.

Pour les enfants, on donne à partir de la moitié des doses indiquées pour les adultes et proportionnellement à l'âge, jusqu'à quinze ans, et pour les bains à partir de 75, 60, 40, 25, 15 ou 10 grains de C^5 ou S^5, suivant l'âge.

On peut appliquer les injections hypodermiques contre le choléra.

Toute épidémie provient de la corruption de l'air. Les matières putrides et cadavériques répandues sur la surface du globe, le croupissement des eaux stagnantes de certains lacs et de certains étangs, les bouleversements terrestres de toute nature, comme tremblements de terre, éboulements, éruptions volcaniques et même les constructions, sont autant de phénomènes qui produisent dans l'air des gaz pestilentiels qui y séjournent et s'y agglomèrent parfois quelques années, pour fondre ensuite, alternativement, dans l'espace.

C'est en un mot la *diathèse cancéreuse de l'air* qui parcourt, comme si cette action lui était naturelle, les cours d'eau, rivières, fleuves, etc., les vallées, les bas-fonds, comme aussi certains points de la plaine (le pays de montagne en est presque toujours préservé), où elle greffe le germe de son empoisonnement aussi bien aux êtres animés qu'aux végétaux, par la contagion des insectes, même microscopiques, qui subissent le même sort.

Elle trace des symptômes différents suivant la situation et l'hygiène du lieu à contaminer, et surtout du sang-froid des habitants qui ne devraient jamais s'en départir dans les moments difficiles ; mais elle frappe toujours avec plus ou moins d'intensité la partie la plus faible ou prédisposée à être la plus faible de l'être attaqué.

C'est ce qui lui fait prendre chez l'être humain le nom épidémique qu'on est convenu de lui donner suivant ses divers caractères : *le typhus, la fièvre typhoïde, la fièvre cérébrale, la fièvre paludéenne, la fièvre pernicieuse, la fièvre jaune, la variole, le scorbut, le vomito-négro, la cholérine ou cholériforme, le choléra, etc.*

Le lainage, les peaux, les vêtements, le linge, les chiffons, certains papiers et absolument tout ce qui peut absorber ou réserver une partie d'air, sont les colporteurs actifs de ces épidémies, car, arrivés en lieu sain, si la désinfection de ces objets n'a pas été préalablement faite, ils dégagent promptement leur réserve insalubre pour en faire don à leur entourage et prennent parfois une intensité d'autant plus grande que l'action se répand en un lieu indemne et sous une atmosphère différente, au milieu d'éléments prédisposés à la recevoir. Voilà comment la propagation de l'épidémie se fait à l'insu et à la barbe de toute précaution hygiénique.

Habiter un lieu contaminé et le fuir, c'est s'exposer à une recrudescence au retour, car l'être sain se familiarise facilement avec la corruption de l'air, si peu qu'il observe l'hygiène et la température en toute chose. L'épidémie finit par disparaître lorsqu'elle ne rencontre plus d'éléments suffisants pour continuer ses ravages.

Ainsi, les personnes maladives, forcées à la sobriété et à suivre un régime régulier sont généralement épargnées de toute épidémie ; alors que l'homme sain est le plus souvent atteint à la moindre indisposition ou au moindre excès qui rentrent dans la sphère d'action de l'épidémie existante.

On a vu, dans un même lieu, des personnes bien portantes le matin être emportées le soir par la violence du mal; sur un même palier, une famille enlevée entièrement, alors que le voisin n'avait absolument rien; quelquefois toute une rangée de maisons, dans une même rue, être foudroyée, tandis que la rive opposée restait complètement indemne. Il est donc indéniable que l'air est le seul conducteur de cet empoisonnement; aussi faut-il encore que l'individu comme le lieu y soient prédisposés pour en être atteints. Comment en serait-il autrement des infirmiers et gardes appelés à soigner les malades, sans oublier le médecin?

Il est certain, le principe vermineux étant une partie essentielle chez l'homme, que l'on doit naturellement rencontrer dans les éliminations morbides ou évacuations de toutes sortes, le *ver*, le *microbe* ou le *bacille* atteint du même mal, puisque comme lui il est exposé aux fluctuations de son existence et pour si peu qu'on ait l'imprudence de respirer le souffle du malade, de ne pas se nettoyer après avoir touché et éloigné tout ce qui sert à ses soins, ou par la persistance de l'épidémie dans la localité, il est incontestable que la *contagion* se produira. Tout cela cependant à la condition expresse de rencontrer un sujet prédisposé à la recevoir; sans cela, il n'y absolument rien à craindre.

Donc, le bacille typhoïdien, paludéen, phtisique,

scorbutique, cholérique, etc., etc., n'est qu'un propagateur indirect de l'épidémie, facile à éviter par l'observation rigoureuse de l'hygiène et du traitement *préventif*.

Dans un pays contaminé du choléra, on voit subitement disparaître l'hirondelle, la cigogne ; les oiseaux et le gibier se font plus rares. Les animaux domestiques restent indifférents au pâturage ; les fauves ne s'éloignent pas de leur repaire. L'insecte devient plus rare, et on ne trouve aucune trace de puce sur le linge.

Les symptômes de ces épidémies se manifestent plutôt la nuit que le jour, de là la nécessité de prendre le remède préventif le matin et le soir.

Être en garde contre les fluctuations de l'atmosphère variant par excès de chaud ou de froid en quelques heures, principalement en temps de *choléra*.

Quelle que soit la saison où l'on se trouve, le vêtement chaud est de rigueur, durant cette période ; on mettra sur la peau une légère ceinture de laine couvrant le creux de l'estomac jusqu'au bas du ventre en lui faisant faire une ou deux fois le tour des reins ; conserver cette ceinture, une fois au lit, pour garantir les intestins de cette variation brusque de l'atmosphère, qui se fait sentir aussi bien la nuit que le jour et pour prévenir les petites attaques cholériques auxquelles on est prédisposé à pareille époque.

Supporter la chaleur du lit, alors même qu'on se trouverait en transpiration, ce qui est très salutaire, ne jamais se découvrir, plutôt couvrir légèrement les jambes qui demandent à conserver une chaleur douce pour éviter la contractilité des nerfs provoquant ces petites crampes qui se font généralement sentir en temps d'épidémie comme aux premières nuits fraîches d'automne.

Ne boire que de l'eau filtrée, et la faire bouillir si elle est de source mauvaise ; faciliter les besoins du corps autant de fois qu'il le demande, sans jamais se retenir, et suivre très rigoureusement l'hygiène tracée dans ce livre.

Les spécifiques de cette nouvelle science, pris à temps, n'ont jamais fait déplorer une seule victime du *choléra* sur tous les points du globe où ils ont été employés.

Conclusion : Porter toujours sur soi :

Un tube de scrofuleux, n° 1 ;

Un tube de cholérique ou scrofuleux Giapone ou scrofuleux n° 4 ;

Avoir chez soi un demi-litre d'alcool pur, préparé comme il est dit au traitement ci-dessus.

La diphtérie (angine, croup), cette maladie est une affection sérieuse des voies respiratoires ; l'enfant par la délicatesse de cet organe en est facilement atteint aux approches de l'hiver, par un automne humide, comme aussi par un hiver humide et prolongé. La finesse des fibres qui l'enveloppent le rend sensible au contact de l'air comme aux aspirations malsaines.

Souvent l'approche d'un être, bien que sain en apparence, ne fût-ce qu'un frère ou une sœur, mais d'une condition différente, engendre les prédispositions à cette infection. On devrait impérieusement défendre l'embrassement de l'enfant sur la bouche et le voisinage d'enfants malingres, rachitiques ou d'une santé douteuse.

Chez l'adulte, cette maladie se présente sous des symptômes moins terribles, mais tout aussi périlleux. Les cas désignés sous le nom de : *Angine couenneuse, Laryngite pseudo-membraneuse, Coryza, Diphtérie et Croup ou Laryngite diphtérique*, etc., etc., sont de la même famille, ils demandent la même attention, la même hygiène et à peu près le même traitement. Pour le calfeutrage du cou, se reporter à la page 30, et comme traitement préventif donner à l'enfant comme à l'adulte S^t, 2e dil., deux à vingt cuillerées à café par jour, selon l'âge, prise une par une et à une distance relative ; à l'enfant on donnera de 1 à 2 grains de $Verm^t$ à sec sur la langue ; on peut aussi administrer le S^t par grains à sec sur la langue dans la proportion de 1 à 10 grains par vingt-quatre heures, selon l'âge ; mais pour l'enfant la dilution est préférable.

Au moindre enrouement ou inflammation à la gorge avec picotements, on fera des gargarismes, si cela se peut, avec 3 ou 6 grains de S^t dissous dans un verre d'eau et répétés 3 à 4 fois dans les 24 heures ; on appliquera au-dessous du cou, au moyen de vieille toile, une comp. avec 5, 10, 15 ou 20 grains, selon l'âge, de

S¹ ou S⁶, dissous dans un verre d'eau tiède, au besoin ; elle sera renouvelée aussitôt sèche et avoir bien soin chaque fois de l'appliquer *simple* et non double. L'inflammation passée, on remplacera la comp. par de légères onct. de S⁵, faites matin et soir.

Le bain de propreté, comme le lavage de l'enfant, sera fait avec 10, 15, 20 ou 25 grains de S⁶. Pour l'adulte, le bain se fera avec 75 ou 100 grains du même remède.

Si la maladie persiste au traitement préventif, c'est qu'on se trouve en présence d'une nature prédisposée à ce mal, par l'impureté du sang dont les effets morbides se développent, selon que celui-ci est plus ou moins infecté, ou bien encore par l'imperfection de cette partie organique. Elle peut aussi être héréditaire.

Elle s'annonce généralement par des frissons, de la tristesse, humeur chagrine, voix altérée, courbature des membres, engorgement des glandes dessous la mâchoire, mal de gorge, rougeur et enflure de la luette, des amygdales et de toute l'arrière-gorge qui se couvre bientôt de plaques grisâtres, la respiration devient gênée, sifflante, métallique, et la toux croupale commence, la face devient rouge et bouffie, les yeux saillants, le pouls est petit, rapide, irrégulier, elle débute par une forte fièvre, qu'il faut immédiatement combattre.

TRAITEMENT CURATIF : Pour l'enfant, au premier symptôme de la fièvre, on administrera à l'intérieur, pendant un jour, le F¹, 1ʳᵉ dil., de 5 à 20 cuillerées à café dans les 24 heures, données une par une à un intervalle relatif; ext., onct. légères de F^2 aux hypocondres chaque 2 heures. Le deuxième jour, on donnera en 2e dil. le $F^1 \times$ Dipht. ou Dom. ou C^1 ou C^5, aussi 2e dil. à l'int., de 3 à 10 cuillerées à café, selon l'âge, de chacun des remèdes, dans les 24 heures, pris comme il est dit plus haut; on y joindra le P^4 ou P^3 ou P^2, également en 2e dil., administré de la même manière que les précédents ; de sorte que la prise de chaque remède sera divisée par tiers de cuillerées à café, du nombre indiqué, et à prendre dans les 24 heures.

On examinera l'intérieur de la gorge et si on constate l'inflammation de la luette ou des amygdales, ou de l'arrière-gorge, on fera des gargarismes avec 5, 10, 15 ou 20 grains, selon l'âge, de C^5, dissous dans le verre d'eau, quatre à six fois dans 24 heures; des aspirations seront également faites avec le même remède et mêmes doses si cela se peut; s'il existait à l'arrière-gorge des plaques grisâtres, on badigeonnera après le gargarisme et, chaque fois, au moyen d'un pinceau *ad hoc*, trempé d'El. V., toute la partie attaquée, en ayant le soin d'enlever les peaux qui s'en détacheraient; et si les fausses membranes s'y formaient, le badigeonnage se ferait avec une solution de 20 grains de C^5 et 20 gouttes d'El. V. mélangés à 200 grammes d'eau tiède (un verre), répété aussi souvent que l'exigerait la situation du malade, et simultanément avec le gargarisme précité; on aura également le soin de bien extraire, au moyen du pinceau, les parcelles membraneuses, au fur et à mesure de leur formation, surtout chez l'enfant à qui on ne pourrait administrer de gargarismes; on peut aussi faire des gargarismes avec El. B. pure et aussi avec El. R. pure; application de El. R. $\times$ El. J. à l'occiput et aux petits hypogloses, 10, 15 ou 20 secondes par point; puis onct. légères au-dessous de la gorge avec C^5 le matin, à midi et le soir.

Comme moyen auxiliaire, pour faciliter l'expectoration des fausses membranes, on peut donner aux petits enfants, le tartre stibié à dose de 5 centigrammes dans trois cuillerées à bouche d'eau, et pour les enfants plus âgés, de 15 à 20 centigrammes.

La fièvre passée, on remplacera le F^1 par A^1 à la 1re dil., et le Dipht. ou le Dom. ou le C^1 ou le C^4, comme le P^1 ou le P^3 ou le P^b seront mis aussi à la 1re dil. Ces trois remèdes seront pris alternativement de la manière indiquée au traitement préventif; cependant, si la 1re dil. fatiguait le malade, on reviendrait pour chacun des remèdes à la 2e dil. Le reste du traitement ne subira aucun changement.

Pour nourriture, on donnera du lait, du bouillon des œufs à la coque, du vin de Bordeaux, si cela se peut; mettre dans le lait, le bouillon et le vin, selon l'âge de 2 à 5 grains d'un des remèdes ci-dessus, en commençant par A^1, et successivement les suivants, à tour de rôle, en y ajoutant le S^5 et le N. La nourriture deviendra graduellement plus consistante pour maintenir les forces du malade.

La guérison obtenue, on continuera pendant quelques jours le traitement interne, pour éviter les complications d'une bronchite ou d'une pneumonie; seul le badigeonnage à l'intérieur de la gorge sera fait matin et soir avec Él. V.

Pour l'adulte, le traitement est absolument le même que celui pour l'enfant, à l'exception que le F^1 administré le premier jour contre la fièvre sera pris par quantité de 10 à 30 cuillerées à café dans les vingt-quatre heures; et que les dilutions prises les journées suivantes seront administrées par quantité de 10 à 20 cuillerées à café pour chacun des remèdes à prendre.

Le gargarisme et les aspirations seront les mêmes avec 10, 15 ou 20 grains du remède prescrit et la solution pour le badigeonnage servant à détruire les fausses membranes, sera augmentée de 5, 10, 15 ou 20 grains pour le C^1 et de 5 à 10 gouttes pour El. V. Ces quantités ainsi graduées sont basées sur les diverses constitutions qui se rencontrent et exigent des doses plus ou moins fortes selon l'intensité du mal à combattre.

Même hygiène, même nourriture que pour l'enfant, et les mêmes observations une fois la guérison obtenue.

On ne saurait trop recommander aux mères de famille, de se prémunir de la médication nécessaire à combattre ce fléau (les remèdes étant inaltérables) qui se déclare, le plus souvent, pendant la nuit, car il n'y a pas à perdre un seul instant.

On applique immédiatement le traitement préventif pour arrêter la marche rapide de son intensité, car quelques heures suffisent pour mettre en danger la vie du patient. En agissant promptement on a presque toujours réussi à faire avorter le mal et à dissiper la crainte d'une recrudescence.

L'*Influenza*, comme la *Grippe*, sont deux épidémies faciles à confondre, parce qu'elles produisent l'une comme l'autre les mêmes symptômes pathologiques. Elles ont été appelées tour à tour *Folette*, *Cocotte*, *Petite Courrie*, mais plus vulgairement désignées sous le nom de *Grippe* ; assez souvent des éruptions cutanées se montrent pendant le cours de la maladie, ce qui a lui fait donner le nom de *Influenza ;* cette distinction a été constatée à une fièvre épidémique appelée fièvre *Dengue* qui provenait du sud de l'Asie. Elle n'est pas mortelle et sa période aiguë ne dépasse pas trois jours.

Les variations brusques de la température, comme par exemple un hiver très froid succédant à un été très chaud ou après de grands *brouillards,* favorisent leur influence sur les voies respiratoires. Elles sévissent généralement là où il y a des agglomérations humaines, dans les magasins, les bureaux, les grands hôtels, les casernes, les ateliers, etc. Il est bien rare, lorsque l'épidémie pénètre dans une famille, que tous les membres n'en soient pas atteints ; en général, elle est de formes bénignes, à moins de prédispositions particulières, faisant ressortir les complications qu'on trouvera tracées au dernier traitement curatif.

Au point de vue pathologique, elles sont une variété de la bronchite aiguë : fièvre, mal de tête, courbature dans les membres, faiblesse marquée, douleur à la poitrine et au front, saignement de nez et bourdonnement dans les oreilles, sommeil agité ou insomnie, coryza avec flux par les narines, yeux rouges et larmoyants, mal de gorge avec chatouillements, toux pénible et douloureuse, expectoration nulle ; puis muqueuse ; inappétence, souvent diarrhée ou vomissements, quelquefois aussi délire, soubresauts des tendons compliqués de pneumonie chez les personnes faibles, les enfants et les vieillards ; vers le troisième jour de la maladie apparaissent sur le cou, la figure et les membres, les éruptions cutanées roséiformes, symptôme de l'influenza.

Le traitement préventif pour les adultes est le même que celui prescrit à toute épidémie, c'est-à-dire prendre chaque jour, à partir du réveil, à un intervalle de 2 heures, 2 grains à sec, sur la langue, de S^1 ou de Giap. On administrera aux enfants, dans les 24 heures, selon l'âge, de 2 à 10 grains des mêmes remèdes à sec, sur la langue, donnés grain par grain à une distance relative.

Le traitement curatif pour adultes pendant les trois premiers jours est : Int., de 2 à 5 grains de S^1 ou de Giap., à sec, sur la langue, au réveil comme au coucher ; puis $A^1 \times F^1$, 1re dil., chaque demi-heure ; les mêmes remèdes aux repas, en mangeant, de 3 à 5 grains pris à tour de rôle ; ext., au moyen d'un petit pinceau trempé d'El. A. $\times$ El. J. ; faire des applications de 15 secondes chaque point, sur le crâne, aux tempes, occiput, frontal, à la racine du nez et le long et de chaque côté du nez ; asp. avec 5 ou 10 grains par verre d'eau de C^5 ou de C^7 ou de C^{10} ou T. B., trois à quatre fois dans les 24 heures, comme aussi des gar. avec El. B. B. ou El. R. ou El. A., faits dans la même proportion ont détruit instantanément le mal au début ; onct. légères de F^2 aux hypocondres, matin et soir, et aussi légères onct. de C^5 sur les éruptions.

Pour les enfants, même traitement curatif, à l'exception que, selon l'âge, on donnera à l'intérieur de 1 à 3 grains des mêmes remèdes, à sec, sur la langue, ainsi qu'aux repas ou dans les aliments, et de *une* à *dix* cuillerées à café dans les 24 heures de chacun des remèdes en dilution ; à l'ext., appliquer El. A. $\times$ El. J. sur les mêmes points, au moyen du pinceau, pendant une durée de 2 à 10 secondes sur chaque point ; les aspirations et les gargarismes seront faits en proportion de l'âge et à la même distance, et aussi les mêmes onctions.

S'il n'y a pas de complications, ce traitement se continuera jusqu'à parfaite guérison.

Pour les complications qui se déclareraient après les

trois premiers jours de la maladie, le traitement est : Int., de continuer le traitement curatif ci-dessus et d'y ajouter 2 grains de F^1 à sec, sur la langue, chaque 2 heures × avec le remède ci-après, désignés pour chacune des complications : *chez les bronchitiques et les catarrheux où se produit la toux ainsi que tous les autres symptômes des voies respiratoires*, on donnera : P^2 ou P^3 ou P^4, à la 1re ou 2e ou 3e dil.; *chez les cardiaques, les palpitations et les étouffements*, on prendra : A^2, 1re ou 2e ou 3e dil.; *chez les dyspeptiques, les vomissements, la diarrhée et autres troubles gastro-intestinaux*, on donnera : Dia. ou Giap. ou S^4, 1re ou 2e ou 3e dil.; *chez les rhumatisants avec douleurs aux articulations*, on donnera : C^3, 1re, 2e ou 3e dil; s'il y a inflammation dans les reins on ajoutera : S^6, 1re ou 2e ou 3e dil.; *chez les herpétiques comme chez certains rhumatisants, des éruptions cutanées ayant pris un caractère prédominant*, on donnera : S^5, 1re, 2e ou 3e dil.; chacun de ces remèdes en dilution, sera pris par cuillerées à café, chaque 15 ou 30 minutes.

Dans ce cas, il ne faut pas oublier cette maxime : plus est grave le mal, plus faible sera le remède que l'on administrera ; quand la première dilution augmente l'inflammation, on se portera à la seconde, et si celle-ci reste sans effets, on ira jusqu'à la troisième ; chez les cardiaques, on a vu les palpitations et les étouffements ne céder qu'à la quatrième ou cinquième ou sixième dilution ; on continuera à l'ext. l'application de l'Électricité, des app. et garg. comme il est dit plus haut, avec les onctions.

Une fois le traitement bien établi, on le poursuit jusqu'à la parfaite guérison.

La *Grossesse*, n'est-ce pas rendre à la femme dans

cette position intéressante un signalé service, que de lui indiquer le moyen de la préserver des incommodités qu'elle ressent ordinairement ?

Cette situation lui occasionne des maux multiples, tels que : *vomissements, douleurs des reins, enflure des jambes, malaise général.* Pour les faire disparaître et obtenir l'accouchement heureux d'un enfant bien constitué, parfaitement sain, on prendra, durant la grossesse, le S^1, 1re ou 2e dil. chaque demi-heure et aux repas, en mangeant, 5 grains du même remède, à sec ; si les vomissements persistaient, on prendrait à la fois et au même moment 10 grains de S^1 à sec sur la langue et les répéter au besoin.

Au septième mois de la grossesse, ajouter au S^1 le C^1, 1re ou 2e dil. chaque demi-heure, et aussi les cinq grains du même C^1 en mangeant, aux repas ; une fois par jour faire une légère injection avec 5 grains de C^5 dans 200 grammes d'eau tiède et un grand bain par semaine avec 40 ou 60 grains de C^5, jusqu'au moment de l'accouchement.

La durée régulière de la grossesse, a dit le D^r O'Cress, est de quarante semaines, c'est-à-dire dix fois la période menstruelle de quatre semaines ou vingt huit jours, le chiffre total de jours est par conséquent de 280, ce qui fait une différence sur les neuf mois solaires comptés ordinairement ; comme les uns sont de 31 jours et les autres seulement de 30 jours, le résultat devient variable et inexact.

Pour être fixé sur le jour de l'accouchement il n'y a

— 331 —

JANVIER		FÉVRIER	
DERNIER FLUX menstruel.	ÉPOQUE de l'accouchement.	DERNIER FLUX menstruel.	ÉPOQUE de l'accouchement.
1er janvier	7 octobre	1er février	7 novembre
2 »	8 »	2 »	8 »
3 »	9 »	3 »	9 »
4 »	10 »	4 »	10 »
5 »	11 »	5 »	11 »
6 »	12 »	6 »	12 »
7 »	13 »	7 »	13 »
8 »	14 »	8 »	14 »
9 »	15 »	9 »	15 »
10 »	16 »	10 »	16 »
11 »	17 »	11 »	17 »
12 »	18 »	12 »	18 »
13 »	19 »	13 »	19 »
14 »	20 »	14 »	20 »
15 »	21 »	15 »	21 »
16 »	22 »	16 »	22 »
17 »	23 »	17 »	23 »
18 »	24 »	18 »	24 »
19 »	25 »	19 »	25 »
20 »	26 »	20 »	26 »
21 »	27 »	21 »	27 »
22 »	28 »	22 »	28 »
23 »	29 »	23 »	29 »
24 »	30 »	24 »	30 »
25 »	31 »	25 »	1er décemb.
26 »	1er novemb.	26 »	2 »
27 »	2 »	27 »	3 »
28 »	3 »	28 »	4 »
29 »	4 »		
30 »	5 »		
31 »	6 »		

| MARS ||| AVRIL |||
DERNIER FLUX menstruel.		ÉPOQUE de l'accouchement.	DERNIER FLUX menstruel.		ÉPOQUE de l'accouchement.
1er	mars	5 décembre	1er	avril	5 janvier
2	»	6 »	2	»	6 »
3	»	7 »	3	»	7 »
4	»	8 »	4	»	8 »
5	»	9 »	5	»	9 »
6	»	10 »	6	»	10 »
7	»	11 »	7	»	11 »
8	»	12 »	8	»	12 »
9	»	13 »	9	»	13 »
10	»	14 »	10	»	14 »
11	»	15 »	11	»	15 »
12	»	16 »	12	»	16 »
13	»	17 »	13	»	17 »
14	»	18 »	14	»	18 »
15	»	19 »	15	»	19 »
16	»	20 »	16	»	20 »
17	»	21 »	17	»	21 »
18	»	22 »	18	»	22 »
19	»	23 »	19	»	23 »
20	»	24 »	20	»	24 »
21	»	25 »	21	»	25 »
22	»	26 »	22	»	26 »
23	»	27 »	23	»	27 »
24	»	28 »	24	»	28 »
25	»	29 »	25	»	29 »
26	»	30 »	26	»	30 »
27	»	31 »	27	»	31 »
28	»	1er janvier	28	»	1er février
29	»	2 »	29	»	2 »
30	»	3 »	30	»	3 »
31	»	4 »			

MAI		JUIN	
DERNIER FLUX menstruel.	ÉPOQUE de l'accouchement.	DERNIER FLUX menstruel.	ÉPOQUE de l'accouchement.
1er mai	4 février	1er juin	7 mars
2 »	5 »	2 »	8 »
3 »	6 »	3 »	9 »
4 »	7 »	4 »	10 »
5 »	8 »	5 »	11 »
6 »	9 »	6 »	12 »
7 »	10 »	7 »	13 »
8 »	11 »	8 »	14 »
9 »	12 »	9 »	15 »
10 »	13 »	10 »	16 »
11 »	14 »	11 »	17 »
12 »	15 »	12 »	18 »
13 »	16 »	13 »	19 »
14 »	17 »	14 »	20 »
15 »	18 »	15 »	21 »
16 »	19 »	16 »	22 »
17 »	20 »	17 »	23 »
18 »	21 »	18 »	24 »
19 »	22 »	19 »	25 »
20 »	23 »	20 »	26 »
21 »	24 »	21 »	27 »
22 »	25 »	22 »	28 »
23 »	26 »	23 »	29 »
24 »	27 »	24 »	30 »
25 »	28 »	25 »	31 »
26 »	1er mars	26 »	1er avril
27 »	2 »	27 »	2 »
28 »	3 »	28 »	3 »
29 »	4 »	29 »	4 »
30 »	5 »	30 »	5 »
31 »	6 »		

19.

| JUILLET || AOUT ||
DERNIER FLUX menstruel.	ÉPOQUE de l'accouchement.	DERNIER FLUX menstruel.	ÉPOQUE de l'accouchement.
1er juillet	6 avril	1er août	7 mai
2 »	7 »	2 »	8 »
3 »	8 »	3 »	9 »
4 »	9 »	4 »	10 »
5 »	10 »	5 »	11 »
6 »	11 »	6 »	12 »
7 »	12 »	7 »	13 »
8 »	13 »	8 »	14 »
9 »	14 »	9 »	15 »
10 »	15 »	10 »	16 »
11 »	16 »	11 »	17 »
12 »	17 »	12 »	18 »
13 »	18 »	13 »	19 »
14 »	19 »	14 »	20 »
15 »	20 »	15 »	21 »
16 »	21 »	16 »	22 »
17 »	22 »	17 »	23 »
18 »	23 »	18 »	24 »
19 »	24 »	19 »	25 »
20 »	25 »	20 »	26 »
21 »	26 »	21 »	27 »
22 »	27 »	22 »	28 »
23 »	28 »	23 »	29 »
24 »	29 »	24 »	30 »
25 »	30 »	25 »	31 »
26 »	1er mai	26 »	1er juin
27 »	2 »	27 »	2 »
28 »	3 »	28 »	3 »
29 »	4 »	29 »	4 »
30 »	5 »	30 »	5 »
31 »	6 »	31 »	6 »

SEPTEMBRE		OCTOBRE	
DERNIER FLUX menstruel.	ÉPOQUE de l'accouchement.	DERNIER FLUX menstruel.	ÉPOQUE de l'accouchement.
1er septemb.	7 juin	1er octobre	7 juillet
2 »	8 »	2 »	8 »
3 »	9 »	3 »	9 »
4 »	10 »	4 »	10 »
5 »	11 »	5 »	11 »
6 »	12 »	6 »	12 »
7 »	13 »	7 »	13 »
8 »	14 »	8 »	14 »
9 »	15 »	9 »	15 »
10 »	16 »	10 »	16 »
11 »	17 »	11 »	17 »
12 »	18 »	12 »	18 »
13 »	19 »	13 »	19 »
14 »	20 »	14 »	20 »
15 »	21 »	15 »	21 »
16 »	22 »	16 »	22 »
17 »	23 »	17 »	23 »
18 »	24 »	18 »	24 »
19 »	25 »	19 »	25 »
20 »	26 »	20 »	26 »
21 »	27 »	21 »	27 »
22 »	28 »	22 »	28 »
23 »	29 »	23 »	29 »
24 »	30 »	24 »	30 »
25 »	1er juillet	25 »	31 »
26 »	2 »	26 »	1er août
27 »	3 »	27 »	2 »
28 »	4 »	28 »	3 »
29 »	5 »	29 »	4 »
30 »	6 »	30 »	5 »
		31 »	6 »

| NOVEMBRE || DÉCEMBRE ||
DERNIER FLUX menstruel.	ÉPOQUE de l'accouchement.	DERNIER FLUX menstruel.	ÉPOQUE de l'accouchement.
1ᵉʳ novemb.	7 août	1ᵉʳ décemb.	6 septembr.
2 »	8 »	2 »	7 »
3 »	9 »	3 »	8 »
4 »	10 »	4 »	9 »
5 »	11 »	5 »	10 »
6 »	12 »	6 »	11 »
7 »	13 »	7 »	12 »
8 »	14 »	8 »	13 »
9 »	15 »	9 »	14 »
10 »	16 »	10 »	15 »
11 »	17 »	11 »	16 »
12 »	18 »	12 »	17 »
13 »	19 »	13 »	18 »
14 »	20 »	14 »	19 »
15 »	21 »	15 »	20 »
16 »	22 »	16 »	21 »
17 »	23 »	17 »	22 »
18 »	24 »	18 »	23 »
19 »	25 »	19 »	24 »
20 »	26 »	20 »	25 »
21 »	27 »	21 »	26 »
22 »	28 »	22 »	27 »
23 »	29 »	23 »	28 »
24 »	30 »	24 »	29 »
25 »	31 »	25 »	30 »
26 »	1ᵉʳ septemb.	26 »	1ᵉʳ octobre
27 »	2 »	27 »	2 »
28 »	3 »	28 »	3 »
29 »	4 »	29 »	4 »
30 »	5 »	30 »	5 »
		31 »	6 »

qu'à consulter la table ci-contre, dressée pour l'année non bissextile ; il n'y aura qu'à ajouter le jour en plus du mois de février pour les années bissextiles.

Pendant l'accouchement, au moment des douleurs, prendre à la 1re dil., le C^1 par cuillerée à café, chaque 10, 15, 20 ou 30 minutes, suivant que les douleurs sont plus ou moins intenses, et si elles se faisaient attendre, faire de légères onctions au bas ventre avec C^5 et application de El. R. $\times$ El. J. au sacrum et grand sympathique de l'estomac, 10 secondes sur chaque point ; on peut aussi administrer 10 grains de S^1 ou de C^1, à sec, sur la langue.

Après l'accouchement S^1 $\times$ C^1, 2e dil. chaque demi-heure ; s'il y a fièvre de lait (voir Lait) ; s'il y a inflammation de la matrice (voir Métrite) ; s'il y a hémorragie (voir Métrorragie).

Cette nouvelle science est ici vraiment surprenante. Elle procure une grossesse supportable des mille petites indispositions de la femme enceinte ; elle purifie et fortifie le fœtus ; elle rectifie, à part de bien rares exceptions, la présentation de l'enfant quand elle devient vicieuse au moment de l'accouchement, faisant ainsi l'office du meilleur opérateur, comme elle pourvoit aux erreurs, assez souvent commises par imprudence, et aux déformités du bassin de la fécondation, corrigeant les vices de la nature, si ceux-ci ne sont pas rendus impondérables par l'âge.

La malade une fois rétablie, continuera à prendre le S^1 à la 2e dil. chaque demi-heure ; ou bien un grain à sec, sur la langue, pendant tout le temps de l'allaitement. Non seulement ce remède purifie le lait de la mère et le lui procure plus abondamment, mais purifie également l'enfant, le préservant de l'*aversion* pour le sein, des incommodités présentes et à venir auxquelles il est sujet, et aide le développement de sa croissance.

Mais, si l'enfant est allaité par une nourrice, on administrera directement à l'enfant, et *non à la nourrice*, le S! à la 3ᵉ dil., depuis 2 jusqu'à 10 *gouttes* dans les 24 heures, au moyen d'un petit linge de toile fine imbibé de cette dilution, suivant que l'enfant a 1 ou 12 mois ; car l'expérience a prouvé, le remède étant curatif, qu'administré à la nourrice, ce remède exclusivement curatif pouvait par l'allaitement communiquer à l'enfant le germe d'un mal héréditaire ou autre, en état latent chez elle, et qui serait inconnu dans la famille de l'enfant ; tandis que administré à l'enfant, il a toujours donné de très bons résultats.

Lavage du corps de l'enfant, de la tête et principalement des yeux, avec 5 grains de S!. dissous dans la quantité d'eau tiède nécessaire à cet usage ; pour le bain 10 grains du même remède et y laisser séjourner l'enfant, selon l'âge, de 5 à 10 minutes au plus.

Partout où il se vérifierait quelques éruptions ou échauffements occasionnés par l'urine ou par toute autre cause, aux fesses, aux cuisses, au-dessous des bras, derrière les oreilles, la tête, etc., faire une ou deux fois par jour de légères onctions de Sᵖ (voir PRURIT).

L'aversion du nourrisson pour le sein ou le biberon si elle persiste, malgré les gouttes de S^1 données ordinairement ; si c'est le sein qu'il prend on continuera à lui administrer à l'int. les mêmes gouttes de S^1 dans la proportion indiquée ; et, si c'est le biberon, on mettra dedans une ou deux cuillerées à café de S^1, à la 3ᵉ dil., selon que le biberon contiendra un quart ou un demi-litre de lait ; à l'ext., onct. légères de C^5 sur l'estomac, aux hypocondres, matin et soir : avec un bain de 10 grains C^5, y séjourner de 5 à 10 minutes, selon l'âge.

Même traitement pour les *coliques ou diarrhées vertes*, en prolongeant les onct. C^5 à tout le ventre.

Les croûtes de lait ou gourmes (impetigo larvalis), taches rouges à la peau à contours inégaux, où apparaissent des pustules secrétant une humeur visqueuse qui se concrète sur place et donne lieu à des croûtes dont la teinte et l'aspect général peuvent être comparés à du miel desséché.

C'est un préjugé fort regrettable que de se croire obligé de laisser aux enfants ces croûtes dégoûtantes d'autant qu'en n'y faisant rien, le mal peut se développer sur les glandes du cou, sur les yeux, sur le nez et sur les ganglions sous-maxillaires qui entrent parfois en suppuration. Elles s'appellent aussi RAPHE. *La* RAPHE *de l'enfant syphilitique ou scrofuleux est contagieuse.* Si c'est la mère qui nourrit, elle prendra : int., $S^5 \times C^1$, 2ᵉ dil. chaque demi-heure, et aux repas, en mangeant, 5 grains des mêmes remèdes à tour de rôle ; si au contraire, c'est une nourrice, on donnera à l'enfant de 2 à 10 gouttes de S^1, 3ᵉ dil.

dans les 24 heures ; si l'enfant est élevé au biberon, on mettra une ou deux cuillerées à café de S^1, 3ᵉ dil. dans le biberon, suivant qu'il contiendra un quart ou un demi-litre de lait ; et si la raphe est spergineuse de nature syphilitique, on ajoutera à l'enfant une ou deux gouttes de $Vén^1$ ou Sy^1, 3ᵉ dil. matin et soir ; ext., lavages fréquents des parties intéressées avec 5 grains de S^5 dans la quantité d'eau tiède voulue et bains avec 10 grains du même remède ; puis légères onct. de S^5, sur les croûtes, si elles sont spergineuses, syphilitiques ; le premier lavage se fera avec S^5, le second avec $Vén^2$ ou Sy^2 et le troisième avec C^5, 5 grains chaque fois ; les bains seront faits dans le même ordre avec 10 grains ; et les onct. très légères avec $S^5 \times C^5$ au besoin (voir IMPETIGO).

DENTITION DIFFICILE DES ENFANTS : *surface du bord libre alvéolaire d'un rouge plus ou moins vif et chaude au toucher, accès de douleurs à chaque cri du petit malade, salivation très active, la bouche inondée du liquide salivaire le laisse écouler du coin des lèvres en forme de bave, la bouche largement ouverte, l'enfant y porte les mains comme pour indiquer le siège du mal, inappétence, fièvre par accès réguliers ou irréguliers ; il rejette parfois le sein avec humeur et refuse toute boisson et toute nourriture ; convulsions dentaires très variées dans leurs manifestations, quelquefois générales, s'étendant à tout le corps, d'autres fois localisées dans quelques muscles de la face, dans les yeux, dans un seul membre, elles peuvent même être caractérisées par un simple assoupissement, puis inflammation des voies digestives, vomissements, spasmes, diarrhée sans gravité, qui persiste quelques jours, et cesse pour reprendre plus tard à l'occasion d'une nouvelle éruption, ou* bien l'irritation intestinale revêt le caractère d'une entérocolite aiguë, elle peut même être l'origine d'une diarrhée rebelle ou cholériforme plus grave et amenant la mort. Si c'est la mère qui nourrit, elle prendra : Int., $C^4 \times S^2$, 2e dil., chaque demi-heure, et 5 grains des mêmes remèdes aux repas, en mangeant, et à tour de rôle ; si c'est la nourrice, on donnera à l'enfant, selon l'âge, de deux à quatre cuillerées à café de S^1, 3e dil., $\times$ avec 2 à 10 *gouttes* de A^1, 3e dil., dans les 24 heures ; si c'est le biberon, on mettra dans le biberon une ou deux cuillerées à café de S^1, 3e dil., suivant qu'il contiendra un quart ou un demi-litre de lait; et dans la journée on donnera le A^1 par goutte, comme il est dit plus haut; ext., mettre aux mains de l'enfant un bâton de racine de guimauve trempé souvent dans la 1re dil. de S^1, pour fortifier et activer le travail des gencives, les frictionner avec du miel rosat auquel on mélange 4 gouttes de El. ou de El. B., trois fois dans les 24 heures. Si, par suite du travail de la dentition, des accidents généraux se produisent, il faudra recourir aux traitements spéciaux (BRONCHITES, DENTS, ENTÉRITE, NÉVROSE).

SCLÉRÈME OU OPHTALMIE DES NOUVEAU-NÉS : *Elle débute assez brusquement, par un gonflement de la paupière supérieure; une lisière d'une teinte érysipélateuse se remarque sur le bord libre des paupières; la muqueuse des paupières est injectée de sang et boursouflée, une sécrétion plus ou moins épaisse se concrète au bord des cils, et bientôt l'œil laisse échapper un liquide séreux, jaunâtre ou même rougeâtre. Si la maladie n'est pas enrayée, la cornée s'enflamme, se ramollit, fonte consécutive de l'œil. Bien que cette affection ne soit pas toujours blennorrhagique, elle ne manque pas d'être très contagieuse.* Int., que l'allaitement soit fait par la mère ou par la nourrice, on donnera directement à l'enfant et selon l'âge, de deux à quatre cuillerées à café de S^1, 2e ou 3e dil., ou on les mettra dans le biberon, s'il est nourrit de cette manière, suivant qu'il contiendra un quart ou un demi-litre de lait et sans excéder deux cuillerés à café chaque fois et par 24 heures; puis dans la journée de 2 à 10 gouttes de A^1, 3º dil, et une ou deux gouttes de $Vén^1$ ou Sy^1, le matin et le soir; s'il y a résistance, alterner le S^1 avec C^1 ou C^3, 3º dil., pendant quelque temps, et remplacer le A^1 par A^3, mêmes doses; ext., comp sur les yeux avec 5 ou 10 grains dans le verre d'eau (200 grammes), selon l'âge et l'intensité du mal de $S^1 \times C^5 \times Vén^2$ ou S^2, à tour de rôle et renouvelées souvent, en changeant chaque fois le linge; lavage des yeux à chaque changement des comp. avec 5 grains de S^1 dans le vers d'eau tiède, pour bien enlever les sérosités formées au bord des paupières et aux cils; puis onct. sur les points intéressés avec C^5, matin et soir, et grand bain chaud 30 degrés, avec 10 ou 15 grains, selon l'âge, de $S^5 \times C^5 \times Vén^2$ ou Sy^2, à tour de rôle, y séjourner de 5 à 10 minutes, au besoin (voir OPHTALMIE).

Ne jamais charger l'enfant de vêtements pesants ni le calfeutrer outre mesure pendant l'hiver ; il faut lui laisser sa liberté d'action et laisser libre la circulation de l'air.

Éviter autant que possible de porter l'enfant au bras, cette position déforme les jambes et l'épine dorsale, la voiture d'enfants où il est bien est hygiénique et ne fatigue pas la nourrice.

Le laisser gigoter dans ses maillots, et sur un tapis, par terre, quand il cherche à faire les premiers pas; rien ne développe les muscles, les nerfs et les membres comme cet exercice de bas âge. Jamais près du feu et le tenir toujours très propre.

Aliments légers au début et l'habituer successivement à manger de tout modérément, mais sans caprice, car tout ce que la terre produit est nécessaire à l'existence.

A partir de l'âge de 2 ans, lui donner un grain de S^t aux repas, en mangeant, alterné avec un grain de Verm^t au repas suivant, allant ainsi en augmentant au fur et à mesure qu'il grandit, sans dépasser 3 grains à la fois de chacun des remèdes alternés.

Peu de sucreries, de douceurs, de fruits pour ne pas accroître les nerfs, pas d'alcool, très peu de café, jamais de café au lait qui affaiblit les organes digestifs ; plutôt une soupe que le chocolat, le vin toujours fortement additionné d'eau ; le vin pur constipe, ce qu'il faut éviter et, au lieu de fortifier, il affaiblit le système nerveux par un surcroît de surexcitation auquel l'enfant est déjà prédisposé (voir l'Hygiène alimentaire).

L'enfant élevé au biberon sera l'objet d'une attention toute particulière, dans le choix du lait à lui administrer comme du système de biberon adopté qu'on tiendra dans un état constant de propreté. Mais se rappeler que ni la nourrice ni le biberon ne remplacent le *sein de la mère*.

Le lait bouilli vaut mieux que le lait cru, mais l'ébullition répétée même deux fois à un certain intervalle ne détruit pas tous les germes impurs qu'il contient ; la stérilisation du lait devient donc indispensable pour obtenir une sécurité complète.

Par le procédé, aussi simple que pratique, employé par M. Budin dans son service à l'hôpital de la Charité, à Paris, tout le monde peut préparer chaque matin sa provision quotidienne de lait stérilisé.

Les objets nécessaires sont :

1° Une marmite ordinaire en métal blanc ;

2° Un petit panier en fil de fer ou porte-bouteilles ;

3° Des flacons gradués par 25 grammes et pouvant contenir 60, 100, 150 à 250 grammes de lait, le goulot du flacon doit être assez large ;

4° Des obturateurs automatiques, petits bouchons en caoutchouc rouge, destinés à fermer hermétiquement le flacon.

Pour stériliser le lait, voici comment on procède : chaque flacon reçoit la quantité de lait qui correspond à une tétée, quantité variable suivant l'âge de l'enfant, cette quantité ne doit pas remplir complètement la petite bouteille, qui doit être pleine au plus aux trois quarts, on place alors un obturateur en caoutchouc sur le goulot. Tous les flacons ainsi préparés dans le porte-bouteilles, paniers et flacons sont ensuite mis dans la marmite qui contient une certaine quantité d'eau froide ordinaire. Le niveau de l'eau ne doit pas dépasser celui du lait contenu dans les flacons.

On recouvre la marmite et on la porte sur le fourneau où on laisse bouillir l'eau pendant 40 minutes.

Cela fait on enlève le couvercle de la marmite, on retire le porte-bouteilles de l'eau bouillante, en ayant soin de ne pas toucher aux obturateurs et on laisse refroidir. Sous l'influence du refroidissement la vapeur d'eau contenu dans les flacons se condense ; un vide relatif se produit, l'obturateur en caoutchouc s'enfonce dans le goulot sous l'action de la pression atmosphérique et maintient une fermeture parfaite.

Le lait ainsi préparé ne contient plus aucun germe dangereux, il est aussi pur, dit M. Budin, que celui qui sort du sein de la mère.

Quand on veut donner à téter à l'enfant, on fait tiédir un instant un flacon dans l'eau chaude, puis on soulève un des bords de l'obturateur, qui se détache et laisse rentrer l'air dans le flacon avec un petit sifflement, on applique alors la tétine sur le goulot de la bouteille, et on laisse téter l'enfant.

Les flacons gradués ne sont même pas nécessaires, les petites bouteilles dont se servent les pharmaciens d'une capacité de 150 à 200 grammes suffisent.

Les parents s'efforceront d'être les amis de leurs enfants et non les *maîtres* ; obtenir d'eux dès la plus tendre enfance l'obéissance, le respect. En développant ces sentiments envers les personnes plus âgées, principalement envers la vieillesse, c'est conduire l'enfant au respect et à l'amour filial qui tend à s'effacer de plus en plus en ce siècle de progrès. Il faut maintenir ces grandes qualités chez un peuple civilisé.

Devenir aussi leur confident du bien et du mal qu'ils auraient faits, employer la douceur pour les ramener au droit chemin, s'ils s'en écartaient. La douceur ouvre le cœur, développe l'intelligence et forme un caractère aimant, obéissant, respectueux, franc et loyal ; alors que la brutalité conduit aux sentiments contraires.

Frapper l'enfant pour le châtier, c'est détruire, assassiner même, involontairement sans doute, sa fragile existence si facile à se déséquilibrer au moindre choc, surtout au moment où la nature déploie toute sa vitalité pour le modeler et le constituer.

Le châtiment ne corrige pas, il aigrit le caractère, rend sournois, vindicatif, désobéissant, irrespectueux, conduit au délit et souvent au crime.

S'il encourt une punition, ne jamais priver l'enfant du *nécessaire*. La correction consistera à lui faire comprendre avec *douceur*, la gravité de sa faute ; à lui infliger, en raison de son importance, et avec *fermeté, sans céder*, la privation qu'on croira, soit de l'habillement le dimanche ou jours de fêtes, de la promenade, du plaisir, d'une gourmandise, ou sur l'inclination de son plus grand désir ; le priver même d'être désormais son ami, son confident jusqu'à ce qu'il ait prouvé son véritable *repentir* de la faute commise.

Malgré ses paroles enfantines, l'idée, la pensée de l'enfant sont sérieuses ; il pose souvent des questions embarrassantes, on ne sait qu'y répondre. Certains parents ont tort de se croire obligés de faire comme lui pour être compris ; il faut au contraire, lui parler sérieusement et bien prononcer les mots ; être circonspect, en sa présence, en parole comme en action, car sa mémoire reste empreinte sa vie durant de tout ce qu'il a vu et entendu dès sa plus tendre enfance. En un mot, c'est à cet âge tendre que doit commencer son éducation, en lui apprenant progressivement les devoirs à remplir envers son prochain, comme envers sa patrie.

Ne jamais abuser de ses facultés intellectuelles dans ses études ; plutôt le retenir, si par nature il était enclin à l'excès ; de même ne jamais l'y forcer obstinément, hors en cas de paresse.

L'enfant des deux sexes, dès sa plus tendre enfance, est enclin à des habitudes d'onanisme que les parents ont le devoir de faire disparaître à tout prix, par une surveillance constante de jour comme de nuit, pour les préserver des funestes conséquences qui ont pour effet d'enrayer la croissance et de conduire l'enfant à la stupidité et jusqu'à l'idiotisme.

La même surveillance s'exercera pour les enfants qui ont le vice de ronger leurs ongles (onyxalgie) ; non seulement ce vice empêche la bulbe de se reproduire, mais la persistance fait cesser la végétation de l'ongle. La partie charnue privée de son soutien disparaît et déforme le doigt, ce qui détruit la beauté de la main, rend infirme pour sa vie le maladroit sujet à cette passion, inapte à faire certains travaux ; il s'expose aux incommodités de l'estomac par une salivation continuelle et empoisonnée, puisque l'ongle sous cette influence devient toxique.

La morphinomanie, l'antipyrine ou empoisonnement par les deux. La morphine est une substance médicamenteuse employée par la science officielle dans le but, sinon de guérir, du moins d'atténuer les douleurs rhumatismales, arthritiques, névralgiques, névrotiques, etc.

Croyant sans doute cette substance sans danger, elle a initié le malade à pratiquer lui-même les injections sous-cutanées au moment de la douleur, tout en lui recommandant la modération dans son emploi.

Le bienfait momentané procuré par cette substance ainsi administrée, pousse le malade à la récidive de ces injections, espérant obtenir plus rapidement la guérison ; cela lui fait oublier que la fréquence de son application augmente son état névrotique qu'elle devrait précisément guérir ; que la perfidie de cette substance ardemment désirée, le conduit à de funestes conséquences qui se terminent par l'aliénation mentale, quand elles ne sont pas mortelles.

Cette passion inconsciente des piqûres morphinomaniennes au moindre bobo, joue un rôle désastreux sur l'imagination, où l'habitué ne trouve de soulagement que par elles. On a vu des habitués n'ayant aucun mal, ne pouvoir vaincre leur envie, se tordre les mains et les poignets, serrer les dents avec frénésie, parce qu'ils n'avaient pas la morphine à heure fixe.

Il faut donc agir avec ménagement et parfois laisser ignorer la médication employée pour le mal, combattre afin d'éviter toute réticence de la part du malade ; ce qui est assez facile, puisqu'aux dilutions internes on adjoint les piqûres hypodermiques, comme il a l'habitude de le faire sur les mêmes points.

On observera rigoureusement la dose faible, comme il est dit au paragraphe Névrose, avec les prescriptions hygiéniques pour tout traitement long et qui est le suivant :

Int., commencer par S^1, 3ᵉ, 4ᵉ, 5ᵉ ou 6ᵉ dil., pris par cuillerées à café, chaque 5, 10, 15 ou 30 minutes, suivant l'exaltation nerveuse du malade; deux jours après, alterner de remède avec A^1, préparé également à la 3ᵉ, 4ᵉ, 5ᵉ ou 6ᵉ dil., et pris aux mêmes intervalles; s'il y a fièvre, un grain F^1 à sec, sur la langue, chaque heure; aux repas, en mangeant, de 2 à 3 grains des mêmes remèdes, à sec, pris à tour de rôle; ext., onct. légères de F^2 aux hypocondres, matin et soir, et injections. Une ou deux piqûres souscutanées avec le *spécifique hypodermique n° 3*, faites aux points habituels et aux mêmes heures; et si les piqûres surexcitaient le malade, on mettrait une cuillerée à café de ce spécifique dans un verre d'eau pour faire les injections, comme il est dit et pour en atténuer l'effet.

En cas de résistance, remplacer le S^1 par $S^5 \times A^1$, mêmes dil., et pris aux mêmes intervalles comme il est dit précédemment, et ajouter 1 grain à sec, sur la langue, de C^1 ou de N., chaque heure ou chaque deux heures; les mêmes remèdes aux repas, en mangeant, de 2 à 3 grains pris à sec et à tour de rôle; ext., continuer les onct. légères de F^2 aux hypocondres; pour les injections sous-cutanées, on consulterait les *spécifiques hypodermiques n° 3, p. 1*, qui seraient employés comme il est indiqué au paragraphe précédent.

On s'attachera à diminuer de plus en plus le nombre d'injections, à ne pas les rappeler, autant que possible, au malade qui, du reste, en ressentira beaucoup moins le besoin, et finira peu à peu par ne plus s'en préoccuper.

Les dilutions 2ᵉ et 1ʳᵉ pour chacun des remèdes ne seront appliquées à l'int. qu'après la guérison et pendant encore quelque temps, afin d'éviter toute recrudescence.

L'antipyrine, qui est en grande faveur dans certains milieux, est aussi dangereuse que la *morphine*; elle n'exalte pas comme la morphine, mais elle abêtit, elle assourdit et rend idiot ; au lieu de mourir fou on meurt gâteux ; telle est la différence (*Événement* du 20 mars 1889, M. Louis Besson).

Pour le combattre, on suivra le traitement tracé contre la morphine, à l'exception qu'à l'int., chacun des remèdes sera préparé à la 1re, 2e ou 3e dil., pris chaque 15 ou 30 minutes, et aux repas, en mangeant, de 3 à 5 grains à sec et à tour de rôle ; à l'ext., on se bornera à faire aux hypocondres les onct. légères de F^2, matin et soir, avec de légères onct. de $S^5 \times C^5$, à toute la tête, le long et de chaque côté de l'épine dorsale, en employant le matin l'une et le soir l'autre de ces onct.

Contre l'un et l'autre de ces empoisonnements, un grand bain par semaine est nécessaire ; on emploiera le $S^5 \times C^5$, à tour de rôle. Pour combattre la morphine, on commencera avec 40 grains, et après l'amélioration, on portera successivement le bain à 60, 75 ou 100 grains. Ces trois derniers chiffres et les mêmes remèdes s'emploieront également pour le bain contre l'antipyrine. Il va sans dire que le premier bain sera fait avec le S^5 et le deuxième avec C^5, et ainsi de suite.

Les injections hypodermiques sont au nombre de sept différentes (Méthode du Dr Mathieu) :

Le n° 1 s'applique : contre Névrite, Sciatique, Erysipèle, Anthrax, Panaris, Congestions, Contusions, Fièvres typhoïdes ;

Le n° 2 : contre Névralgie, Odontalgie, Sciatique, Maladie du foie ;

Le n° 3 : contre les Douleurs rhumatismales, Lumbago, etc. ;

Le n° 4 : préservatif de la Phtisie ;

Le n° 5 : curatif de la Phtisie ;

Le n° 6 : contre le Choléra ;

Le n° 7 : contre les Cancers, Tumeurs, Gouttes, Adénites scrofuleuses.

Ces injections se font par une main exercée au moyen de la seringue Pravaz ; on s'assurera de son état parfait de propreté, et on vérifiera son fonctionnement ainsi que l'état de son aiguille. Ensuite on la remplit en ayant soin qu'elle ne contienne pas d'air ; s'il en reste une bulle, on n'a qu'à tenir la seringue avec la pointe en haut et appuyer légèrement sur le piston pour faire arriver le liquide au bout de l'aiguille, puis l'on trempe l'aiguille dans un peu d'acide phénique dilué à 5 ou 10 p. %.

Pour introduire l'aiguille dans le tissu cellulaire sous-cutané, on saisit la peau entre le pouce et l'index de la main gauche, de façon à former un pli bien tendu, puis on introduit la pointe de l'aiguille en biais à la base de ce pli *(avoir soin de ne pas introduire l'aiguille dans une veine)*. Ceci fait on lâche le pli, on maintient immobile entre le pouce et l'index de la main gauche la canule de l'aiguille pour donner du soutien et, de la main droite, on pousse l'injection en appuyant doucement sur la tige de la seringue.

A chaque piqûre on injecte une ou deux divisions de la seringue de Pravaz (1 ou 2 gouttes du liquide), mais l'on peut très bien faire de 1 à 4 piqûres dans la même séance.

Pour sortir la seringue, il faut appuyer l'index gauche au niveau de la piqûre afin d'éviter la sortie du liquide.

Avant de réduire la seringue, on chassera le liquide qui pourra rester dans l'aiguille et on la munira de son fil d'argent.

Les pommades pour onctions se font avec tous les remèdes de cette pharmacopée en employant celui reconnu nécessaire ; mais, celles qui s'emploient le plus sont : *Angiolique, Cancéreux, Fébrifuge, Nerveux, Scrofuleux et Vénérien ou Syphilitique.* Pour les obtenir il suffit de :

Pom. Ang. mettre 20 Gs A^2 à dissoudre et 10 Gs El. A. mélangées à 30 gram.
 » Canc.   »   20 » C^5 »   10 » El. V.   »   »
 » Féb.   »   20 » F^2 »   10 » El. B.   »   »
 » Nerv.   »   20 » N.   »   10 » El. J.   »   »
 » Scrof. »   20 » S^5 »   10 » El. R.   »   »
 » Vén.   »   20 » $Vén^2$ ou Sy^2 » 10 » El. V.   »   »

ou Axonge ou Vaseline ou Glycérine, ou bien avec deux cuillerées d'huile fine.

Pour mieux fondre les grains, on les met d'abord dans quelques gouttes d'eau, qu'on remue bien avant d'y introduire les gouttes d'électricités végétales.

L'onction préparée avec l'huile est plus active ; elle sera mise dans une petite bouteille, pour l'agiter plus facilement chaque fois qu'on voudra s'en servir, jusqu'à ce que le mélange s'épaississe.

L'eau à gargariser la bouche, les gencives et les dents, est excellente contre les douleurs *névralgiques de la face, la carie, la fistule dentaire, les fluxions, etc.* Pour mieux correspondre aux bizarreries de la cause qui produit le mal, deux solutions ont été établies comme il est indiqué ci-après : on commencera par appliquer celle qui paraîtra la plus rapprochée de celle qui aura déterminé le mal, et on aura recours à la solution suivante, lorsque la première n'aura donné aucun résultat. En cas de résistance (voir Dents).

Solutions

5 gr. A^1 — 5 gr. C^5 — 5 gr. F^2 — 5 gr. S^4 ou Giap. — 5 gr. $Vén^2$ ou Sy^2 — 5 gr. $Verm^2$ — 10 gouttes El. J. Eau 200. gr.
5. gr. A^3 — 5 gr. C^4 — 5 gr. F^1 — 5 gr. N. — 5 g. S^3 — 5 gr. S^7 ou L. — 10 gouttes El. R. Eau 200 gr.

Une fois la solution préparée et bien mélangée, en mettre une cuillerée à café dans un verre d'eau qu'on remue fortement et on se gargarise ; si elle provoque l'inflammation ou de la douleur on ne mettrait alors qu'une dernière cuillerée à café ou bien seulement 20 gouttes dans le verre d'eau, réduites proportionnellement jusqu'à une *goutte* si on le jugeait utile.

Mais, pour la carie des dents comme pour la fistule dentaire, il faut mettre une cuillerée à bouche dans le verre d'eau, et quelquefois dans le demi-verre d'eau ; mêmes proportions pour les compresses aux joues renouvelées souvent, comme il est dit au paragraphe *(Mode d'emploi)*.

Rides ; pour les effacer, faire dissoudre dans 200 grammes d'eau, 10 grains de scrofuleux n° 5 ; 5 grains angiotique n° 3, 5 grains cancéreux n° 5, et 10 gouttes électricité rouge, agiter fortement le tout, et, chaque jour après la toilette, passer légèrement de cette solution sur la peau où apparaissent les rides ; la même opération se fait également le soir en se mettant au lit.

On peut se servir de l'eau épidermique préparée par les innovateurs à cet usage.

Si on préfère la glycérine ou l'huile, on suivra le mode de préparation comme pour les pommades médicamentées ; on peut aussi employer l'huile d'amande douce, 30 grammes.

Fréquemment le malade, à l'apparence microscopique du petit grain et sans s'inquiéter des prescriptions dictées dans ce livre, prépare et prend le remède à sa fantaisie. Si le remède est bien choisi, il a pour résultat d'aggraver le mal ; si c'est le contraire, il reste sans effet. Et sans rechercher si la cause provient de cette infraction, il répudiera, parfois critiquera même la médication, préférant y renoncer, sans se douter que, s'il a de quoi aggraver le mal, il a sous la main le remède pour le guérir, une fois administré à la dose voulue, car il peut rechercher celui qui lui est propre, puisqu'il existe ; mais on aime mieux suivre les avis fantaisistes d'un commérage suggérant une infinité de remèdes plus rebutants les uns que les autres, et qui conduisent le plus souvent à l'aggravation du mal, comme à la destruction complète de la constitution.

Car le nombre des remèdes composant la nomenclature de cette méthode est plus que suffisant pour obtenir la guérison radicale des maladies de quelque nature ou dénomination qu'elles soient, y compris celles déclarées chroniques et incurables.

Il faut donc au moment des réactions produites par le traitement, n'avoir aucun découragement, ni suspendre celui en cours, quand certaines modifications sont à faire, jusqu'à la prescription du nouveau, parce que les remèdes étant curatifs imposent une modification du traitement chaque fois que se produisent de nouveaux symptômes, jusqu'à ce que le germe de toute impureté soit complètement disparu de l'organisme, ce qui est facile à reconnaître, en appliquant la première dilution du remède qui a guéri le mal, et qui ne doit plus produire d'effets sur le malade.

De tous les êtres animés, c'est l'homme, malgré la finesse et la beauté de son enveloppe, qui recouvre le plus de matières impures, par son insouciance et une existence souvent déréglée ; c'est aussi lui, qui cherche le moins à s'en dégager et à ne pas en convenir, par *vanité*.

Car en réfléchissant et en approfondissant la conséquence de nos maux, n'est-on pas obligé d'admettre et de dire franchement, que de la naissance à la mort, l'humanité n'est qu'une *putréfaction ambulante*, qu'il faut détruire à tout prix ?

L'abnégation de célébrités médicales, fouillant depuis bien des siècles, cette pourriture humaine, pour éclairer l'humanité sur la valeur de ses maux, est vraiment admirable. Il en est ressorti de nombreux ouvrages faisant autorité, par leur théorie démonstrative. Néanmoins, ces ouvrages restent impuissants par l'impossibilité à la science, en présence d'une dépouille humaine rendue inerte, de découvrir les membranes restées inconnues, et qui, le resteront sans doute éternellement, parce qu'elles ne sont perceptibles qu'à l'action, c'est-à-dire pendant la vie. De sorte que ces membranes sont considérées comme ayant un rôle insignifiant dans l'ensemble de l'organisme, alors qu'elles sont, au contraire, indispensables à son bon fonctionnement, et au maintien de l'équilibre de la santé, et qu'elles deviennent une des causes qui éloignent étrangement de la vérité, l'application pratique de ces démonstrations.

Rien n'est mystérieux dans nos maux ; ils s'annoncent, se dévoilent, bien longtemps avant de se déclarer ; et arrivé à cet état, le malade ressent et palpe la plupart des symptômes sous des formes différentes, suivant sa constitution ; il met très souvent le plus habile médecin dans l'embarras, sur son caractère, jusqu'à ce que le mal ait empiré et dénoncé la diathèse ou le diagnostic reconnu par la science. Là encore, il y a parfois erreur. Car, souvent un mal se déclare à l'improviste et pour ainsi dire pour un *rien*, de même qu'un *rien* pourrait instantanément le faire disparaître, si l'homme était moins indolent et plus soucieux de sa personne ; et s'il n'avait cette idée abusive, que les établissements hospitaliers étant créés pour lui, il a le droit d'en user ; ou mieux d'exiger du médecin magistralement pathologicien, la guérison absolue et rapide de son mal envers et contre tout.

S'adresser au *suicide*, plutôt que de s'occuper de soi, pour anéantir ses souffrances, sous le futile prétexte d'avoir à se préparer des dilutions d'eau, à se déranger pour les prendre, ou encore d'avoir à supporter l'inconvénient des fluctuations inévitables de bien et de mal que la nature du mal fait forcément ressentir, jusqu'à ce qu'elles cessent de se produire au moment de la guérison ; *n'est-ce pas commettre un acte de lâcheté, impardonnable devant Dieu et devant les hommes ?*

Les dispositions multiples de l'organisme rendent cette œuvre *inimitable* par sa précision et sa puissance dans son fonctionnement ; par la finesse et la régularité de sa marche, rendue sensible à la moindre dérogation de la nature. Chacun peut reconnaître le point de ses souffrances, tout aussi bien et parfois mieux que ne le ferait le médecin.

La simplicité de ce merveilleux appareil, pour qu'elle soit comprise, conduit à faire une démonstration d'anatomie comparée à un matériel d'industrie, divisée en deux ordres : l'ordre *actif* qui donne et l'ordre *passif* qui reçoit.

L'ordre *actif* donne l'impulsion et la vitalité par deux éléments qui sont : 1° le *sang*, composé du sang *blanc* (lymphe ou scrofule) et le sang caractérisé *rouge*, tous deux formés par l'alimentation, qui est aussi le combustible de la machine humaine ; 2° *l'air* qui vivifie le premier élément et lui donne la force.

L'ordre *passif* comprend le matériel de cet appareil destiné à recevoir les éléments de l'ordre actif, et tout ce qui doit concourir à son fonctionnement, dont la composition est comme suit :

La *tête*, boîte crânienne, divisée en cellules internes établissant la phrénologie des sens et la destinée de chacun, sillonnée de vaso-moteurs et circulatoires, de fibres nerveuses, musculeuses, couronnée au sommet par la *cervelle* qui sert de répercussion aux cellules comme aux diverses ramifications. Cette boîte devient la boussole de l'individu, par l'adjonction organique des yeux, qui reçoivent la lumière ; des *oreilles* ou *ouïes* qui perçoivent les sons et veillent à sa sécurité. Le *nez* est l'aiguille aimantée imprimant la direction par l'odorat. La bouche devient le foyer du combustible alimentaire, où *32* solides concasseurs et broyeurs fonctionnent sous la direction de la *langue*, chargés de la trituration des matières nutritives jusqu'à ce qu'elles soient rendues à l'état de déglutition, pour être introduites dans le tube *œsophagite*. Cet ensemble est fixé sur un tronçon, nerveux, musculeux, muable au-dessus du corps, qu'on appelle le *cou*.

Le *larynx*, la *trachée* avec ses ramifications *bronchiales* plongent leurs branches dans les *poumons* et viennent pourvoir d'air les tubes *inspirateurs* et *expirateurs* qui accompagnent le tube *œsophagique* ; celui-ci transmet la déglutition des aliments dans *l'estomac* comme en un autoclave, pour opérer la décomposition des matières nutritives qui s'effectue assez rapidement, laissant les détritus à sa voisine la *rate*, son dépotoir naturel. Les matières de cette décomposition ainsi dépouillées, sont déversées dans le *pancréas* et le *foie*, devenus l'alambic pour distiller le *chyle* appelé à former les globules du sang, qui se produisent d'abord *blancs* pour composer la *lymphe* ou *scrofule*, et se caractérisent ensuite *rouges*, pour ceux destinés à alimenter la chaudière, qui est le *cœur*. Tous ces organes sont groupés et entourés par les *poumons* pour recevoir plus puissamment leur office de ventilation destinée à purifier *l'air* et donner au sang *blanc* et *rouge* l'impulsion de la circulation qui s'étend aux *artères*, aux *veines*, aux fibres *musculeuses* et *nerveuses*, et dont le corps est sillonné par milliers de rameaux.

Les globules du sang ainsi formés, l'excédent de cette distillation passe dans l'appareil épurateur, les *reins*, où une partie subit une nouvelle transformation pour produire la quintessence de la liqueur *prolifique* ou germe procréateur destiné aux *ovaires* chez la femme, comme au *scrotum (testicules)* chez l'homme ; le liquide devenu inutile suit le canal introducteur de la *vessie*, ou, une fois remplie, il force le *méat* de s'échapper au dehors par le conduit *vaginal* chez la femme, et le membre viril chez l'homme. La partie solide (les détritus) provenant du travail commun de ces appareils, sont refoulés dans les *intestins* placés en serpentin dans l'*abdomen* ou *ventre* et sont évacués au dehors par le *rectum (évacuation alvine)*, orifice opposé à celui d'où s'écoule le liquide (*urines*) ; sur l'intestin, le *cæcum*, existe un espèce de cul-de-sac, où viennent se réfugier les vers, contre l'action des remèdes vermifuges.

La femme étant la plante productive de l'être humain, possède le *bassin gestant*, voisin de la vessie, flanqué à droite comme à gauche des *ovaires* ou *œufs fécondants*, au-dessus desquels se déploient les *trompes de faloppe* livrant passage au germe procréateur, au moment de l'introduction du membre viril par le tube vaginal qui fait irruption dans la *matrice*, excitant ainsi l'adjonction des *trompes de faloppe*, pour produire la fécondité de *l'œuf* (OVAIRE) qui, une fois fécondé, se détache et tombe dans le *bassin gestant*, début de la *grossesse*. A défaut de ce jeu, par les *trompes de faloppe*, *l'œuf* reste infécondé et disparaît mensuellement avec le *flux menstruel* ou *époques*.

Cet ensemble organique repose sur une *charpente osseuse* ingénieusement combinée, ce qui rend facile son transport et ses mouvements, au moyen des *pieds*, des *jambes*, des *cuisses* et des *hanches* formant les membres inférieurs du corps ; les *côtes* protègent à droite et à gauche les *organes* et les *poumons*, dessinant la *taille* et la *poitrine* ; puis les *bras* et les *mains* forment les membres supérieurs du corps ; le tout relié à *l'épine dorsale* établie comme une chaîne-crémaillère placée au milieu du *dos* imprimant la souplesse dans les mouvements. Cette *charpente* est parcourue en tous sens, par des *régions nerveuses* dont le centre est voisin de *l'estomac* près du *diaphragme* ; elle est en outre sillonnée d'*artères* et de *veines* qui reçoivent directement du *cœur* la circulation du sang caractérisé *rouge*, avec l'intensité du calorique qui s'y développe, réglée par la *pulsation* ou battement de cet organe ; et enfin, par les *muscles* reliés indifféremment les uns aux autres, sans aucun point central.

La nature, pour compléter son œuvre et la préserver en même temps contre tout ce qui troublerait son fonctionnement, a modelé les *chairs* placées sur les divers points du corps pour lui donner la *grâce* et le *charme* de son sexe ; et pour mieux unifier cet ensemble organique, elle l'a recouverte d'une peau des pieds à la tête, dont le coloris varie suivant la région du globe habité, imprimant ainsi l'expression de la ressemblance des procréateurs. C'est ainsi qu'apparaissent la conformation du *mollet*, la partie charnue de la *cuisse*, du *fémur ou fesse*, les formes du *ventre*, de la *taille*, de la *poitrine*, des *seins*, le plus bel ornement chez la femme et qui l'enorgueillit dans ses devoirs de mère, du *dos*, des *épaules*, du *cou* et enfin de la *figure* où des rivalités s'établissent en *beauté* et *finesse*, pour se terminer au sommet du crâne.

La chevelure protège le *crâne* contre les intempéries ; mais par la texture creuse des cheveux, elle fait les fonctions d'un tube d'échappement de vapeur, pour éliminer au dehors l'excédent du calorique du corps, produit par la fermentation des éléments de l'ordre *actif* gradué d'intensité suivant le point de sa concentration ; car *l'air* reprend facilement ce qu'il donne. Elle constitue aussi la force individuelle.

Par son élévation du sol, le *crâne* est le point extrême du corps ; il est naturel que la concentration du calorique soit supérieure sur ce point, et par conséquent, qu'il faille une quantité relative de *cheveux*, plus ou moins fournie, suivant la force constitutionnelle de l'individu, pour en évaporer l'excédent.

La concentration de ce calorique se faisant moins intense aux parties *génitales* et aux *aisselles* en-dessous des bras, la *capillature* y est moins épaisse, mais chez les individus doués d'une force constitutionnelle peu commune, cette *capillature* s'étend proportionnellement aux *jambes*, aux *cuisses*, aux *reins*, sur les *épaules*, à la face *(barbe, sourcils, cils)*, sur la *poitrine*, sur les *bras* et les *poignets*, ainsi que sur les *doigts* des mains. Ces individus ont la transpiration difficile, tandis que ceux, qui en sont à peu près dépourvus, l'ont plus abondante...

Cette démonstration fait suffisamment comprendre que l'organisme dans ses plus petites parties, même microscopiques, est en tout indispensable à la régularité et à la précision de son fonctionnement, qu'il faut maintenir à tout prix ; puisque le plus petit obstacle, dans la moindre parcelle organique, compromet son équilibre et peut le détruire en ce sens, qu'un mal sur un point quelconque répand son infection sur son ensemble, du moment que la cause est dans le sang, *blanc* ou *rouge* ou *mixte*, c'est-à-dire les deux à la fois. Il ne faut pas réséquer au moindre bobo, comme : panaris, glandes, tumeurs, carie des os, blessures, fractures, etc., la partie compromise, par une opération chirurgicale qui *extirpe* sans *guérir* le mal, détruisant les parcelles malades indispensables au fonctionnement du corps, sans espoir de les remplacer pour rétablir l'équilibre à tout jamais rompu ; on abrège ainsi l'existence assez rapidement et l'on occasionne des souffrances aussi terribles qu'inutiles à la vieillesse.

Car l'embryon humain, par le travail de la digestion, reçoit dès ce moment, l'impulsion proportionnelle que prendront les membres, les organes et tout son être, pendant le développement de sa conformation, au fur et à mesure qu'il grandit, et dont l'ensemble repose sur une règle naturelle qu'aucun mathématicien ne peut rendre plus juste et plus précise, afin d'établir l'équilibre d'une existence saine et durable qu'un rien, cependant, fait dévier et peut détruire.

Si l'homme savait apprécier cette règle, en se rendant compte de ce qu'il est, de ce que vaut l'ensemble de son organisme, il reconnaîtrait, qu'ayant moins d'insouciance, qu'étant plus observateur, et sans excès, de sa personne, *un siècle de son existence lui serait largement assuré ;* que tout travail intellectuel et matériel en est le pivot bienfaisant, alors que l'oisiveté en est le mal qui le ronge.

Toute apparence de complication de la machine humaine disparaît par la simplicité de cet ingénieux mécanisme qui agit sous l'impulsion unique de *l'air* et du *sang* pour ne former dans l'organisme qu'un seul élément facile à combattre, puisqu'il devient la *cause* de toutes maladies aussi invétérées qu'elles soient.

La préoccupation de nous tous devrait être en première ligne pour les maux déclarés, d'éliminer les impuretés qui en sont la cause et les effets ou symptômes qu'elles produisent, de dégager les organes et leurs adhérences de tout obstacle, comme par exemple : panaris, glandes, tumeurs, carie des os, blessures, fractures, etc.; sans rien *extirper* ni faire aucune *opération chirurgicale*, afin de conserver *intactes* toutes ces parcelles organiques compromises, indispensables au bon fonctionnement de l'organisme, puisqu'elles se reconstituent sous l'influence de la science nouvelle électro-homéopathique ou homéopathique complexe, en appliquant la partie curative de ce livre ; et, si on a la prévoyance de faire entrer *journellement*, comme *principe alimentaire*, les spécifiques de cette science, ainsi qu'il est dit à la partie préventive de cet ouvrage, tous ces maux seront assurément évités, avec l'avantage de maintenir l'équilibre de la santé.

Le chef mécanicien, dans une industrie, recherche la cause qui arrête le rouage des machines sous sa direction, et s'empresse de la réparer pour éviter le chômage. Pourquoi l'être humain, ne chercherait-il pas la cause qui enraye le fonctionnement de son mécanisme, dont il est le chef, et ne ferait-il pas tout pour l'éviter ? n'est-il pas responsable envers les siens et la société des vices originaires dont il est atteint ? S'il ne peut les voir, il les ressent, et mieux que quiconque il peut et doit les réparer. C'est rester dans une ignorance profonde, pour ne pas dire criminelle, en n'apprenant pas à connaître ni à conserver l'œuvre majestueuse en même temps que la plus simple, que la nature ait faite en créant *l'homme, enfant de Dieu.*

L'exposé rapide et succinct de ce livre, sur l'application de la science *Electro-homéopathique* ou *homéopathique complexe*, devenu la pharmacopée alimentaire pour reconstituer l'organisme des êtres vivants, puisqu'elle est destinée aussi bien aux animaux qu'à l'homme, permettra à toute personne d'accomplir le devoir sacré de la conservation, certaine de trouver le renseignement dont elle aurait besoin à l'Institut *Electro-homéopathique* ou *homéopathique complexe*, fondé pour la propagation de cette science humanitaire sous la direction de l'éminent Dr E. Gaillard.

TRAITEMENT DES ANIMAUX

Les animaux sont traités de la même manière que l'homme, car c'est sur eux qu'ont été faites les expériences thérapeutiques de cette nouvelle science. On se basera sur les instructions tant préventives que curatives qui sont tracées dans ce livre, et on appliquera les mêmes remèdes à l'intérieur comme à l'extérieur, aux doses proportionnées convenant le mieux aux diverses races animales comme suit :

Les oiseaux de petites tailles, *canaris, perroquets, etc.*, ainsi que la *volaille*, seront traités à l'intérieur par les doses 1re, 2e ou 3e dil.; mais de préférence par les 2es dil.

Ces préparations sont mises dans leur boisson et dans la pâture. Les applications externes pour les deux tailles sont absolument les mêmes que pour l'homme.

Aux *chiens*, aux *chats*, comme aux diverses races animales, en tenant compte de la taille, on administrera les remèdes tant à l'intérieur qu'à l'extérieur, en observant la règle suivie pour les oiseaux de petites et de fortes tailles.

Pour les gros animaux, tels que : le *cheval*, le *bœuf*, la *vache*, le *mouton*, la *chèvre*, *etc.*, soit comme mesure préventive ou sans violence du mal, on appliquera la 1ʳᵉ dil. qu'on obtient en mettant 36 grains du remède indiqué dans un seau d'eau ; si au contraire, le mal est violent ou qu'il y ait inflammation, on administrera la 2ᵉ dil. qui se fait en prenant *un verre* du premier seau préparé qui est versé dans un deuxième seau d'eau, duquel on administre un litre dans le cours de la journée, donné en 4 fois, c'est-à-dire, un quart de litre chaque fois, au moyen d'une bouteille, en introduisant le goulot dans la bouche, et en tenant la tête de l'animal élevée.

On donne aussi à sec, sur la langue, 10 grains à la fois et chaque heure.

Les onctions sont préparées avec 30 grains et 20 gouttes d'électricité végétale mélangés aux 30 gr. d'axonge ou de vaseline ou de glycérine ou bien aux deux cuillerées à bouche, d'huile, comme il est dit ; ces onctions se font légèrement, quatre fois dans la journée.

On établit la compresse avec 20, 30 ou 40 grains dans le litre d'eau, et selon l'intensité du mal, elle s'applique et se renouvelle de la même manière, aussi souvent que le comporte la situation ; même quantité de grains pour les frictions ; on la met dans un litre contenant un demi ou trois quarts de litre d'alcool, le reste du litre se remplit d'eau ; suivant le mal à traiter, elles se font également trois à quatre fois dans la journée.

Le clystère se fait avec la même proportion de grains dans un litre d'eau tiède.

On administre également le laxatif ou purgatif par 10 ou 20 granules à la fois.

Il est indispensable de se rappeler que pour l'animal comme pour l'homme, plus violent sera le mal, plus faible sera administrée la dose du remède destinée à le guérir.

TABLE DES MATIÈRES

	Pages
Ce siècle, la vie, les mœurs	7
Les efforts de la science officielle	10
Création de l'homéopathie simple	12
Le nom Électro-homéopathie ou homéopathie complexe et de son étendue dans le monde	14
Une description anatomique	16
Composition du sang	17
Racine du mal et conséquence du spécialisme	18
Le malade est son médecin et du diagnostic	19

THÉRAPEUTIQUE

PRÉPARATION ET MODE D'EMPLOI

Les dilutions	22
Conjecture sur la valeur du grain	24
Cuillerées à café ou gorgées	25
Le malade à l'agonie	26
Le petit grain pris à sec	26
Électricité végétale, constipation, le suppositoire	27
Boules vaginales, supp. auriculaire, la bougie	28
Cigarette anti-asthmatique, fumigatoire	29
Injections hypodermiques, la pommade	29
La compresse, gargarisme, aspiration, etc.	30
Grands bains, bains de siège, bains d'œil	31

	Pages
La nature, chez le malade, surabondance des effets, le régime	32
Eaux thermales, vinaigre, citron, étude compliquée	33
Durée du traitement	35
Les alternatives, la température, le mal rétrocède	36
Spécifiques vermineux et vénériens	37
La névrose, et guérison rapide de maladies	37
La médication exige l'activité	40
Le malade impatient : conclusion	40

HYGIÈNE

L'air	43
L'alimentation	44
La toilette	58
Le linge, la chevelure	59
Les dents	60
L'habillement	64
Le logement	65
Le repos et le travail	66
Hiver et été	68
Le chauffage	70
Le tabac, la gymnastique	71
Les rapports sociaux	71

NOMENCLATURE

Valeur des spécifiques et de l'Électricité en petites bouteilles des trois systèmes connus	79
Éviter tout tâtonnement	83
Application des remèdes constitutionnels	83
Les homonymes et leur valeur	84
Dénomination des scrofules et cancéreux	90
La médication est inaltérable	97
Prix des remèdes	99
Égalité des trois systèmes par l'expérience	99
Supériorité de l'un ou de l'autre système	100
Liste nominative des remèdes et abréviations	101

INSTRUCTIONS THÉRAPEUTIQUES

	Pages
PARTIE PRÉVENTIVE．	103
PARTIE CURATIVE．	143

La thérapeutique curative à doses fortes．	290
Le mal suit le cours d'une branche, d'une région．	291
Le bon résultat et ne pas en faire l'épreuve．	291
Les discours de la science officielle．	292
La nature ne perd pas ses droits．	293
Le cancer．	293
La névrose, affection du système nerveux．	313
Le sang．	314
Le choléra．	315
Toute épidémie existe par la corruption de l'air．	317
La diphtérie．	324
L'influenza．	326
La grossesse et les soins à l'enfant．	329
Tableau périodique, accouchement．	331
La morphine, l'antipyrine．	347
Les injections hypodermiques．	350
Les pommades pour onctions．	352
Eau à gargariser les dents, la bouche．	352
Apparence microscopique du petit grain．	354
Des êtres animés l'homme est le plus impur．	355
Abnégation des célébrités médicales．	355
Rien n'est mystérieux．	356
S'adresser au suicide．	357
Démonstration anatomique, ordre actif, ordre passif．	357
Sur cette démonstration．	362
L'embryon humain．	363
Toute apparence de complication．	363
La préoccupation d'un chacun．	364
Le chef mécanicien．	364
Traitement des animaux．	366

Angers, imprimerie Lachèse et Cie, chaussée Saint-Pierre, 4.

NOMS ET ADRESSES

DES

PHARMACIENS ET DÉPOSITAIRES

De l'Électro-Homéopathie et Homéopathie complexe

France

Paris, Pharmacie Centrale homéopathique, rue du Helder, 17.
— Acard, pharmacien, rue Saint-Martin, 234.
— Beck, pharmacie rationnelle, faubourg Poissonnière, 4.
— Frémont A., successeur G. Bascouret, pharmacien, boulevard Latour-Maubourg, 25.
— Guerreau, pharmacien, avenue Wagram, 10.
— Guillard, pharmacien, rue de Seine, 78.
— Jeannet, pharmacien, rue de Passy, 51.
— L. Lacaze, pharmacien, rue du faubourg St-Antoine, 191.
— Lebrun, pharmacien, faubourg Montmartre, 50 et 52.
— Lingrand, pharmacie Continentale, boulev. Hausmann, 116.
— Martin, pharmacien, rue des Amandiers, 35.
— Meistermann, pharmacien, rue St-Honoré, 243.
— Midy, pharmacien, faubourg St. Honoré, 143.
— Richert, pharmacie de l'Observatoire, avenue de l'Observatoire, 47.
— Würhrlin, pharmacien, rue Lafayette, 14.
— Wéber Ch., dépôt Mattei, rue St-Honoré, 352.
— Wéber Georges, pharmacien, rue des Capucines, 8.

Agen, E. Sentini, pharmacien.
Aizenay, Vrignaud, id.
Alger (Algérie), Knœrtzer, pharmacien, rue de Constantine, 4.
— L. Obrecht, pharmacien, rue Bab-Azoun, 26.
Amiens, Rattel, pharmacien.
Arcachon, Sudre, id.
Argueil (Seine-Inférieure), E. Labsolu, pharmacien.
Arras (Pas-de-Calais), Ch. Bureau fils, pharmacie Normale.
Autun (Saône-et-Loire), L. Dubois, pharmacien, Grande-Rue, 20.
— Bouvet A., pharmacien, rue des Cordiers, 5.
Bar-le-Duc (Meuse), François, pharm.
Bayonne (Basses-Pyrénées), Castelbieilh, pharmacien, rue Gambetta, 5.
Beaujeu (Rhône), L. Cartellier, pharm.
Bellegarde (Ain), laboratoire Sauter, dépôt.
Besançon (Doubs), Béjean, pharmacien, Grande-Rue, 87.
— Adrien Niklès, pharmacien, Grande-Rue, 128.
Béziers, Coulouma, pharmacien.
Blaye (Gironde), E. Capmartin, pharmacien, directeur de l'*Éclaireur pharmaceutique*.

Bordeaux (Gironde), A. Desoindre, pharmacien, cours du Chapeau-Rouge, 20
— Caparroy-Dulord, pharmacien, rue de la Course, 121.
— Chéroux, pharmacien, cours Victor-Hugo, 58.
— Grassion, pharmacien, rue Ste-Catherine, 57.
— Ginesté, pharmacien, cours de Tourny, 82.
— Bernard Emile, pharmacien, Fondaudège, 167.
— Marzelles F.-L., place Pey-Berland, 7.
— L. de Bachorie, pharmacien, cours de Tournay, 34.

Bourges (Cher), Marcel Mornet, pharmacien, rue Moyenne, 8, et rue Cour-Sarlon, 9.
— Chanteau, pharmacien.
— Laudat, id.

Bourgoin (Isère), G. Libold, pharm.

Bousquet d'Orb. (Hérault), T. Réquier, pharmacien.

Brest (Finistère), D. Good, pharmacien, rue de la Rampe, 37 bis.

Caen, Victor Mullois, pharmacien, rue St-Pierre, 41.

Cannes (Alpes-Maritimes), C. Carlevan, pharmacien.
— Tajasque, pharmacie Centrale, rue Centrale, 21.
— J.-B. Plesent, pharmacien, rue d'Antibes, 95.

Carcassonne, Dr Tournier.

Carpentras (Vaucluse), Ranchier, phar.
— Laval, pharmacien.

Cette, Simonot, pharmacien.
— Magistre, pharmacien, Grande-Rue, 24.

Charleville (Ardennes), E. Labouverie, pharmacien de 1re classe, rue du Moulin, 6.

Clermont (Oise), H. Labitte, pharmacien, rue de Condé, 56.

Clermont-Ferrand (Puy-de-Dôme), O. Cohendy, pharm.

Compiègne (Seine-et-Oise), Audy père, médecin-dentiste, rue de Paris, 16.

Cormatin (Saône-et-Loire), Pain, phar.

Crest (Drôme), Eug. Chaleuil, pharmacien, rue des Halles.

Dijon Côte-d'Or), F. Fidèles, pharmacien, place Darcy, 19.

Dijon Guillet et Gallimard, pharmaciens, rue des Forges, 42.
— A. Meurgey, pharmacien, rue J.-J.-Rousseau, 64.

Dunkerque, Barras, pharmacien, rue de l'Eglise.

Grenoble (Isère), Verne, pharmacien.
— J.-C. Budillon, pharmacien, angle de rues Montorge et Bressieux.
— A. Boyet, médecin-pharmacien, rue de Bonne, 4.
— Boudeille et Rossignol, pharmaciens, place Ste-Claire.
— Chartrousse, pharm., place Grenelle, 6.

Le Havre, Wéber et Delarue, pharmaciens, rue Thiers.

Hyères (Var), H. Anastay, pharmacie centrale.

Le Cheylard (Ardèche), G. Paya.

Les Mas d'Azils (Ariège), Lourde, ph.

Libourne, Loustanneau, pharmacien.

Lille (Nord), J. Thiébaud, pharmacien, place Richedé.

Limoges, Legros M., pharmacien, rue du Rocher, 11.

Lyon (Rhône), Prudon, pharmacie Barnoud, rue de la République, 3.
— J. Bertrand jeune, pharmacien, rue de la République, 55.
— Bérard, pharmacien, place des Terraux, 9.

Mâcon, L. Guillin, pharmacien, rue de la Barre, 36.

Le Mans (Sarthe), Gabert, pharmacien, place de la République, 26.

Marseille (Bouches-du-Rhône), P. Planche, pharmacien de 1re classe, boulevard de la Madeleine, 1.
— A. Barbato, pharmacien, rue de Noailles, 11.
— L. Richard, pharmacien, rue de la Darse.
— Sermant, pharmacien, rue de Paradis, 53.

Menton (Alpes-Maritimes), J. Bain, ph.
— Oddo et Cie, pharmacien.
— P. Bézos, pharmacien, rue St-Michel, 27.
— Lindervald, pharmacien, avenue Victor-Emmanuel, 9.

Montargis, Bombraud, pharmacien, rue des Lauriers, 15.

Montpellier (Hérault), Slizewicz, phar.

Montpellier, C. Bandassé, pharmacien de l'Ecole supérieure, rue St-Guilhem, 31.

Nancy (Meurthe-et-Moselle), E. Poulet, ph., rue de la Fayencerie, 18.

Nantes, Guingeard, pharmacien.
— Gaudin, id.
— Libaros, libraire.

Narbonne (Aude), Bouges, pharmacien.
— P. Campagné, pharmacien, rue Parerie.

Nice (Alpes-Maritimes), L. Serra, pharmacie homéopathique spéciale, rue St-Etienne, 1.
— Sée, ph., avenue de la Gare, 18.
— P.-D. Basso, New-Bristich medical hall, rue Gioffredo Carabacel, 10.
— P. Ponzio, Dépôt central, rue de Russie, 18.
— Féraud, succ., phar. Watson, avenue de la Gare, 46.

Nîmes (Gard), André Hip., pharmacien, rue Curaterie, 6.
— E. Didier, pharmacien, rue Curaterie, 18.
— E. Sabatier, pharmacien, boulevard Victor-Hugo, 48.
— H. Montégut, pharmacie homéopathique.

Pau (Basses-Pyrénées), J. Hos, pharmacien, rue des Cordeliers, 12.

Perpignan, Vigo, pharmacie de la Gare.

La Pyramide-Trélazé (Maine-et-Loire), Muthelet, pharmacien.

Reims, P. Mauchant, pharmacien, rue Talleyrand, 26.

Rouen, R. Homo, pharmacien, rue Beauvoisine, 66.

Saint-Etienne (Loire), Chautin, rue du Grand-Moulin, 13.

Saint-Germain-en-Laye (Seine-et-Oise), Ch. Pfister, ph., rue de Paris, 6.

Saint-Quentin (Aisne), E. Garin, rue de l'Eréché, 6.

Thonon (Haute-Savoie), E. Deroux, ph.

Tonnerre (Yonne), A. Guenin, pharm.

Toulon (Var), Coulombaud, phar., coin place Puget.
— Alfred Blanc, pharmacien.
— G. Bertrand, pharmacien, rue Nationale, 63.

Toulouse, G. Destouet, pharmacien.
— Rouquier, phar., boulevard de Strasbourg, 79.

Toulouse, L. Signoret, phar., faubourg St-Etienne, 23.

Tournus (Saône-et-Loire), H. Hoffmann, pharmacien.

Tours, Dr P. Augis, pharmacien, rue des Halles, 101.

Trouville-sur Mer (Calvados), A. Fleury, pharmacien.

Valence (Drôme), A. Léon, rue Sainte-Marie, 1.

Versailles (Seine-et-Oise), Louis, phar., rue de la Pompe, 47.
— Orbinot, pharmacien, rue de la Paroisse, 5.

Vienne (Isère), V. Marchand, pharmacien, place de l'Affuterie, 11.

Vichy, Fédit, ph. de la Grande-Grille.

Alsace-Lorraine

Forbach, Pohle, pharmacien.

Guebwiller, Biehly, id.

Oberenheim, Joseph Kober, pharm.

Strasbourg, A. Schwarz, pharmacie de l'Homme-de-Fer.
— Pharmacie Schaffitzel.

Belgique

Anvers, J. Comein, phar., marché aux Souliers, 24.

Boussu, Dumont, pharmacien.

Bruxelles, E. Pelerin, pharmacien, rue de l'Ecuyer, 12.
— E. Seutin, pharmacie homéopathique.
— R. Kalcker-Wielmans, rue de la Montagne, 76.
— Pharmacie de Loos, rue du Midi, 53.
— F. Dam, phar. de la cour, marché aux Herbes, 106.
— L. Bodson et J. Goret, pharmacie homéopathique spéciale, rue de Lacken, 64.

Liège, L. Bodson, pharmacien.

Tirlemont, J. Van Goidsenhoven, phar.

Allemagne

Augsburg, Marcin, apotheke, Von Fr. Zeitschel.

Berlin, S. W. Dr P. Hallerfreund Zieten, pharm., Grossbeerenstrasse, 41.
— W. E. Witte, ph., Potsdamerstrasse, 84.
— Homœoph. Central-Apotheke, Charlottenstrasse, 54.
Biesing bei Lindau, Math Fässler.
Breslau, Otto Bloch, Newmarkt, apotheke, 20.
Cannstad, Mayer Virgile, pharmacien.
Coburg, G. Zollner, pharmacien.
Dittersbach, près Liébeau (Schlesien), Joh Demuth.
Dresde, G. Gruner's, homeop. officin.
Dusseldorf, C. Gutzeit; Elephanten-Apotheke.
Goppingen (Würtemberg), Prof. D. r. Fr. Mauch.
Gunzenhausen (Bayern), Mlle Kolb.
Hagen s/ Wesf : — Wilh : Goekel.
Klein fullen bei Meppen (Hanover), G. H. Ewes.
Lindau, Hirsch, apotheke.
Ludwigshafen; A. Rh., A. Walter, Maxstr, 31.
Magdeburg (Friedrichsstadt), G. Freuer, apoth.
Mingolsheim (Baden), Stocker, Pf. A. D.
Machen (Bavière), Joh Früchtl Buffinibazar, no 5, et ober anger, no 52, 48.
— De Crignis, ph. id Au, Lilienstrasse.
Passau, Frl. K. Wieselhuber, Altstadt. 43/11.
Pirmasens, K. Ludecke.
Ratisbonne, Consortium sous le patronage de la baronne d'Aufsess, pharmacie de Sountag, Krämwinkel, E., 29.
Rostock, Fr. Engel-Grosse, Wasserstrasse, 7.
— O. Bodemann, Friedrichfrstrasse, 40.
St-Avold (Lothringen), ph. Zimmermann.
Sigmaringen, Communalarzt, Dr Allgayer in achberg.
Sonderham bei Wolfruthshausen in Oberbayern, Jos. Schmid.
Stuttgard, Pharmacie Centrale homéopathique de Zakn et Seeger.
Thomas Waldau bei Bunslau (Schlésien), Theodor Heinrich.
Trier, Josef Lortz-Wolfs, apoteke.
Wiesbaden, pharm. Chr. Belli.
Würzburg, Mlle Regina Herzing, Lohannirerplatz, 4.

Angleterre

Alnwich (Northd), Davison et Patten chimists et Druggists-Bondgate.
Belfast (Ireland), Davison et Leslie, Castle place, 20.
Birkenhead, Thompson et Capper, homéopath., chimists, Grande Road, 250.
Birmingham, James A. Radford, homéopath. chimists, Union street, 14.
— Midland, homeopathic Institute, Camp. Hill., 31 et 32.
Bradford, Worsnop, homeopathist, the homeopath., Dispensary, North Parade, 27.
Brighton (Sussex), E. Tippetto, Brunswick Road, 19.
— Headland et Co, Western Road, 60.
Cheltenham, Joseph James, Promenade place, 1.
Edinburg (Scotland), F. Thompson, homeopathic and Dispensing chimist.
Glasgow (Scotland), F. M. Thompson the Central pharmacy, Gordon street, 17.
Guiseley, près Leeds, E. C. Knight, Oxford Road.
Halifax (Yorkshire), Martin Bingrosse, North Parade, Pratt street, 1.
Keighley, Joseph Clapham, Devonshire street, 39.
Liverpool, Thompson et Capper, homeopathic chimists, Bold street, 55 et Rodney street, 21.
Londres, J. B. Hay et Co, Coventry str. Peccadilly W., 8.
— Watson et Wates, Leadenhall str. E. C., 93.
— Central dépôt, Pall mal East, 18.
— Leat et Ross, homeopathic pharmacy, Verre street, 9.
— Oxford street, W. and Saint Paul's churchyard, E. C., 5.
— Emile Wüterich, Oxford street W., 159.

Londres, Madame E. Reinke, succ. de M. le comte Saint Mary's Cottage, Saint Ann's, Road Stamfordhill.
— Madame Schmid, Warwich Road 34, Earl's court, S. W.
— Ambrecht Nelson et C°, Duke street Grosvenor squar W. 2.
— William Butcher et Son, Regent street W. alm spencer place Blackheath S. E., 315.
— Samuel James, York house Kentisch, Town N. V.
— Wilford et C°, Hanvay street Oxford, street W., 44.
— Emile Dünki, fordwyck Road, Brondesbury, N. W., 17.
Manchester, Tompson et Capper, homeopathic cgimists, Peccadilly 54, Deusgate 39.
Newcastle on Tyne, Mattei dépôt, Pilgrim street, 59.
Southport, Electro homeopathic Etablissment, Augton rd, Birkdale.
Sheffield, Thompson et Capper homeopathic chimists, church street, 35.
Stockton on Ters, Henry H. Readmann, Richemond Road, 6.
Topsham (Near Exeter), Mis Margaret Elisabeth Wilkmson, Clifton house.
Wolverhampton, Midland homeopathic institute, Darlington street, 70.

Autriche

Brixen (Tyrol), Carl. Breymesser, hofapotheke.
Cracovie, Victor Redyk, apothekèr.
Lemqerg, H. Blumenfeld, apoteke z. gold Elephanten.
Vienne, Dr Adolphe Skofitz, Rauhensteingasse, n° 1.
— Dr Atzinger, 1, Rauhensteingasse, 3.
Salzbourg, Dr Sedlitzky, hofapothekèr.
Staab (bei Pilsen Bohmen), H. Patzak, pharm.

Danemark

Copenhague, A. Benzon, pharmacien.
— Kol, hofapotheke olaf Torp tore Kongeusgade, 25.

Espagne

Barcelone, Dr Grau, à la pharmacia homeopatica, calle de la Unione, 8.
Madrid, Dr Jaime Piza, pharmacie de la Vuida del doctor Somolinos, Infantas, 26.
— Garcia Genarro, pharm., Abada 4 et 6.
Murcia, A. Ruiz Sciquer, farmacia.
Valencia, D. J. Andrès y Fabia, phar., calle de S. Vicente.

Hollande

La Haÿe, J. L. C. Smabilié, pharmacien.
— Mme Heye, Zoutmonstraat, 32.
Flevorama, près Naarden, Mlle A. Dudok, Van heel.

Hongrie

Budapest, Apotheke Zum Reichspalatin.

Italie

Bologne, Mario Venturoli Mattei, dépôt Central, palais Mattei, rue Mazzini, 46.
— Etablissement Collina, place St-Dominique.
— G. Gollinelli et Cie, rue Hugo Bassi.
— Prof. Alph. Rizzi, rue Alessandrini, 2.
Florence, F. Henry Humbert, rue Tornabuoni, 20.
— Jeanssen, farm. Tredesca, via dei Fossi, 10.
Gênes, Vicenzo Graffigna, ph. homeopathique, piazza Delferrari, 36.
Livourne, pharmacie St-Jacques.
Milan, Mlle Orlay de Karwa, via Gesu, 14.
— Joseph Omati, ph. homeopathique, rue St Paolo, 22 et 24.
— Mme Virginia Cavalié, via Saint Simpliciano, 2.
Naples, F. Henry Humbert, rue Vittoria, 29.
Palerme, l'abbé Salemi Distefano, vis-à-vis cassa Professa, 13.
— Louis Sottile, rue Carafello, 1.

Perugia, Nicolás Carderi, cours Vannucci, 127.
Rome, Alleari, farmacia omeopatica, via Titone, palais Castellani Polverosi, rouge, 43.
— Pharmacie Serafini, place Madame, 9.
— Agapito Fiorentini, place d'Espagne, 90.
— Auguste Albini, rue Nationale, 73.
Spezia, Zannoni François, commissionnaire correspondant.
— Pharmacie della Torre, cours Cavour.
S. Remo (Pra. di Porto Maurizio), Charles Wiedemann, ph.
Turin, Mme Ve Graglia, rue Robilant, 3.
— David Bertolotti, maison Marsaglia.
Venise, R. pharmacie Zampironi.

Portugal

Lisbonne, Ed. Camanha, pharmacie Tavarès, rua de Ouro, 226 1º.
— F. J. da Costa, ph. homeopatica, rua Augusta, 236.

Principauté de Monaco

Monaco, Condamine Plissonnier, phar.

Roumanie

Bucharest, V. Thüringer, pharmacien.
— F. Bruzzesi, id.

Russie

Charkow, C. B. Szczavinski, pharm., Th. Witt.
Czenstochova, Mme Sta de Byszewska, rue du Théâtre (dans sa maison), chemin de fer de Vienne-Varsovie.
Kowno, Pr. Miron de Klimowicz, phar. homeope.
Moscou, François Gebauer, rue des Gazettes, maison 7.
— A. Forbriecher, ph^{ie} homeop. Centrale, Petrowka, 49
— E. Hettich.
— Frédéric Wagner, ph. homeope, Marosseika, maison Kaissaroff.
Odessa, ph^{ie} homeop. Centrale, au coin de la rue Deribas et de Pouchkine, 5 et 9.
Riga, Th. Anspach, pharmacien.
Saint Pétersbourg, pharmacie de la Société des adeptes du traitement homéopathique, Grande Sadowaïa, n° 18.
— F. Flemming, ph. Centrale homéopathique, rue aux Poix, 15.
Varsovie, Franky, pharm. Centrale homéopathique, Czysta, 4.

Suisse

Alstaetten, Etablissement du Bon-Pasteur.
Aubonne, Peter, pharmacien.
Bâle, les Drs Geiger et Kober, pharmacie d'Or.
— Beuttner, pharm. Sainte-Clara.
Berne, Tanner, pharmacien.
— Brunner, id.
Bex, Borel, id.
Boncourt (Berne), Kieffer, négociant.
Boudry (Neuchâtel), Mlle Marie Hugentobler.
Chaux-de-Fonds (Neuchâtel), Ch. Perrochet, médecin homéopathe.
— Gagnebin, pharmacien.
— L. Levraz, id.
Clarens, Bührer, id.
Cossonay (Vaud), Archinard, pharm.
Delémont (Berne), Feune, id.
Genève, J. Durand, route St-Julien-Carouge, Genève.
— Pharmacie Dupertuis, quai Pierre Fatio, 12.
— H. Belli, pharmacie Centrale, rue du Mont-Blanc, 9.
— Adhémar Richard, rue de la Pépinière, 123 bis.
— Mme Bonnelli-Kauffmann, Cité, 8.
— Dr Diehl, pharmacien.
— Sauter, laboratoire et Institut Electro-homéopathique.
Gorgier (Neuchâtel), F. E. Monot.
Lausanne, Pischi, pharmacien.
— Jules Bellet, pharmacien, rue de Bourg, 13.
Locle (Neuchâtel), Mlle Adèle Perrenoud, Reçues 106.
— J. Burmann, pharmacien.

Lucens (Vaud), Ph. Huguenin, pharm.
Lucerne, Brunck, pharmacien.
Martigny (Valais), pharmacie Centrale.
Montreux (Vaud), Rapin, pharmacien.
Motiers-Travers (Neuchâtel), Dispensaire homéopathique.
Moudon (Vaud), L. S. Peter, pharmacien
Neuchâtel, Jordan, id.
— Mme Lina Rech, rue de Seyon, 7
Ragaz (St-Gall), H. Sunderhauf, pharm.
Saint Gall, C. W. Stein, pharmacien.
Saint-Morik, Mutschler, id.
Vallorbes (Vaud), Magnenat, id.
Vevey (Vaud), Nicole, id.
Winterthur (Zurich), Schneider, phar·
Zurich, Hottingen-Hauser, pharmacien.
— Enge, Dr Daiber, id.
— Dr Dünnenberger, pharmacien, place de la Thonhalle.
— A. Richard-Holzgasse, 6 (Selnau).

Turquie

Constantinople, Dr J. Zanni, pharmacien, place du Pont, Validé soultan-han, 1, grande rue de Pera, 84.

Egypte

Alexandrie, Prof. A. Blandenier, consulat de Perse (Ras-el-Fin).
Le Caire, A. Kaiser, pharmacien.
Zagazig, Mlle Concetta La Rosa.

États-Unis

Chicago (Illinois), Dr Chas: A. Puscheck, La Salle, avenue 330.
— Gustave Brauns, Room 10, Randolph stre, 173.
New-York, L. O. Hickel, 314 East, 23 d. str.

Canada

Montmagny, Dr Théberge.
Montreal, Dr L. Hennecart Fo, 818.
— F. X. U. Dequoy, rue Fortification, 10.

Brésil

Para (province de Para), D. S. de Silva et C°.
Porto Alègre, Martel, Vicente success.

Chili

Santiago, Daniel Mourgues, Drogueria francesa, calle de Ahumada, 32.
Valparaiso, le capitaine Alexandre; M. B. Elliot.

Mexique

Pachuca, Dr Fernando Lescale, de Allcuda, num. 2.
Mexico, Julio Labadie succ. et Cie, droguerie.
San Andrès Tuxtla. A. M. y Menendez.

Antilles

Havane (ile de Cuba), D. Juan Brocchi, calle de la Industria, n° 138.

République Argentine

Corrientès, Filardi frères.
Espéranza, Dr Juan Dagassan.

République Dominicaine

Puerto-Plata, José Ginebra et C^a.

Uruguay

Montevideo, José et Pontela, Botica Central homeopatica, calle 18, de Julio 53, et partade de Correo 190.

Vénézuéla

Caracas, Dr D. Lamarle.

Australie et Nouvelle-Zélande

Auckland, Elisabeth Gorrie, Pitt street.

Dunedin, G. M. Marshall, pharmacist, Prince street 86.

Melbourne, Pharmacie homéopathique Martin et Pleasance, Collins street East, 180.

Indes Orientales

Calcutta, Dr Banerjee, Chorebagan, 43.

Mangalore, Mercantile Mission Branck.
— Dispensaire Electro-homéopathique pour les pauvres, Saint Aloysius Collège.

Angers, imprimerie Lachèse et Cie, chaussée Saint-Pierre, 4.

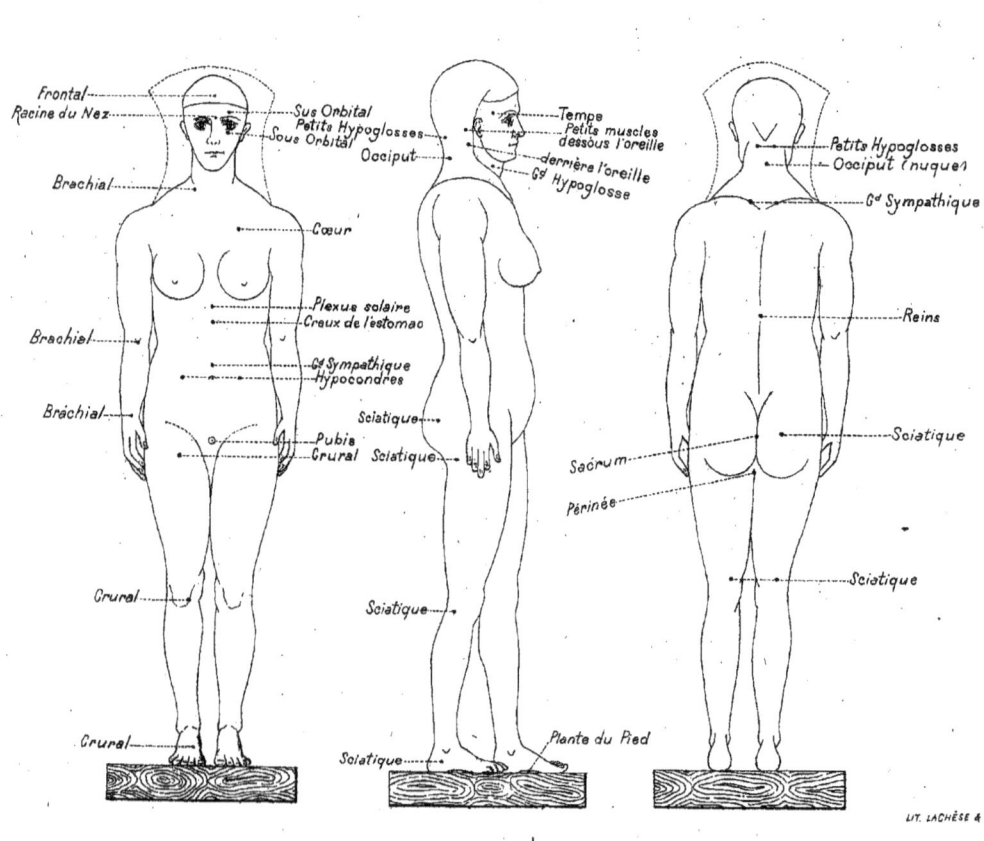

www.ingramcontent.com/pod-product-compliance
Lightning Source LLC
Chambersburg PA
CBHW070436170426
43201CB00010B/1117